Bodensee
Lindau
Bregenz
Allgäu
Iller
Ober
del
St. Gallen
Ebenalp/
H. Kasten
Zürich
Appenzeller Land
Bödele/Freschen
Zürich-
see
Rhein
Feldkirch
Innsbruck
Toggenburg
Winnebach/Kühtai
Ulmer/Ansbacher
Landeck
Zuger See
Walensee
Montafon
Mainzer Höhenweg
Luzern
Vierwaldstätter See
Heilbronner/Wormser
Tribulaune/Freiger
Prättigau
Jamtal/Heidelberger
Chur
Spannort/Krönten
Lischana/Sesvenna
Texelgruppe
Vorderrhein
Meran
Windgällen/Cavardiras
Dossen/Lauteraar
Vintschgau
Hinterrhein
Engadin
Maighels/Cadlimo
Hintergrat/Payer
Bozen
St. Moritz
Rotondo/Piansecco
Martell-Ulten
Tessin
Goms
Bergell
Etsch
Basodino/Toggia
Chiavenna
Ponti/Badile
Tessin
Veltlin
Locarno
Sarca
Trient
Lago
Maggiore
Luganer
See
Comer
See
Sent. Orobic
Como
Monte Baldo
Bergamo
Garda-
see
Brescia
Verona
Mailand
Sesia
Ticino
Oglio
Adda
11
12
13
14
15
16
17
18
19
20
21
22
23
24
25
26
27
28
29
30
31

Pause	**Hüttenwandern**
Band 1	Alpine Höhenwege von Hütte zu Hütte
Band 2	Alpine Übergänge und Höhensteige

Hüttenwandern

Band 2

Alpine Übergänge und Höhensteige

Walter Pause

Neubearbeitung:
Michael Pause

BLV Verlagsgesellschaft
München Wien Zürich

Bei der Vorbereitung und Bearbeitung dieses Buchs haben in freundlicher Weise geholfen: Jan Ahlborn, Gerd Bürger, Willi End, Hermine Flaig, Johannes Führer, Werner Heiss, Walter Hellberg, Christian Ladurner, Werner Lang, Maria Oberndörfer, Karl-Heinz Rochlitz, Lilo Rücker, Hans Steinbichler, Ulrich Tubbesing und Wolfgang Zeis. An dieser Stelle allen Helfern herzlichen Dank!
Michael Pause

CIP-Kurztitelaufnahme der Deutschen Bibliothek

Pause, Walter:
Hüttenwandern / Walter Pause.
Neubearb.: Michael Pause. – München; Wien; Zürich: BLV Verlagsgesellschaft

NE: Pause, Michael [Bearb.]

Bd. 2. → Pause, Walter: Alpine Übergänge und Höhensteige

Pause, Walter:
Alpine Übergänge und Höhensteige / Walter Pause. Neubearb.: Michael Pause. – München; Wien; Zürich: BLV Verlagsgesellschaft, 1984.
(Hüttenwandern / Walter Pause; Bd. 2)
ISBN 3-405-12874-9

NE: Pause, Michael [Bearb.]

Bildnachweis
Titelbild (Rif. Brentei mit Crozzon di Brenta und Tosarinne/Dolomiten): Stutte
S. 2/3 (Blick über den Grünsee zum Großvenediger): Führer
S. 6 (Hallerangerhaus): Puntschuh
Achberger: S. 55, 60 – Brandl: S. 91, 134/135 – Bürger/Nußstein: S. 106 – Dünser: S. 53 – End: S. 109, 111, 125, 134, 139, 141 – Führer: S. 26/27, 39, 40, 131 – Gensetter: S. 35, 37 – Heiss: S. 19, 101 – Heldwein: S. 103, 104 – Hellberg: S. 20, 83 – Herbst: S. 96 – Hiebeler: S. 11 – Höfler: S. 107 – Kloske: S. 57, 93 – Köfferlein: S. 90 – Kreß: S. 12, 32 – Lankes: S. 86 – Leitner: S. 80 – Löbl-Schreyer: S. 29 – Mokrejs: S. 112, 127 – Oberndörfer: S. 62, 63, 68 – Puntschuh: S. 22/23, 51 – Retter: S. 114, 118 – Rochlitz: S. 14/15, 118/119 – Rudolf: S. 17, 46, 59, 71 – Schnürer: S. 70, 73, 79, 98, 114/115, 116, 132 – Steinbichler: S. 25, 31, 67, 75, 99 – Stochay: S. 65, 77 – Tubbesing: S. 8, 14, 42, 43, 46/47, 49, 95 – Wagner: S. 137 – Woltereck: S. 85 – Zengerle: S. 34/35, 82, 87, 121, 122/123, 129

Karten: Huber & Oberländer

Gesamtherstellung: Passavia Passau

Printed in Germany · ISBN 3-405-12874-9

Inhalt

Vorwort

Alle Geheimnisse liegen in vollkommener Offenheit vor uns. Nur wir stufen uns gegen sie ab, vom Stein bis zum Seher. Es gibt keine Geheimnisse an sich, es gibt nur Uneingeweihte aller Grade.

Christian Morgenstern

Jeder Bergwanderer weiß, daß die größte Höhe nicht das größte Glück verbürgt. Er kann am Fuße des Montblanc, am Sockel des Ortler oder in den Scharten der Schober-Gruppe südlich des Großglockner mehr von der Faszination der Bergwelt erfahren, als ein anderer, der seine Ziele als Bergsteiger nur auf Gipfelhöhen erreicht. Solange Bergwandern nicht in meßbare Leistungen und Regeln eingebunden wird, sprengt es den rein sportlichen Rahmen: Die Berge sind kein Fußballplatz, und mit dem Gehen allein ist's noch nicht getan! Neben Kondition, Ausdauer, Trittsicherheit und Orientierungssinn erfordert Bergsteigen eben auch geistige Initiative und verantwortliches Handeln. Entscheidungen in heiklen Situationen können weitreichende Folgen haben!

Von der Annahme des »selbständigen Bergsteigers« bzw. der Hoffnung auf ihn geht dieses Buch aus. Es kann nicht die persönliche Einschätzung ersetzen, keinen Führertext, kein genaues Kartenstudium; den Mut zur eventuell notwendigen Umkehr muß jeder selbst aufbringen!

Die Zusammenstellung dieser Touren muß subjektiv sein, aber – jede dieser 52 Routen zwischen Nizza und Wien hat ihre unverwechselbaren, ureigenen Reize, die vom botanisch-aufregenden Bergbummel bis zur sportlich-anspruchsvollen Hochtour reichen. Alle für die Vorbereitung und Durchführung einer Tour notwendigen Angaben sind der Beschreibung vorangestellt, darunter die Rubriken »Führer« und »Karten«, deren Bedeutung mit der Schwierigkeit der Route zunimmt. Die knapp gehaltenen Texte geben einen Überblick über den Tourenverlauf und gehen nur im Einzelfall auf Details ein.

23 Touren wurden – kritisch überprüft – vom alten Band »Von Hütte zu Hütte« übernommen, sechs erscheinen wieder mit veränderter Routenführung und 23, also knapp die Hälfte, wurden neu erarbeitet, darunter die Umwanderung des Vanoisegletschers und der hochalpine Verbindungsweg zwischen Zillertaler Alpen und Venediger-Gruppe.

Die Schwierigkeiten der Touren sind in vier Kategorien unterteilt (siehe »Wichtige Hinweise« im Anhang). Einige lassen sich mit ausdauernden, größeren Kindern durchführen, andere erfordern den erfahrenen Bergsteiger, der sich im leichten Fels ebenso sicher bewegt wie zwischen Gletscherspalten. Alle Gehzeiten sind ohne Pausen berechnet; die Angaben zur Gesamtdauer sollen kein Zeitlimit setzen oder die Etappeneinteilung vorschreiben. Der kluge Bergwanderer gibt dem allgemeinen Zeitdruck ohnehin nicht nach, sondern läßt sich das Tempo von seiner Aufnahmefähigkeit und seiner inneren Uhr diktieren.

Wer Hüttenwanderungen unternimmt, muß sich nicht nur auf die allgemeinen, das heißt außergewöhnlichen Bedingungen im Gebirge einstellen, nein, er muß auch die spezielle Situation auf den Hütten akzeptieren. Obwohl sich in den letzten Jahren vieles auf den Berghütten verändert hat – längere Öffnungszeiten, erleichterte Zugangsmöglichkeiten, gestiegener Komfort und stark erhöhte Besucherzahlen – sollte man ihren ursprünglichen Zweck nicht vergessen: Sie sind in allererster Linie Schutzhäuser, die den Bergsteigern Zuflucht vor Nacht, Schnee, Regen und Kälte gewähren. Diese vorrangige Funktion wird im Französischen und Italienischen mit den Bezeichnungen »Refuge« bzw. »Rifugio« deutlich. Wenn sich auf der einen oder anderen Hütte ein luxuriöser Hotelbetrieb herausgebildet hat, so soll dies als Ausnahme und nicht als Regel verstanden werden. Außerdem sollten Hütten nicht als malerische Kulissen für Stammtischausflüge mißbraucht werden! Was das Wandern als eine im Einklang mit der Natur vollzogene Bewegung von Körper und Geist stets so wertvoll erscheinen läßt, ist das Gefühl, für seine Leistung eine gerechte Belohnung zu erhalten. Und so steht nicht selten am Schluß einer (Hütten-)Wanderung die Erkenntnis, die dem Fußreisenden Johann Gottfried Seume schon zu Beginn des 19. Jahrhunderts gekommen war: »... daß alles besser gehen würde, wenn man mehr ginge.«

Walter Pause
Michael Pause

CLUB ALPIN
FRANÇAIS

1 Zwei Dreitausender über dem »Tal der Wunder«

Im südlichen Teil des Mercantour-Nationalparks

Frankreich
Seealpen
2–4 Tage
▲▲△△

Talorte AP St. Martin-Vésubie, 950 m, im Tal der Vésubie. – EP Belvédère, 800 m, bzw. Roquebillière(–Vieux), 600 m, ebenfalls im Vésubietal, 9 km von St. Martin-Vésubie entfernt (Bus).

Stützpunkte (1) Ref. de la Madone de Fenestre, 1903 m, CAF, mit Pkw auf Straße von St. Martin-Vésubie. – (2) Ref. de Nice, 2232 m, CAF, 3 Std. von (1) über Pas du M. Colomb, 2548 m. – (3) Ref. de Valmasque, 2221 m, CAF, 3 Std. von (2) über Pas de la Fous, 2828 m. – (4) Ref. des Merveilles, 2111 m, CAF, 4 Std. von (3) über Baisse de Valmasque, 2549 m. – Abstieg 4 Std. nach Roquebillière über Col de Raus und durch den Vallon de Graus.

Hüttengipfel (1) Cime du Gélas, 3143 m, 3 Std., Steigspuren, in der steilen Rinne unter dem Gipfel (Schnee oder Schutt) Trittsicherheit erforderlich! – (2) M. Clapier, 3045 m, 2 Std., leicht. – (3) M. Bégo, 2872 m, 1 Std. aus der Baisse de Valmasque, leicht. – (4) Cime du Diable, 2685 m, und M. Capelet, 2637 m, beide Gipfel können auf der letzten Etappe überschritten werden, Mehraufwand 1.30–2 Std., leicht.

Charakter Leichte, gut markierte Übergänge in hochalpiner Landschaft mit mediterranem Charme. – Im Frühsommer Eispickel empfehlenswert!

Besonderer Hinweis Am M. Bégo berühmte prähistorische Felsbilder!

Führer Guide Didier-Richard, Nr. 109, Merveilles-Tende-Gordolasque (kein deutschsprachiger Führer vorhanden).

Karte IGN 9, Haut Pays Niçois/Mercantour, 1 : 50000.

Reichlich Sonnenschein und eine Gebirgslandschaft voller betörender Gegensätze – das sind die auf einen minimalen Nenner gebrachten Attraktionen des Mercantour-Nationalparks in den französischen Seealpen. Der Wanderer findet hier vom eiszeitlichen Gletscherschliff geprägte Trogtäler, eine einzigartige Flora, die südlichsten Dreitausender der Alpen und einen geradezu verschwenderischen Reichtum an großen und kleinen Bergseen. Der Name Vallée des Merveilles – Tal der Wunder – verspricht nicht zuviel! Ein weiterer Reiz dieser Tour liegt darin, Montblanc, Matterhorn und Monte Rosa einmal aus ganz ungewohnter Perspektive zu sehen, 200 km entfernt am nördlichen Horizont!

Der Wegverlauf vom Refuge de la Madone de Fenestre über drei Hütten und mehrere Pässe nach Roquebillière erscheint als ein logischer Streifzug durch das vom CAF dicht geknüpfte Hütten- und Wegenetz. Die Route läßt sich mit Hilfe der beigefügten Angaben und der genannten Karte problemlos finden. Sämtliche Verbindungswege zwischen den Hütten sind gut markiert, für die – durchwegs lohnenden – Gipfel sind allerdings Trittsicherheit und Orientierungssinn in freiem Gelände notwendig.

◁ Um mehr als 1200 m überragt die Cime du Gélas, 3143 m, den Talschluß des Vallon de la Madone de Fenestre.

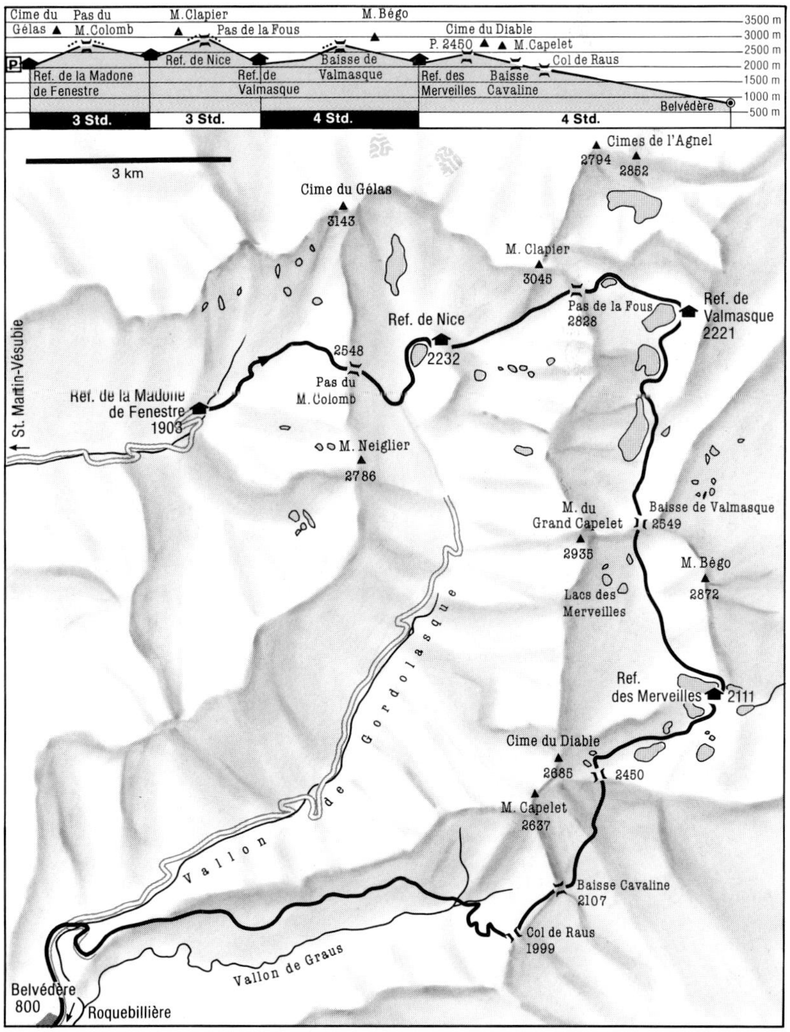

2 Rund um den Mont Pelvoux

Durch die wildesten Regionen der Dauphiné-Berge

Frankreich
Dauphiné
2–4 Tage
▲▲▲▲

Talort AP/EP Ailefroide, 1506 m, Straße/Bus von Argentière-la Bessée im Tal der Durance.

Stützpunkte (1) Ref. Cézanne, 1874 m, priv., Straße von Ailefroide (zu Fuß 1.30 Std.). – (2) Temple-Biwakschachtel, etwa 3250 m, offener Unterstand dicht östl. unterm Col de la Temple, 5 Std. ab (1) über den Glacier Noir. – (3) Ref. du Temple-Ecrins, 2410 m, CAF, 2 Std. von (2) über den Col de la Temple, 3322 m. – (4) Chalet-Hôtel Plan du Carrelet, 1908 m, im Vénéontal, priv., 1 Std. ab (3). – (5) Ref. de la Pilatte, 2572 m, CAF, überm linken Ufer des Glacier de la Pilatte, 3 Std. ab (4). – (6) Ref. du Sélé, 2710 m, CAF, überm linken Ufer der Zunge des Glacier du Sélé, 7–8 Std. von (5) über den Col du Sélé, 3278 m, anspruchsvolle Gletschertour. – Abstieg 3 Std. nach Ailefroide.

Hüttengipfel (2) Pic Coolidge, 3774 m, 1.30 Std. vom Col de la Temple über den Normalweg (S-Grat). – (5) M. Gioberney, 3351 m, 3.30 Std. über den Firn-Fels-NO-Grat (II) mit Abstieg über den S-Grat (I) zum Col de Gioberney.

Charakter Bedeutendste Hüttenwanderung in den Dauphiné-Bergen, nur für erfahrene Alpinisten! – Hochalpiner Übergang am Col du Sélé über den spaltenreichen Pilattegletscher mit kurzer Kletterstelle (II) unterhalb des Col! Komplette Hochtouren-Ausrüstung erforderl.!

Führer Haut Dauphiné (deutsch), Devies/Laloue (Rother).

Karten IGN 6, Massifs des Ecrins – Haut-Dauphiné, 1 : 50 000. – IGN 241, Massif des Ecrins/Meije–Pelvoux, 1 : 25 000.

Wie die Meije im Norden und der über die 4000-m-Grenze aufsteigende Eiskamm der Barre des Ecrins in der Mitte der zentralen Dauphiné-Berge die stärksten Akzente setzen, so beherrscht das Massiv von Mont Pelvoux, 3946 m, und Ailefroide, 3953 m, den Süden dieses wilden Gebirgsstocks. Man will es nicht für möglich halten, daß dieser Fast-Viertausender Mont Pelvoux, den auf allen Seiten große und oft schaurig aufgerissene Gletscher umlagern, auf guten und – mit Ausnahme der Gletscherstrecken unter dem Col du Sélé – bezeichneten Steigen zu umwandern ist. Diese Tour ist freilich eine hochalpine Unternehmung, der nur erfahrene Alpinisten gewachsen sind. Von den Häusern – und vorzüglichen Zeltplätzen! – von Ailefroide steigt ein kleines Sträßlein noch einmal knapp 400 Höhenmeter hinauf zum Lärchengrund Le Pré de Madame Carle in 1874 m Höhe, wo neben dem nur im Winter zugänglichen Refuge Cézanne ein kleines privates Berggasthaus steht; trotz seines eigenen Namens wenden die Bergsteiger die Bezeichnung der alten CAF-Hütte auch auf das Chalet-hôtel an. Vom wunderschönen Talboden folgt man zunächst noch dem steilen Serpentinensteig in Richtung Glacier Blanc-Hütte, von der der Normalanstieg auf die Barre des Ecrins führt. Nach einer knappen Stunde, noch weit unter der Zunge des wilden Glacier Blanc, biegt man bei einer Wegteilung scharf links zum Glacier Noir ab. Über dessen Nordmoräne erreicht unser Pfad in 2450 m Höhe den Punkt, wo sich der schuttbedeckte Gletscher in zwei Arme teilt. Man befindet sich inmitten einer an Dramatik ihresgleichen suchenden Gebirgslandschaft aus Granit und Eis! Die gewaltige Pelvoux-Nordwand vor sich, die 1100 m hohe Südostwand der Barre des Ecrins zur Rechten, wird der nördliche Gletscherast zum firnfreien Felssockel bei Punkt 2545 m gequert. Man steigt nun in

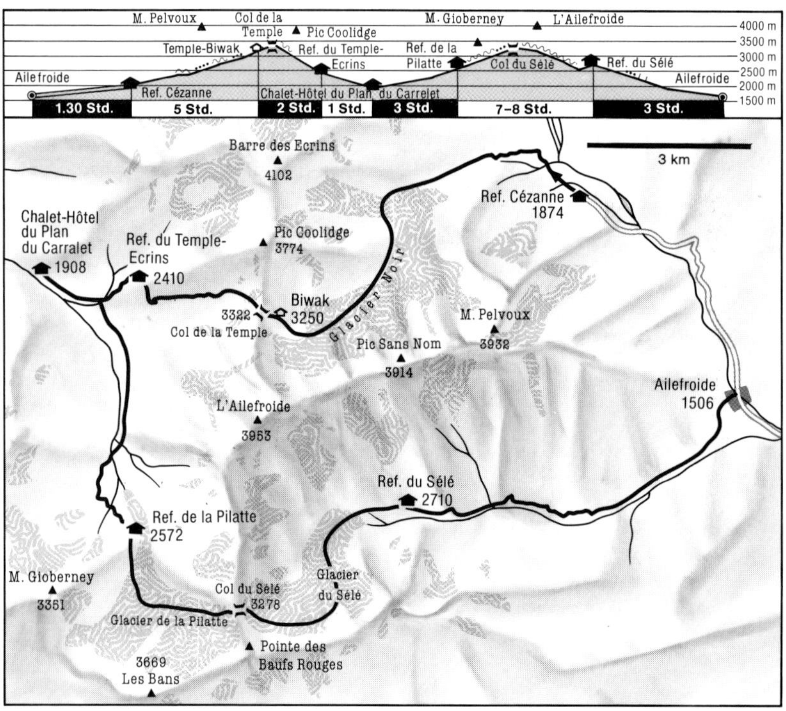

Ausblick vom Anstiegsweg zur Glacier-Blanc-Hütte über das tief eingeschnittene Becken des Glacier Noir hinweg zu Pelvoux (links), Pic Sans Nom (Mitte) und Ailefroide. Rechts der Bildmitte erkennt man den südlichen Arm des Glacier Noir, über den unsere Route zum verdeckten Col de la Temple führt. ▷

das südliche Gletscherbecken und zum Fuß des markanten Felssporns unter dem Col de la Temple. Ein schrofiges Couloir leitet auf der Südseite in flacheres Gelände und zur Temple-Biwakschachtel, 3250 m, einer Notunterkunft wenige Meter unter dem Paß. Tüchtige, erfahrene Bergsteiger können sich von hier aus in einem insgesamt 3stündigen Abstecher leicht den unschwierigen Gipfel des Pic Coolidge, 3774 m, sichern, wo man von einer einzigartigen Aussichtskanzel sämtliche bedeutenden Dauphiné-Berge atemberaubend ganz dicht um und über sich sieht.

Noch eindrucksvoller als aus dem tiefen Gletscherkessel wirken nebenan die Barre des Ecrins mit ihrem mächtigen Südpfeiler und im Süden die wilde Granitbarriere von der Ailefroide über den Pic Sans Nom bis zum letzten Gipfel des Pelvoux.

Der Abstieg vom 3322 m hohen Col de la Temple – in meist gespurter Trasse – über den Temple-Gletscher und den Südwestgrat des Pic Coolidge zum kasernenartigen Bau der Temple-Ecrins-Hütte, 2410 m, ist verhältnismäßig einfach zu bewältigen. Wer nach mindestens 6 Stunden Gehzeit nicht bereits hier müde und glücklich den Tag beschließt, muß sich 1/2 Stunde weiter entscheiden, ob er das relativ nahe Chalet-Hôtel du Plan du Carrelet, 1908 m, ansteuert oder sich auch noch den gut 2stündigen Anstieg zur Pilatte-Hütte, 2572 m, zumuten will. Lockt beim Chalet-Hôtel liebliches Almgelände, so hat die CAF-Hütte in ihrer großartigen Lage vor der weitläufigen Eisarena des Glacier de la Pilatte ihre Attraktion. Die Steigplage bleibt niemandem erspart ...

Der im Südwesten stehende Hüttengipfel Mont Gioberney, 3351 m, bietet klettergewandten Hüttenwanderern eine anregende Überschreitung an: über den Nordostgrat hinauf, am kurzen Südgrat in den Col de Gioberney hinunter, schließlich über kurze Firnzungen und Geröllfelder zur Hütte zurück – im Gegensatz zum Pic Coolidge ein Belvedere mit Distanz zur Umgebung.

Der letzte Übergang, der über den Col de Sélé, 3278 m, wieder nach Ailefroide zurückführt, stellt den anspruchsvollsten Abschnitt der Runde um den Mont Pelvoux dar. Zunächst bei der großen Querung des spaltenreichen Pilattegletschers, danach bei einer kurzen Kletterstelle in etwas brüchigem Gestein des abschließenden Felsriegels erfordert das Gelände ein feines Gespür für die günstigste Route. Auch beim Abstieg über den Sélégletscher ist stete Aufmerksamkeit erforderlich; nur während des Rastens leiste man sich einen Blick auf das fels- und eisgepanzerte Dreigestirn von Ailefroide, Pic Sans Nom und Mont Pelvoux. Zum Schluß dieser anstrengenden Etappe gibt's noch einen 1/2stündigen Gegenanstieg zur Sélé-Hütte, deren etwas tiefer gelegene Vorgängerin vor einigen Jahren von einem Felssturz zerstört wurde. Niemand sollte diesen hochalpinen Übergang bei Nebel oder schlechtem Wetter allein angehen, ein Führer nur kann dieses Unternehmen wagen! Der weitere Abstieg über volle 1200 Höhenmeter nach Ailefroide durch das unvorstellbar öde und wilde Tal der Celse-Nière darf keinesfalls unterschätzt werden. Einige Felsbarrieren sind zum Teil mit künstlichen Sicherungsmitteln versehen, bei Nässe alles andere als ein Vergnügen!

Theoretisch ließe sich die gesamte Runde von konditionsstarken Bergsteigern in zwei Tagen durchführen, sie würde jedoch zu einem rein sportlichen Ereignis degradiert. Drei Tage ohne Gipfelbesteigungen erscheinen sinnvoll, einen vierten oder gar fünften Tag wird niemand bereuen ...

Auf einer Felsterrasse gegenüber dem weitläufigen Pilattegletscher steht die geräumige Pilatte-Hütte des CAF. Rechts oben das Massiv der Bans. Links außerhalb des Bilds befindet sich der Übergang zur Sélé-Hütte. Die Aufnahme unterstreicht den hochalpinen Charakter dieser Tour!

3 Unter dem Gletscherplateau der Vanoise

Im Kernstück des ersten französischen Nationalparks

Frankreich
Grajische Alpen
3–5 Tage
▲▲△△

Talort AP/EP Pralognan-la-Vanoise, 1418 m, Straße von Moûtiers im Isèretal.

Stützpunkte (1) Ref. du Col de la Vanoise (Ref. F. Faure), 2515 m, CAF, am gleichnamigen Paß, 3 Std. von Pralognan. – (2) Ref. de l'Arpont, 2309 m, PNV (Nationalpark-Verwaltung), 4 Std. von (1) an den O-Flanken von M. Pelve und Dôme de Chasseforêt entlang. – (3) Ref. de Plan Sec, 2350 m, priv., östl. des Plan-d'Amont-Stausees, wenig oberhalb des Wegs, 4.30 Std. von (2) durch die steilen Hänge hoch über dem Arctal. – (4) Ref. de la Dent Parrachée, 2511 m, CAF (Selbstversorger-H.), 0.45 Std. von (3). – (5) Ref. du Fond d'Aussois, 2324 m, CAF, 0.45 Std. von (4). – (6) Ref. de la Valette, 2584 m, PNV (Selbstversorger-H.), 6 Std. von (5) über den Col d'Aussois, 2916 m, und am Höhenweg über dem Chavièretal. – Abstieg 2.15 Std. nach Pralognan.

Hüttengipfel (2) Dôme de Chasseforêt, 3586 m, 3–4 Std., Gletschertour, nur für Geübte! – (3/4) Dent Parrachée, 3697 m, bei guten Verhältnissen 3–4 Std., gletscherfreier Anstieg mit leichter Kletterei in z. T. brüchigem Fels.

Charakter Unschwierige Rundtour in mittleren Höhenlagen auf gut markierten Wegen. – In der Hochsaison Andrang auf den Hütten!

Besonderer Hinweis Erfahrene Alpinisten können das Plateau des Vanoisegletschers mitsamt einigen Gipfeln von (1) nach (3)/(4) überschreiten; Dauer 7–10 Std.! Nur bei sicherem Wetter mit kompletter Hochtouren-Ausrüstung!

Führer Kein deutschsprachiger Führer. – Guide Didier-Richard, Parc de la Vanoise, Nr. 111.

Karten Didier-Richard/IGN 11, Parc de la Vanoise, 1 : 50 000. – IGN 236, Massif de la Vanoise/Grande Casse – Dent Parrachée, 1 : 25 000 (beste Karte).

Einer harmonischen Vielfalt von lieblichen Tälern und eisbesetzten Gipfeln verdankt die Vanoise ihre freundlich aufgelockerte Atmosphäre – und steht damit zugleich in krassem Gegensatz zur wilden Enge der Montblanc-Gruppe oder des Haut Dauphiné. Kaum ein anderes Massiv der französischen Alpen ist für Hütten- und Weitwanderwege so »durchlässig« wie diese Vanoise. Dem zweifelhaften Flair des Sommerskilaufs in den Randgebieten – Tignes, Val d'Isère, Les Trois Vallées – steht im Kerngebiet das Fluidum des Nationalparks entgegen, das alljährlich Tausende in Bewegung setzt und dem Rucksacktourismus einen unvorstellbaren Boom beschert hat. Nach Meinung engagierter Naturschützer wird die Masse mit diesem Prädikat freilich geblendet: Sie kritisieren, daß der Nationalpark nicht dem Anspruch »eines relativ großen Gebiets« mit »einem oder mehreren Öko-Systemen« gerecht würde. Ein Blick auf die Landkarte unterstreicht diese These, denn dort erscheint der Park tatsächlich als ein Fleckenteppich von willkürlich zusammengefaßten Naturschutzgebieten. »Geschützt wurde, woran wirtschaftlich kein, besser: noch kein Interesse bestand«, stellte eine Studiengruppe 1983 fest. Aufgrund der natürlichen Gegebenheiten kam bei der Gründung des Parks im Jahre 1963 flächenmäßig dennoch »ein re-

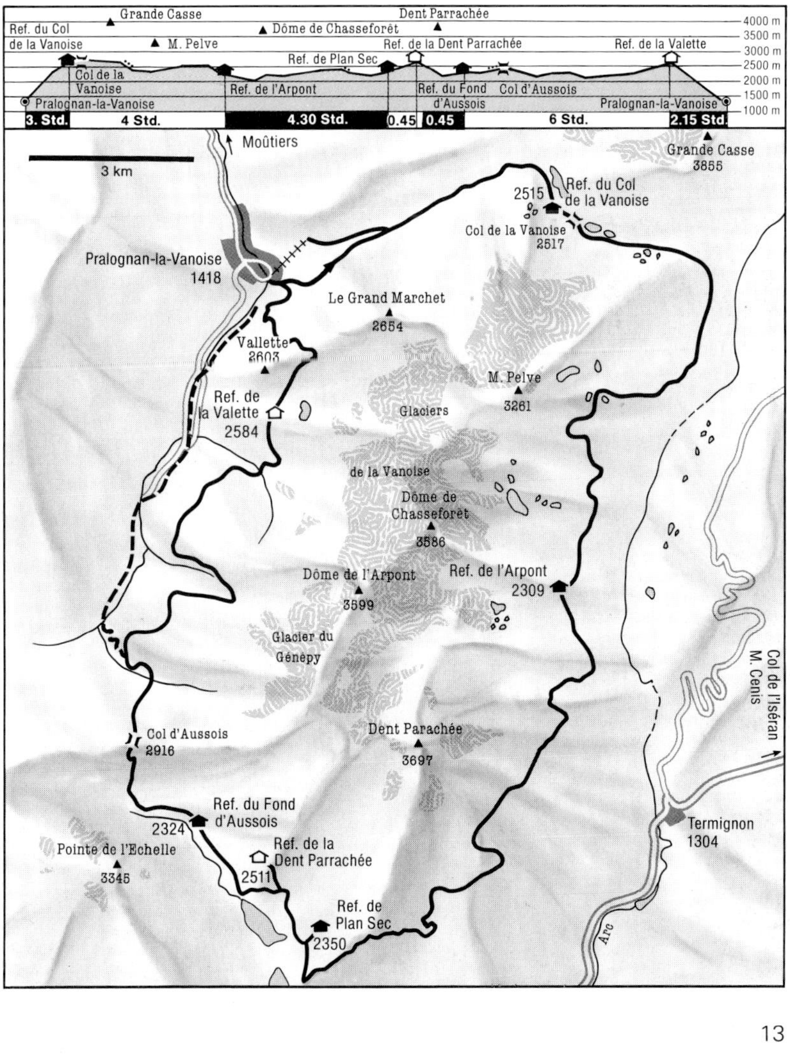

lativ großes Gebiet« zusammen: die steilen Fels- und Eisflanken von Mont Pourri und Grande Casse sowie der mächtige Vanoisegletscher, der sich auf einer Fläche von 35 qkm zum größten Plateaugletscher der Alpen emporwölbt, sind für touristische Erschließungsmaßnahmen – Gott sei Dank! – ungeeignet!
Man kann dieses 12 km lange Gletscherdach bei entsprechender Erfahrung und sicherem Wetter (!) in hochalpiner Manier überqueren oder es entsprechend diesem Vorschlag auf insgesamt 60 km langen Höhenwegen beschaulich umwandern. Die sechs am Weg gelegenen Hütten lassen eine beliebige Zeiteinteilung zu, kein Gewaltmarsch muß das Vergnügen in eine Strapaze verwandeln.
Idealer Ausgangspunkt, und durch seine bezaubernd schöne Umrahmung den Bergsteiger geradezu herausfordernd, ist Pralognan-la-Vanoise, an der Nordwestgrenze des Nationalparks gelegen. »Pragmatiker« verwenden für den Aufstieg zur Hütte am Col de la Vanoise, 2515 m (mit zweiter Bezeichnung: Refuge Félix Faure) zunächst die Seilbahn zum Mont Bochor und müssen zu Fuß nur mehr 500 Höhenmeter zum Paß bewältigen. »Puristen« lassen die Bahn links liegen, halten sich an den Weg, der an der Cascade de la Fraîche und der Südseite der kühnen Aiguille de la Vanoise vorbei zu dem gleichen Ziel führt. Von der Kalkmoränenlandschaft im flachen Paßeinschnitt kann man zwar zum ersten Mal zu den Gipfeln des obersten Arctals hinüberblicken, *die* Attraktion stellt jedoch die Grande Casse dar, die mit ihrem mächtigen Hängegletscher ihre eindrucksvollste Seite zeigt. Es sei nicht verschwiegen, daß die Félix-Faure-Hütte die höchsten Besucherzahlen aller CAF-Stützpunkte aufweist, in der Hauptsaison also regelmäßig überfüllt ist. Toleranz und Gleichmut bewähren sich in solchen Situationen als Tugenden des modernen Bergwanderers.
Am nächsten Tag zieht der Weg vom Paß an einigen Seen vorbei ostwärts flach hinaus, bis er sich nach Süden wendet, um auf dem ersten Abschnitt des auf einem natürlichen Balkon dahinführenden Höhenwegs die gemütliche Arpont-Hütte, 2309 m, zu erreichen. »Auf Kosten« eines weiteren Tourentags läßt sich von hier in relativ unschwieriger Gletscherwanderung der Dôme de Chasseforêt, 3586 m, besteigen, dessen Firnkalotte weithin sichtbar die ausgedehnten Eisflächen des Vanoisegletschers überragt.
Die nächste Etappe führt in stetem Auf und Ab über dem Arctal dahin, mit interessanten Einblicken in die Berge um den Mont Cenis und die Thabor-Gruppe. Gleich drei Unterkünfte stehen für die Übernachtung zur Auswahl: die private, gut bewirtschaftete Plan Sec-Hütte, 2350 m, oder – für Selbstversorger! – 45 Minuten weiter die Dent Parrachée-Hütte, 2511 m. Von beiden Stützpunkten

Obwohl die kleine Dent-Parrachée-Hütte nur von Selbstversorgern benutzt wird, herrscht hier meist reger Betrieb – der verhältnismäßig leichte Gipfel der Dent Parrachée lockt viele Bergsteiger an.

läßt sich die Dent Parrachée, dritthöchster und elegantester Vanoisegipfel, verhältnismäßig leicht besteigen, weshalb auch hier der Andrang auf beiden Hütten groß ist. Wer auf den Gipfelausflug verzichtet, bummelt oberhalb des Amont-Stausees noch in den Boden von Aussois zur gleichnamigen bewirtschafteten CAF-Hütte. Man hat hier sozusagen den Wendepunkt der Tour erreicht, nun führt der Weg wieder streng nach Norden. Im längsten Abschnitt geht es zunächst 600 Höhenmeter hinauf zum Col d'Aussois, 2916 m, und auf der anderen Seite wieder ebenso tief hinunter, ehe man rechts abzweigend den Höhenweg zur Valette-Hütte, 2584 m, erreicht. Zwei kräftige Gegenanstiege stellen eine letzte Prüfung für Kondition und Nerven dar.
Von der in der Regel unbewirtschafteten Hütte gelangt man rasch nach Pralognan hinunter, wo das erste Bistro bereits um sieben Uhr öffnet und das letzte Restaurant erst gegen Mitternacht schließt.

Als riesige Felsbastion präsentiert sich die Grande Casse von Süden. Die Perspektive täuscht: Die Pointe Mathews (knapp rechts der Bild-Mittelachse) ist nämlich niedriger als der Hauptgipfel mit seiner Firnhaube.

4 Rund um die Charbonnel

Stille Hochgebirgs-Szenerien südlich des Albaron

Frankreich
Südliche Grajische Alpen
3–5 Tage
▲▲▲△

Talort AP/EP Bessans, 1705 m, im obersten Arctal an der S-Rampe des Col de l'Iséran.

Stützpunkte (1) Ref. d'Avérole, 2250 m, CAF, im Talschluß des gleichnamigen Tals, 1.30 Std. vom Parkplatz, 1802 m, ab dem die bis kurz unter die Hütte führende Straße offiziell gesperrt ist. – (2) Rif. A. Gastaldi, 2684 m, CAI, östl. unterhalb der Bessanese, 5 Std. von (1) über die Passage du Colerin, 3207 m, mit Gletscherbegehung (bei Ausaperung u. U. unangenehm). – (3) Rif. Cibrario, 2616 m, CAI, 4 Std. von (2) über Colerin d'Arnes, 2840 m, und Colle Altare, 2901 m.– (4) Rif. Tazzetti, 2642 m, CAI, unterhalb der Rocciamelone, 4.30 Std. von (3) über den Colle del Sole, 2950 m, mit Zwischenabstieg bis 2100 m. – Abstieg 6 Std. über den Col de la Resta, 3258 m, und das Vallée du Ribon nach Bessans (mit Gletscherpassage).

Hüttengipfel (1) Albaron, 3637 m, 2 Std. von der Passage de Colerin; Hochtour, nur für erfahrene Alpinisten! – (2) Ciamarella, 3676 m, 3–4 Std., z. T. Wegspuren, kurze Gletscherquerung, für Geübte wenig schwierig. – (3) Croix Rousse, 3541 m, 3 Std. über den Col de la Valette, 3212 m, und den S-Grat (leichte Blockkletterei). – (4) Rocciamelone, 3538 m, 1 Std. vom Col de la Resta, unschwieriger Gletscheranstieg.

Charakter Großzügige Rundtour mit mehreren Gletscherstrecken; entsprechende Erfahrung und Orientierungssinn erforderl.! – Komplette Hochgebirgsausrüstung!

Besonderer Hinweis Achtung: Grenzübertritt! Ausweise mitführen!

Führer Kein deutschsprachiger Führer.

Karten Didier & Richard/IGN 11, Parc de la Vanoise, 1 : 50 000; IGN 237; Massif de la Vanoise/Haute Maurienne, und IGN 238, Charbonnel-Mt. Cenis, jeweils 1 : 25 000.

Nirgendwo sonst zwischen Genfer See und Mittelmeer steht ein einzelner Berg so bestechend und dominierend über seiner Umgebung, dennoch zugleich so im Schatten des alpinistischen Interesses wie der gewaltige, knapp 3800 m hohe Firndom der Pointe de Charbonnel in den südlichen Grajischen Alpen. Ähnliches gilt – mit wenigen Ausnahmen – für die ganze Charbonnel-Gruppe, die bei der hochalpinen Faszination der Hohen Tauern die touristische Abgeschiedenheit der Karawanken bietet – trotz zahlreicher Hütten, leichter Übergänge und verkehrsgünstiger Lage.

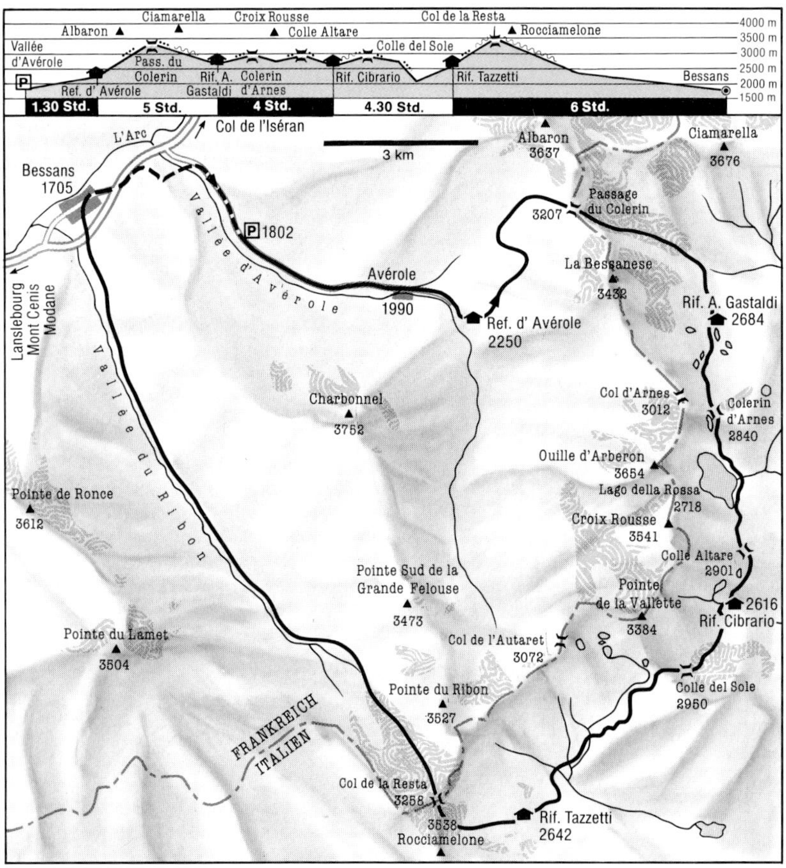

Beim Anstieg durchs 7 km lange Avéroletal zu der gleichnamigen, in der Regel bewirtschafteten Hütte, 2250 m, schafft der Anblick der jäh aus grünem Talboden aufragenden, eisgepanzerten Charbonnel den notwendigen optischen Ausgleich zur Monotonie des Gehens. Von der Hütte steigt man anderntags nordwärts über begraste Stufen, Schutt und Schnee zur Passage du Colerin, 3207 m, auf und jenseits eine steile Schnee- und Schuttrinne auf den Giasgletscher hinunter. An dessen Ende stößt man im Möranenschutt auf den markierten Weg zur Gastaldi-Hütte, 2684 m.

Wer auf relativ unschwierige, hohe Gipfel nicht verzichten will, sollte am nächsten Morgen unbedingt die von Ansicht und Aussicht her bestechende Ciamarella, 3676 m, ersteigen. Vom zweithöchsten Gipfel des Massivs hat man das gesamte Panorama der Südwestalpen vor Augen, vom Monviso bis zum Monte Rosa. Die

Fortsetzung der Hüttenwanderung über den Colerin d'Arnes und den Colle Altare zur Cibrario-Hütte läßt sich auch in den Nachmittagsstunden noch bewältigen. Sollte der Wirt der Avérole-Hütte wegen schlechter Eisverhältnisse vom Übergang über die Passage du Colerin abraten, so gelangt man problemlos über den Col d'Arnes auf die italienische Seite und zum Weg Gastaldi–Cibrario.

Die beiden nächsten Etappen stellen höhere Ansprüche an die Kondition: Zunächst geht es zum Colle del Sole, 2950 m – rechts führt ein »Fluchtweg« über den Col de l'Autaret ins Avéroletal zurück! – auf Pfadspuren rund 700 Höhenmeter (!) hinunter zum Rio della Cavalla Bianca, um schließlich wieder 500 m zur Tazzetti-Hütte, 2642 m, anzusteigen. Am letzten Tag gewinnt man auf geschickt angelegtem Weg den Col de la Resta, 3258 m, und erreicht über den Gletscher sowie den unschwierigen Nordwestgrat die Rocciamelone, 3538 m, mit der steinernen Gipfelkapelle.

Fast 2000 m hoch baut sich die Pointe de Charbonnel über dem Avéroletal auf. Trotz großer – absoluter – Höhe und attraktiven Aussehens steht sie im Schatten benachbarter Gipfel.

Der Abstieg über den spaltenarmen Gletscher und durchs Ribontal scheint kein Ende zu nehmen – dennoch gibt's keinen Blick zurück im Zorn, kommt doch die Firnpyramide immer schöner heraus.

5 Im Herzen der Montblanc-Gruppe

Zwischen Verte, Jorasses und den Aiguilles de Chamonix

Frankreich
Montblanc-Gruppe
2–3 Tage
▲▲▲▲

Talort AP Chamonix, 1040 m. – EP Les Praz de Chamonix, 1060 m, Bus nach Chamonix.

Stützpunkte (1) Hôtel du Plan de l'Aiguille, 2202 m, priv., 100 m unterhalb der Mittelstation der Aig.-du-Midi-Seilbahn, 0.10 Std. von der Station. – (2) Hôtel Montenvers, 1909 m, priv. (Zahnradbahn von Chamonix), 2.30 Std. von (1) am Höhenweg über Signal Forbes, 2198 m. – (3) Ref. du Requin, 2516 m, CAF, am Sockel des Dent du Requin, 3.30 Std. von (2) über Mer de Glace und Glacier du Tacul; kurze Strecken ges. – (4) Ref. du Couvercle, 2687 m, CAF, unter dem Glacier de Talèfre, 3.15 Std. von (3) über Glacier du Tacul und Glacier de Léschaux sowie künstl. Steiganlage. – Abstieg 2 Std. über Mer de Glace nach Montenvers, weiter a) mit Zahnradbahn nach Chamonix, oder b) zu Fuß 1.30 Std. am Moränensteig und durch Wald nach Les Praz de Chamonix.

Hüttengipfel Keine Gipfel für Wanderer.

Charakter Hochalpine Wanderung mit langen Gletscherpassagen und z. T. ausgesetzten künstlichen Steiganlagen; nur für Geübte! – Pickel und Reepschnur/Seil erforderl.; im Spätsommer bei starker Ausaperung Steigeisen empfehlenswert! – Prachtvolle Ausblicke auf die bedeutendsten Montblanc-Berge!

Führer Bergwanderführer der Montblanc-Gruppe, P. Werner (Rother). – Montblanc-Gruppe, Königer/Schubert/K. Werner (Rother).

Karten IGN 231, Massif du Montblanc/Argentière – Jorasses, 1 : 25 000 (sehr empfehlenswert!) – Didier & Richard/IGN 8, Massifs du Montblanc – Beaufortain, 1 : 50 000. – SLK 5003, Montblanc – Gran Combin, 1 : 50 000.

Die dreiste Lüge des modernen Seilbahn-Alpinismus, der Umblick von der mühelos erreichten Gipfelplattform der Aiguille du Midi biete – nur weil sie fast 4000 m hoch ist – ein starkes Erlebnis, wird jährlich von Abertausenden Seilbahntouristen geglaubt. Widerlegt wird sie jedoch von all jenen Bergfreunden, die jeden Sommer diese Hüttentour abwandern und drei volle Tage mit den in der Stille geschärften Sinnen die Wunderwelt des Montblanc sehen. Der Aufbau dieser Tour garantiert gleich in mehrfacher Beziehung eine Steigerung. Er beginnt mit einer harmlosen Bergwanderung, führt dann mehrfach über die Zunge des Mer de Glace und überrascht unterhalb der Couvercle-Hütte mit teilweise recht luftigen Eisenleitern. Die landschaftlichen Eindrücke bieten zunächst den Blick ins grüne Tal von Chamonix und die Distanz zu den Felsnadeln, dann aber steht man direkt am Zusammenfluß zweier mächtiger Eisströme, auf allen Seiten umgeben von riesigen Firn- und Felsflanken. Schließlich die Stille: anfangs das Gedrängel und der Lärm der Touristen in der Seilbahngondel, darauf der beliebte Höhenweg, endlich nur noch das Gurgeln der Gletscherbäche und das Säuseln des Winds.

Vor das Vergnügen hat der Andrang bei der Aiguille-du-Midi-Seilbahn das Warten in der Schlange der Touristen oder – für Kluge – das Besorgen einer Platzkarte noch am Vorabend gesetzt. Am Umsteigebahnhof Plan de l'Aiguille trennen wir uns dann leichten Herzens von den kamerabehangenen, sandalenbewehrten Touristen und

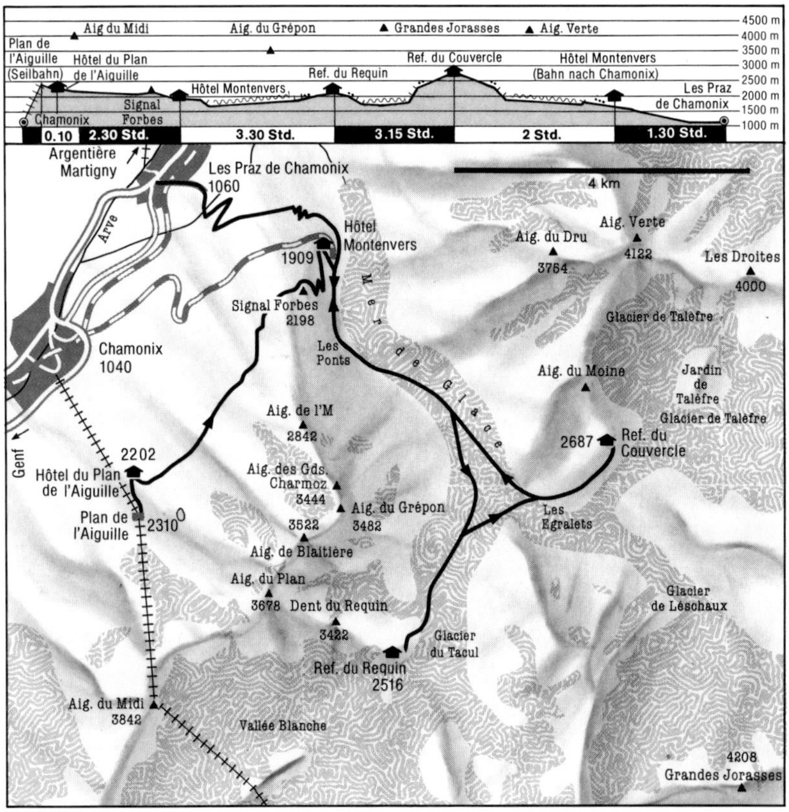

Ausblick von der Couvercle-Hütte (links im Vordergrund) auf Mer de Glace und Montblanc. Rechts oben der mit zahlreichen Felsnadeln gespickte Montblanc de Tacul, über dem Mer de Glace die unscheinbar wirkende Tour Ronde mit ihrer beliebten Eiswand. Die Requin-Hütte befindet sich auf dem Felssporn rechts der Bildmitte an der Licht-Schatten-Grenze. ▷

steigen in wenigen Minuten zum abseits gelegenen kleinen Hôtel du Plan de l'Aiguille, 2202 m, ab. Der Ausblick ist das erste große Erlebnis dieser Tour: Gegenüber stehen Montblanc, Bossesgrat und Dôme du Goûter, darunter wälzt sich der Bossonsgletscher bis tief in die Waldzone hinunter, direkt über der Hütte zieht von der spitzen Aiguille du Midi der scharfgezackte, berühmte Felskamm der Aiguilles de Chamonix bis hinüber zu den Grands Charmoz. Auf dem Henri-Vallot-Steig schreiten wir die Parade dieser bizarren Felstürme ab, wandern in einem blühenden Alpinum dahin, hoch über Chamonix, mit den steilen Eisbecken von Nantillons- und Blaitièregletscher dicht rechts über uns. Wer sich im letzten Teil dieser Promenade für den direkten, fast horizontal nach Montenvers führenden Weg entscheidet, begeht eine Todsünde! Ein paar Schweißtropfen und der Umweg über das Signal Forbes, 2198 m, lohnen sich; auf der Höhe erwartet uns – urplötzlich – der zweite große Ausblick dieser Tour: der Blick auf das Mer de Glace unter uns und die sich darüber erhebenden Granitnadeln der beiden Drus, die eisgepanzerte Aiguille Verte und die abweisende schwarze Riesenmauer der Grandes Jorasses. Am Serpentinenweg geht es hinunter nach Montenvers, 1909 m, von wo sich tagtäglich einige hundert »Sitzbergsteiger« zur Rieseneisraupe des Mer de Glace hinabfahren lassen, um in ihrem eisigen Bauch wenige Minuten lang das große Abenteuer zu suchen.

Wir lösen uns ein zweites Mal energisch von den großen Menschenmassen und wandern nach Süden am Moränensteig in die große Stille. Bevor man über die Leitern bei Les Ponts durch glattgeschmirgelte Steilfelsen auf den Gletscher gelangt, präge man sich den besten Weg ein, um durch die zerissenere Randzone den sanfteren Mittelrücken des Eisstroms zu erreichen. Der Mittelmoräne entlang kommen wir der Wandflucht der Grandes Jorasses mit ihren markanten Pfeilern immer näher. Kurz nach Les Moulins, wo wir tatsächlich viele, tiefe Gletschermühlen vorfinden, verzweigen sich die Gletscher und die Wege. Grüne Markierungen leiten nun quer über den Taculgletscher leicht ansteigend zu dessen orographisch linker Moräne, schließlich am gesicherten Steig zur Requin-Hütte, 2516 m, am Fuß des Dent de Requin. Der Anblick des Dent du Geant und der Eisbrüche vor der Hütte entschädigen reichlich für alle Anstiegsplagen!

Von der Requin-Hütte zur Gletscher- und Wegverzweigung zurückgekehrt, erreichen wir über den mit Geröll und Felsblöcken übersäten Leschauxgletscher – entlang den roten Markierungen! – die Steiganlagen bei den glattpolierten Felsen von Egralets. An Eisenleitern, Trittklammern und über aufgehängte (Bretter-)Bänder turnen wir den Steilabbruch hinauf, dann geht es auf der Moräne an den Séracs de Talèfre vorbei zur Couvercle-Hütte, 2687 m. Vor der Hütte kann man sich einer Umschau hingeben, die ihresgleichen sucht: Man sieht die Jorasses-Nordwand »en détail«, fünf Riesengletscher, wie sie sich im Mer de Glace vereinigen, die Rückseite der Aiguilles von Chamonix und den Kamm zwischen Verte und Triolet hinter sich.

Der dritte Tag führt uns über den Gletscher und die Steiganlage bis kurz vor Montenvers zurück. Dann bleibt man – um die Zeit der Stille noch etwas zu verlängern – am Kamm der Moräne, wandert mit herrlichen Rückblicken taulaus und taucht schließlich in den Hochwald ein. Bei etlichen Kreuzungen hält man sich stets an den abwärts führenden Weg und gelangt nach Les Praz de Chamonix, ein zumindest teilweise noch ursprüngliches Dörfchen, und weiter mit Bus oder Bahn nach Chamonix.

Unmittelbar am Sockel der berühmten Aiguilles de Chamonix führt der erste Teil unseres Höhenwegs entlang: rechts oben die Aiguille de Blaitière, links im Hintergrund die Aiguilles des Grands Charmoz und Aiguille du Grépon.

6 Um den Südsockel des Montblanc

Auf klassischem Weg von Courmayeur nach Chamonix

Italien/Frankreich
Montblanc-Gruppe
3–5 Tage
▲▲△△

Talorte AP Courmayeur, 1226 m, im Aostatal unter dem S-Portal des Montblanctunnels. – EP Les Houches, 993 m, Bus nach Chamonix und durch den Montblanctunnel nach Courmayeur.

Stützpunkte (1) Rif. E. Soldini, 2197 m, CAI, über dem Talschluß des Val Veni, 4 Std. von Courmayeur (Auffahrt mit Kleinbus/Taxi evtl. bis knapp unterhalb der H. möglich; oder: mit Seilbahn zum Lac Chécroui, 2270 m, und am Höhenweg gegenüber von Peutereygrat und Glacier du Miage ins oberste Val Veni 2.30–3 Std.). – (2) Chalet-Ref. des Mottets, 1868 m, priv., 3 Std. von (1) über Col de la Seigne, 2516 m. – (3) Ref. de la Croix du Bonhomme, 2443 m, TCF, südöstl. des gleichnamigen Passes, 3.30 Std. von (2) über La Ville des Glaciers, 1789 m, und Col des Fours, 2665 m. – (4) Chalet CAF in Les Contamines-Montjoie, 1167 m, am westl. Ortsrand, 3.30 Std. von (3) über Col du Bonhomme, 2329 m, und entlang dem Bon-Nant-Bach ins Val Montjoie. – Übergang nach Les Houches 5 Std. über Col de Voza, 1653 m (Strecke Les Contamines–Bionassay auch mit Taxi/Kleinbus möglich; Seilbahn vom Col de Voza nach Les Houches).

Hüttengipfel (1/2) M. Fortin, 2758 m, und M. Favre, 2967 m, aus dem Val Veni über L'Arp Vieille, 2303 m, 3 Std., unschwierig; günstig als Abstecher vom Höhenweg Lac Chécroui–Val Veni. – (3) Tête Sud des Fours, 2716 m, oder Tête Nord des Fours, 2756 m, jeweils knapp 0.30 Std. vom Col des Fours, 2665 m.

Charakter Großartige Umwanderung der S- und W-Abstürze des höchsten Alpenbergs; bietet dem durchschnittlichen Wanderer keine Probleme, sofern Grundkondition vorhanden ist. – Kompletter Wetterschutz notwendig! – Mit Tour 4 aus »Hüttenwandern, Bd. 1« kombinierbar zur kompletten Rundtour um das Montblanc-Massiv (7–10 Tage!).

Besondere Hinweise Die gesamte Route ist – mit verschiedenen Varianten – markiert als »Tour du Mont Blanc« (TMB). – Weitere priv. Unterkünfte in Ville des Glaciers, im Val Montjoie sowie am Col de Voza! – Achtung: Grenzübertritt, Ausweise mitführen!

Führer Bergwanderführer Montblanc-Gruppe, P. Werner (Rother). – Bergwanderführer Aostatal, J. Führer (Rother). – Wanderbuch rund um den Montblanc, Int. Reihe 1 (Kümmerly & Frey).

Karten IGN 232, Massif du Montblanc/Montblanc – Tré la Tête, 1 : 25 000. – Didier & Richard/IGN 8, Massifs du Montblanc, 1 : 50 000.

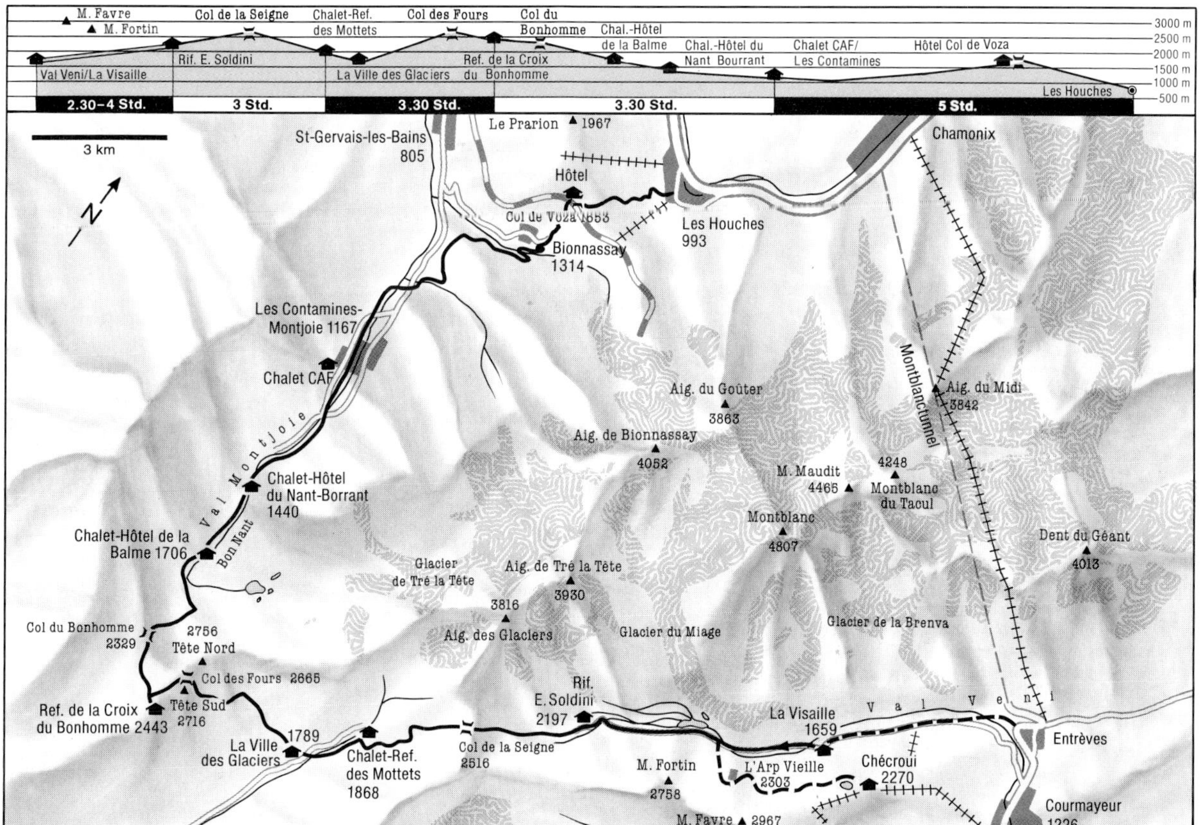

Den höchsten Berg der Alpen samt seinen eisigen Trabanten in gut einer Woche komplett zu umwandern, stellt ein Unternehmen dar, an das sich jeder ausdauernde, trittsichere Wanderer wagen kann. Die hier beschriebene zweite Hälfte der zu Recht hochgerühmten Tour du Montblanc (TMB) führt vom italienischen Courmayeur durch das Val Veny über mehrere Scharten ins Tal von St. Gervais und endet im Arvetal, wenige km unterhalb von Chamonix. Dieser Abschnitt ist noch ein wenig leichter als der erste Teil von Chamonix durch die Ferret-Täler nach Courmayeur (siehe »Hüttenwandern, Bd. 1«). Die durchgehende Markierung erspart jede Wegsuche, ohne Ablenkung kann man die bizarre Eiswelt um den Montblanc studieren. Überdurchschnittlich viele Hütten und private Gasthäuser lassen eine variable Etappeneinteilung zu, niemand muß hier die Hetze des Alltags weiterführen.

Auch Individualisten wird auf dieser Südseite des Montblanc etwas geboten: Da läßt sich durchaus noch Einsamkeit aufspüren auf einem der zahlreichen kleinen und großen Gipfel abseits der TMB-Route; ganze Abschnitte des Höhenwegs kann man auf Varianten parallel zum Hauptweg zurücklegen. – »alpine Pfad-Finder« sind hier in ihrem Element! Dies sei als Trost für diejenigen erwähnt, die sich nur im – Hauptferienmonat – August auf diesen beliebten Weg machen können und dabei zuweilen volle Hütten vorfinden.

Der erste Tag unserer Tour mit dem Anmarsch zum Rifugio Elisabetta Soldini, 2197 m, bietet vom ersten Schritt an atemberaubende Einblicke in die Granitpfeiler und Hängegletscher des Montblanc. Seine Eisströme reichen bis in den Talboden herunter, wo sie die Waldinsel Jardin du Miage einschließen und wo mächtige Moränen den bezaubernden, eisigtürkis leuchtenden Miagesee aufstauen. Am Lac de Combal – keinem See, sondern einem Labyrinth zahlloser kleiner Rinnsale – entlang geht es, zuletzt wenig ansteigend, zum großen Steinbau des CAI am Sockel der Pyramides Calcaires. Die beiden über 2600 m hohen Felsriffe wirken geradezu unscheinbar unter den Eiskaskaden der Aiguille de Trélatête, deren wuchtiger Klotz sich an den beiden nächsten Tagen zwischen den Höhenweg und den Montblanc schiebt. Da das Sträßlein im Val Veny leider nicht für den allgemeinen Verkehr gesperrt ist, sollte man bei sicherem Wetter unbedingt den Höhenweg benützen, der 300–400 m über dem Talboden dahinzieht.

Bei der nächsten Etappe überschreiten wir bereits am frühen Morgen den Col de la Seigne, 2516 m, über den die italienisch-französische Grenze verläuft (Paß oder Personalausweis mitnehmen!), und vergessen am Weg zum Refuge des Mottets, 1868 m, die Zeit, der wir im Alltagsstreß ständig hinterherhetzen. Nur »alpine Dauerläufer« passieren noch am gleichen Tag den Col des Fours, 2665 m, allerdings ohne die Muße, eines der leichten, verblüffend aussichtsreichen Gipfelchen neben dem Paßweg »mitzunehmen«.

Dieser Übergang und der nahe Col du Bonhomme, 2329 m, führen aus der Felsregion – an Rast- und Gasthäusern vorbei – wieder in das Grün des Val Montjoie zurück. Passionierte Wanderer folgen hier dem Weg über Le Champel und Bionnassay – zwei idyllische kleine Alpdörfer – hinauf zum bewaldeten Sattel Col de Voza, 1653 m, der noch einmal zahlreiche Unterkunftsmöglichkeiten bietet. So kurz vor dem Ziel sollte man noch einmal in aller Ruhe die ganze Pracht des Montblanc studieren, seine buckligen Gletscher, die im Vergleich zu den italienischen Südabstürzen geradezu freundlich ausschauen, und den Normalanstieg, dessen Schwachstellen in seltener Deutlichkeit auszumachen sind.

Über Almwiesen und Waldpfade spazieren wir schließlich ins abgasverpestete Arvetal zurück.

Ausblick vom Höhenweg südlich des Val Veny über die Talfurche hinweg auf die gewaltige Eis- und Felsflanke, mit der das Montblanc-Massiv nach Süden abbricht. Die markantesten Gipfel sind in der rechten Bildhälfte zu erkennen (von links nach rechts): Dent du Géant, Rochefortgrat und Grandes Jorasses. In der linken Bildhälfte steigt der Brenvagrat in die Höhe, an den Bildrand stellt die Aiguille Noire de Peuterey ihren wuchtigen Sockel.

7 Zwischen Montblanc und Gran Paradiso

Riesentour durch den Paradiso-Nationalpark

Italien
Grajische Alpen
6–10 Tage
▲▲▲▲

Talorte AP La Thuile, 1441 m, an der Straße vom Aostatal zum Kl. St.-Bernhard-Paß. – EP Cogne, 1534 m, in einem Seitental des Aostatals, Straße/Bus nach Aosta.

Stützpunkte (1) Rif. Deffeyes, 2484 m, CAI, unter dem Rutorgletscher, 4 Std. von La Thuile, am Naturwunder der Rutorfälle entlang. – (2) Rif. Scavarda, 2912 m, CAI, südöstl. unter der Testa del Rutor, 4 Std. von (1) über den Rutorgletscher (!) und den Col del Rutor, 3373 m. – (3) Rif. M. Bezzi, 2284 m, CAI, im hintersten Val Grisanche, 3.30 Std. von (2) mit Zwischenabstieg nach Surier, 1785 m. – (4) Rif. Benevolo, 2285 m, CAI, über dem Talschluß des Val de Rhêmes, 4 Std. von (3) über den Col de Bassac Derè, 3082 m, kurze Gletscherpassagen! – (5) Alb. Savoia, 2532 m, priv., am Col de Nivolet, 4.15 Std. von (4) über den Col de la Nivoletta, 3130 m, unschwierig, aber z. T. weglos und vergletschert. – (6) Rif. V. Emanuele II, 2732 m, CAI, 5–6 Std. von (5) über den Colle di Punta Fourà, 3124 m, Traversierung mehrerer Gletscherzungen, jedoch unschwierig. – (7) Rif. F. Chabod, 2750 m, CAI, in der W-Flanke der Becca di Montadayné, 2.15 Std. von (6) am Höhenweg oberhalb des Valsavaranche. – (8) Rif. V. Sella, 2584 m, CAI, 7–8 Std. von (7) über den Col Grand Neyron Est, 3404 m, und den Col Lauson, 3296 m.

Hüttengipfel (1/2) Testa del Rutor, 3486 m, 0.25 Std. vom Col del Rutor, unschwieriger Fels- bzw. Firngrat. – (3) M. Vaudet, 2652 m, 1 Std. – (3/4) Becca della Traversière, 3337 m, 1.15 Std. vom Col de Bassac Derè über den unschwierigen N-Grat. – (4) Tsanteleina, 3602 m, 4–5 Std., mäßig schwierige Firntour. – (4/5) Pointe Basei, 3338 m, 1 Std. vom Col de la Nivoletta über den unschwierigen N-Grat. – (5/6) Mare Pèrciaz, 3385 m, 1.10 Std. vom Höhenweg östl. de Colle di Punta Fourà. – (6) Gran Paradiso, 4061 m, 5–6 Std., trotz des Prädikats »leichtester 4000er« nicht zu unterschätzende Hochtour! Nur für erfahrene, komplett ausgerüstete Bergsteiger!

Charakter Sehr großzügige Hüttentour, die zu Beginn über die weiten Gletscherfelder der Testa del Rutor führt und mit zwei anspruchsvollen Übergängen im Paradiso-Grivola-Kamm endet. – Sicherer Umgang mit Seil, Pickel und Steigeisen erforderl. – Im Firnbereich in der Regel gespurt, ansonsten meist markierte Wege; dennoch Orientierungssinn notwendig!

Führer Kl. Führer Gran Paradiso, Gegenfurter (Rother). – Bergwanderführer Aostatal, J. Führer (Rother). – Alpi Graie, da Rifugio al Rifugio, Saglio (TCI/CAI).

Karten Il Parco Nazionale del Gran Paradiso, Istituto Geografico Centrale 3, 1 : 50 000. – Gruppo del Gran Paradiso, Carta turistica, 1 : 50 000 (beide topographisch ungenau, jedoch mit Wanderrouten).

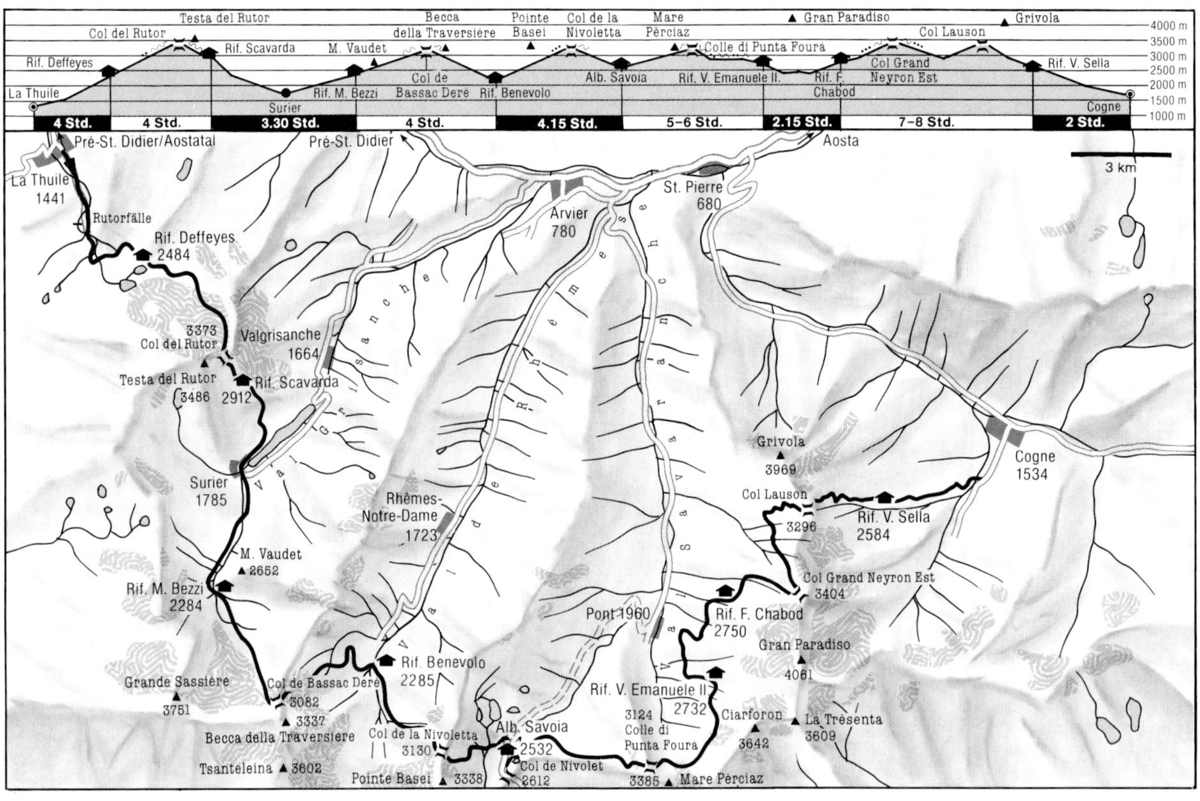

Das seiner Form und seines Standorts am Fuß des Gran Paradiso wegen berühmte – und seiner regelmäßigen Überbelegung wegen berüchtigte – Rifugio Vittorio Emanuele II. Im Hintergrund die elegante Becca di Monciair, 3544 m (vgl. Bild Seite 26/27).

Die Durchquerung der Gran-Paradiso-Gruppe ist eine der hochalpinsten Touren dieses Buches, die uns eine strenge, aber bezaubernde Hochgebirgslandschaft in den südlichen Westalpen vor Augen führt. Wir streifen stille Hochtäler, in denen man sich bis auf wenige Meter gewandten Gemsen und den schon legendären Steinböcken nähert. Wir bummeln durch weite Blumenhänge, in denen uns Lilien, Steinbrech, Affodil und andere Kostbarkeiten entgegenleuchten. Wir finden hunderte versteckte Seeaugen mit traumhaft schönen Rastplätzen in der wärmsten Alpengruppe (Schneegrenze erst in 3400 m Höhe!). Schließlich folgen wir einsamen Saumpfaden, die mehrere, über 3000 m hohe Scharten überqueren und leichte Gipfelanstiege vermitteln – so auf den Hauptgipfel im Westen, den 3486 m hohen Rutor, und den einzigen ganz in Italien fußenden Viertausender, den Gran Paradiso, 4061 m. Dazwischen queren wir über düsteren Tälern dahin, über zum Teil verlassenen und allmählich verfallenden Dörfern, in denen man noch das alte Valdostanisch hören kann, eine eigene Sprache zwischen dem Hochfranzösischen und dem Italienischen (jedoch viel näher mit ersterem verwandt!).

Es gibt mit Sicherheit keine bessere, intensivere und befriedigendere Möglichkeit, den Nationalpark Gran Paradiso kennenzulernen, als per Fußwanderung. Allerdings bieten sich dafür zwei Routen an: der »offizielle« Höhenweg »alta via 2«, der die vier Gipfelkämme zwischen unseren Ausgangs- und Endpunkten streng in west-östlicher Richtung überschreitet, dabei einen respektablen Abstand zur Hauptkette der Gruppe haltend; und unsere Route, die in einem Bogen an eben diesen hohen Kamm heranführt. Von allen Stützpunkten aus läßt sich die Tour problemlos abbrechen und ins Tal absteigen, wenn Wetter oder Konditionsmangel dies erfordern sollten.

Welcher der beiden naheliegenden Ausgangspunkte dieser Tour den größeren landschaftlichen Reiz bietet, darüber läßt sich streiten. Startet man nämlich in Courmayeur bzw. von der Seilbahnstation Cresta d'Arp, so scheint dies mit dem vis-à-vis der Montblanc-Südseite ein Auftakt nach Maß zu sein, der einem allerdings von Seilbahn-Rummel und Massentourismus etwas verleidet werden kann – Einsamkeit und Stille findet man nämlich erst beim Abstieg durch den menschenleeren Vallone di Youla und in La Thuile. Wer auf derartige Kontraste verzichten kann, der beginnt die Tour in eben diesem kleinen Dorf, das man vom Aostatal auf der zum Kleinen St.-Bernhard-Paß führenden Straße erreicht.

Gut 1 Stunde, nachdem man die engen Gassen von La Thuile verlassen hat, kündigt sich auch hier ein – allerdings ganz anders als die Montblanc-Südflanke geartetes – Naturwunder an: die berühmten Rutor-Wasserfälle, die mit Urgewalten über drei Stufen ins Tal stürzen. An den drei Kaskaden vorbei steigen wir langsam zum Rifugio Deffeyes, 2484 m, versuchen, das Tempo von Geist und Schritt aufeinander abzustimmen, denn es stehen uns beschauliche und geruhsame Tage bevor, die keinerlei Alltagshetze vertragen.

Am nächsten Tag folgen wir noch kurz dem »alta via 2«, lassen ihn bald links liegen und wandern – so weit wie möglich auf Wegspuren über die östliche Seitenmoräne – am Rand der weiten Gletscherfläche zum Rutorpaß, 3373 m, wo die Reste der verfallenen Defey-Hütte im Notfall dürftigen Schutz bieten. Wer sich mit dem bereits vom Paß großartigen Ausblick nicht zufrieden geben will, der steigt noch eine knappe 1/2 Stunde weiter zum Gipfel der Testa del Rutor in 3486 m Höhe auf. Vom Rutorpaß hat man schnell die hochgelegene Scavarda-Hütte, 2912 m, erreicht und nach weiteren 3 1/2 Stunden und dem Zwischenabstieg in den hintersten Talgrund des Val Grisanche auch das Rifugio Mario Bezzi, 2284 m.

Der nächste Übergang über den Col de Bassac Derè, 3082 m, zur kleinen Benevolo-Hütte, 2285 m, die auf einem breiten Felsriegel über dem Talschluß des Val de Rhêmes steht, führt nur auf beiden Seiten unmittelbar unter dem Paß über Gletscher- bzw. Firnflächen. Nach frühem Aufbruch, d.h. bei hartem Firn, legt man hier gerne die Steigeisen an oder greift zumindest zum Pickel!

Wen alle Dreitausender bisher nicht reizen konnten, der sollte am folgenden Tag wenigstens den Abstecher vom Col de la Nivoletta, 3130 m, zur Pointe Basei, 3338 m, machen, bevor er an einem der 30 (!) Seen des Nivoletpasses seine müden Glieder streckt und im gemütlichen Albergo Savoia eine Riesenportion Spaghetti verschlingt.

Ein wenig länger als die bisherigen Etappen ist der Wechsel vom Tourenparadies des Nivoletpasses – der trotz bestehender Straße nur von der Südseite her für den allgemeinen Verkehr geöffnet ist! – in die eigentliche Paradiso-Gruppe. Zunächst geht es 600 Höhenmeter gemächlich aufwärts zum Colle di Punta Fourà, 3124 m, von dem aus sich das »paradiesische« Gletscherbecken vor dem Betrachter ausbreitet; dann unter der kühnen Becca di Monciair und der Tresenta vorbei – über kleine, harmlose Gletscherzungen – zur halbtonnenförmigen Vittorio-Emanuele-Hütte, 2732 m. Nicht jeder behält diese Hütte in guter Erinnerung, dient sie doch an manchen – nicht allen! – Sommertagen einigen hundert (!) Bergsteigern als Ausgangspunkt für den Gran Paradiso. Daß dieser Gipfel zu den leichtesten Viertausendern gehört, hat sich eben herumgesprochen – und ist auch nicht zu bestreiten. Ein wenig zur Entlastung der Vittorio-Emanuele-Hütte wird vermutlich die erst 1984 fertiggestellte Chabod-Hütte, 2750 m, beitragen, die man nach kurzem Abstieg mittels einer Hangtraverse hoch über dem Val Savaranche – möglicherweise in einem Zug vom Nivoletpaß – erreicht.

Noch zweimal steigt der Spannungspegel am folgenden Tag: das erste Mal am östlichen Grand Neyronpaß, 3404 m, wenn wir, beim Anstieg ständig nach rechts zum Gran Paradiso blickend, plötzlich unmittelbar vor uns die mächtige Grivola sehen; und das zweite Mal, wenn wir durch einsame Gemsen- und Steinbockreviere bummelnd den Col Lauson, 3296 m, unseren letzten Übergang erreicht haben. Beim Abstieg zur Vittorio-Sella-Hütte, 2584 m, und weiter ins Tal können wir die Kontraste zwischen Fels und Eis der Hochregion und dem Blumenmeer im Valnontey kaum begreifen (den botanischen Garten »Paradisia« nicht versäumen!). Erst die tagelang nicht vermißten Autohupen holen uns wieder in die Flachland-Realität zurück ...

Beim Ausblick von einer Hangterrasse nördlich des Nivoletpasses breitet sich die Umrahmung des Valsavaranche vor dem Betrachter aus. Die Gipfel von links nach rechts: Herbetet, Gran Paradiso, Tresenta, Ciarforon, Becca di Monciair und Denti del Broglio. Zwei Übergänge unserer Route sind zu erkennen: rechts am Bildrand der Colle di Punta Fourà, links (unter dem Herbetet) der Colle Grand Neyron Est.

8 Unter Matterhorn und Grand Combin

Höhenwege auf der Südseite der Walliser Alpen

Italien
Walliser Alpen
3–5 Tage
▲▲▲△

Talorte AP Pâquier, 1528 m, Hauptort des Valtournanche, des nach Cervinia reichenden Seitentals des Aostatals. – EP Ollomont, 1356 m, in einem Seitental des Valpelline, Bus nach Aosta.

Stützpunkte (1) Rif. Barmasse, 2169 m, CAI, am Lac de Cignana, 2 Std. von Pâquier. – (2) Oratoire de Cuney, 2652 m, Bergkapelle mit einem Hüttenanbau des CAI, 6 Std. von (1) über Cortina – Finestra d'Ersa, 2290 m – Fenêtre de Tzan, 2734 m – Ollière, 2007 m. – (3) Rif. di Crête Sèche, 2390 m, CAI, dicht bei dem in fast allen Karten eingezeichneten P. 2379 nordwestl. von Bionaz im Valpelline, 7–8 Std. von (2) über Col de Chaleby, 2683 m – Colle di Vessona, 2783 m – Dzovenno, 1575 m. – Übergang über den Col du M. Gelé, 3144 m, zum Biv. Regondi, 2560 m, und Abstieg nach Vaud und Ollomont, insges. 6–7 Std., Gletscherbegehung.

Hüttengipfel (2/3) M. Faroma, 3073 m, vom Colle di Vessona 1 Std., unschwierig, weglos. – (3) M. Gelé, 3518 m, 1 Std. vom Col du M. Gelé, Gletschertour.

Charakter Hochalpine Bergwanderung, die Ausdauer und Orientierungssinn erfordert. – Die Route folgt auf weiten Strecken der »Alta via N. 1« des Aostatals und ist entsprechend mark.

Besondere Hinweise Niemals auf den Massenparkplätzen in Pâquier oder Cervinia/Breuil parken: Autoklau! – Entlang der Route befinden sich auch einige offene Biwakschachteln (siehe Skizze!), die bei entsprechender Ausrüstung auch eine andere Etappeneinteilung zulassen.

Führer Valle d'Aosta, Alta via N. 1, Ceresa (Musumeci Editore, Aosta/nur ital. Ausgabe). – »Valle d'Aosta – alte vie 1 & 2«, Broschüre mit Kartenausschnitten und Routenverlauf der Höhenwege, kostenlos erhältlich beim Fremdenverkehrsamt (Assessorate regionale del turismo) Aosta. – Aostatal, Bergwanderführer, J. Führer (Rother).

Karten IGC 5, Cervino e Monte Rosa, 1 : 50000. – SLK 293, Valpelline, 1 : 50000 (einzige, topographisch genaue Karte des gesamten Tourengebietes; u. U. noch ohne die neu eingerichteten Hütten).

Die Walliser Hochalpen lassen Hüttenwanderungen und Verbindungswege zwischen den Tälern ohne großzügige Gletscherüberschreitungen kaum zu. Sämtliche leichten Übergänge auf der Schweizer Seite halten einen respektvollen Abstand zum Hauptkamm (siehe Tour 9); wesentlich näher rückt man den Viertausendern dagegen auf einer neuen Steiganlage, die in der Südabdachung verläuft. Dieser im Aostatal als »alta via Nr. 1« bezeichnete Weg zieht aus dem Valtournanche, am Fuß des Matterhorns, hinüber ins urtümliche Valpelline – beides Täler im Einzugsbereich des warmen, wetterbegünstigten Aostatals. Die Strecken zwischen den drei – in der Regel bewirtschafteten – Hütten am Weg erfordern frühen Aufbruch und gute Kondition. Einige Biwakschachteln ermöglichen dem perfekt ausgerüsteten »Trekker« allerdings auch eine individuellere Etappeneinteilung.

Der erste Anstieg aus den Valtournanche zur Barmasse-Hütte, 2169 m, wird beherrscht von den großartigen Ausblicken zu den Südabbrüchen des Cervino – so nennen die Italiener »ihr« Matterhorn – und zu den Eiskuppen des Monte Rosa. Vom Ufer des großen Lac de Cignana quert man anderntags über die Finestra d'Ersa, 2290 m, sowie am Tzansee (Biwakschachtel) vorbei zum Fenêtre de Tzan, 2734 m, und gelangt in den einsamen Talschluß des Vallée de Saint Barthélemy. 600 Höhenmeter sind

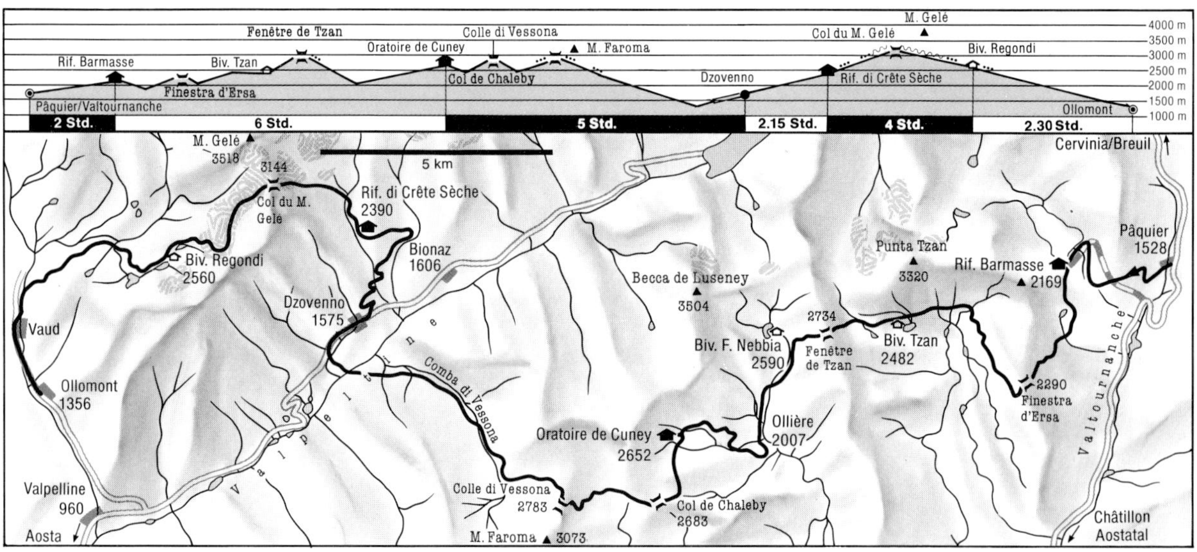

dann noch bis zum Wallfahrtskirchlein von Cuney, 2652 m, aufzusteigen, in dessen Anbau der CAI eine Bergsteiger-Unkerkunft eingerichtet hat.
Immer hoch in den Flanken des Mont Pisonet führt der »alta via« weiter über den Col de Chaleby, 2683 m, zum Colle di Vessona, 2783 m. Ein Abstecher zum 3073 m hohen Mont Faroma belohnt mit einer grandiosen Umschau zu den Gipfeln um Gran Paradiso, Montblanc, Grand Combin und Matterhorn sowie – im Kontrast zum Hochgebirge – über die sanft in den Dunst des Aostatalbodens eintauchenden Höhenzüge hinweg zum hellen Schein der Po-Ebene. Entlang den deutlichen Markierungen schlendert man an aufgelassenen Alphütten vorbei ins Valpelline hinunter – in ein Tal ohne Seilbahn, Lift und touristische Erschließung!
Von der Brücke über den Buthierbach geht es noch einmal steil hinauf zu den Häusern von Dzovenno, 1575 m, die hoch über dem schluchtartigen Tal am Sonnenhang kleben. Je nach Tageszeit und Kondition wird man sich bereits hier nach einem einfachen Nachtquartier umsehen oder noch 2 lange Stunden zur nagelneuen Crête Sèche-Hütte, 2390 m, steigen.
Der letzte Tag des Höhenwegs führt am Col du Mont Gelé, 3144 m, bzw. am nahen Gipfel des Mont Gelé, 3518 m, doch noch über einen Gletscher (Pickel und Seil!) und – auf den Hauptkamm der Walliser Alpen selbst: in jeder Beziehung ein Höhepunkt!
Es folgt ein einziger, langer Abstieg hinunter nach Ollomont, in die Zivilisation. Man halte sich dabei auf der Gletscherzunge unter dem Paß möglichst weit links, um direkt auf die Regondi-Biwakschachtel zu treffen, bei der mancher, zur Stille bekehrter Wanderer wohl noch tagelang rasten möchte ...

Weniger markant als über dem Mattertal, aber ebenso beeindruckend erhebt sich das Matterhorn über dem Talschluß des Valtournanche. Links der Liongrat, über den der glücklose Carrel drei Tage nach Whympers legendärer Erstbesteigung den Gipfel erreichte.

9 Unter Dom und Weißhorn

Von der Topali-Hütte übers Schöllijoch zur Turtmann-Hütte

Schweiz
Walliser Alpen
2 Tage
▲▲▲△

Talorte AP St. Niklaus, 1127 m, im Mattertal, Straße/Bahn von Visp im Rhônetal. – EP Gruben, 1822 m, im Turtmanntal, Straße/Bus nach Turtmann im Rhônetal.

Stützpunkte (1) Topali-H., 2674 m, SAC (kein ständiger Hüttenwart! Selbstversorger-H.), am Ansatz des Distelgrats, 4.30 Std. von St. Niklaus. – (2) Turtmann-H., 2519 m, SAC, über der Zunge des Turtmanngletschers, 3.30 Std. von (1) übers Schöllijoch, 3343 m, mit kurzer Gletscherquerung. – Abstieg 2 Std. nach Gruben.

Hüttengipfel (1) Schöllihorn, 3499 m, 0.30 Std. vom Schöllijoch, leicht. – (2) Brunegghorn, 3833 m, 4–5 Std., über Bruneggjoch-NW-Grat-W-Flanke, nur für Geübte! Hochtour! – Inn. Barrhorn, 3583 m, bzw. Äuß. Barrhorn, 3610 m, 3–4 Std. über die unschwierige W-Flanke, oder 0.45 Std. bzw. 1.15 Std. als Abstecher vom Schöllijoch.

Charakter Für erfahrene Hochgebirgswanderer bei guten Verhältnissen unschwieriger Übergang mit faszinierenden Ausblicken! – Am O-seitigen – frühzeitig aperen – Hang unter dem Schöllijoch Pickel erforderl., Steigeisen empfehlenswert; verhältnismäßig geringe Spaltengefahr.

Besonderer Hinweis Auch als Rundtour möglich, wenn man von Gruben über den historischen Augstbordpaß, 2894 m, nach St. Niklaus zurückkehrt; Gehzeit 5–6 Std.

Führer SAC Walliser Alpen, Bd. II, Vom Col Collon zum Theodulpaß. – Kl. Westalpenführer Walliser Alpen, Königer/Weh (Rother).

Karten SLK 274, Visp; zusätzl. empfehlenswert: SLK 5006, Zermatt und Umgebung, jeweils 1 : 50000. – SLK 1308, St. Niklaus, 1 : 25000 (mit sämtlichen Details!).

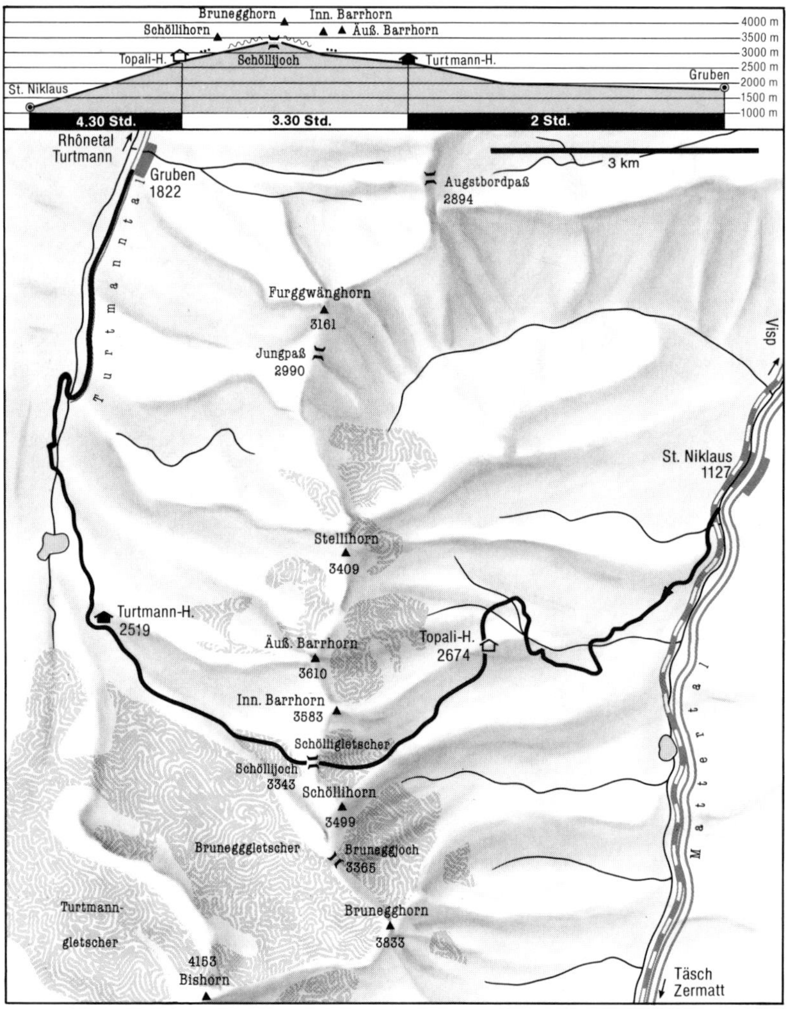

Wer von Visp im Rhônetal in Richtung Zermatt fährt, erlebt eine stete Steigerung von Eindrücken. Kurz hinter Stalden, wo sich die beiden Vispertäler trennen, rücken über der Matter Vispa die steilen Talflanken fast beängstigend nahe zusammen. Bei St. Niklaus weitet sich der Einschnitt zwar trogförmig, doch die Schroffheit, besonders der westlichen Flanke, wird eher noch bedrückender – und durch diese Felsfluchten führt unser Pfad zur kleinen, wenig bekannten Topali-Hütte. Er zählt mit Sicherheit zu den wenigen steilen Hüttenanstiegen in den Alpen, auf dem man reichliche 1500 Höhenmeter (!) ohne Murren hinter sich bringt.

Während des gut 4stündigen Aufstiegs wird man zwar viele Rasten einlegen, aber kaum die Steigplagen beklagen: Dieser Hüttenweg mit seinen überraschenden Ausblicken übers immer tiefer sinkende Tal hinweg zur Mischabel-Gruppe, zum Nadelgrat, zu Dom und Täschhorn, später auf die faszinierende Eispyramide des Weißhorns, ist wahrhaftig ungewöhnlich!

Die Häusergruppe von Schwidernen bei St. Niklaus ist der Ausgangspunkt

Der Blick zum mächtigen Mischabelkamm ▷ – hier dessen höchste Gipfel Dom und Täschhorn – bestimmt unseren langen Hüttenanstieg aus dem tief eingeschnittenen Mattertal zur Topali-Hütte.

Auf einer Schulter neben und über der wild abbrechenden Zunge des Brunegggletschers steht die kleine Turtmann-Hütte des SAC. Im Hintergrund das Bishorn, das zu den sogenannten leichtesten Viertausendern der Alpen gezählt wird (mit Anstieg von der Tracuit-Hütte!).

für den abenteuerlichen Anstieg zur 1930 erbauten Hütte, die aus einem einzigen Raum besteht und nicht bewirtschaftet ist. Wald, Felsstufen, Gräben und Schluchten, zwei verfallene Alpen und der sich mit jedem Meter erweiternde Ausblick markieren den ersten Teil. Wenn Buschwerk und Wald dann allmählich zurückbleiben, wandelt sich der Charakter des Wegs, stehen die Attraktionen im Westen unmittelbar über uns: ein Gletscher, eingefaßt von einem hohen, zerrissenen Felskamm, darüber der freistehende Felszahn des Gässispitz, das Bruneggborn, mit glänzendem Firnschild und messerscharfem Ostgrat rücken ins Blickfeld. Der Pfad windet sich nun durch klotzige Geröllfelder, zwei Gletscherbäche sind zu queren, dann geht es endlich über Felsbänke und Geröllstufen die letzten 200 Höhenmeter zur Topali-Hütte, 2674 m.

Dieser Stützpunkt der Genfer SAC-Sektion ist ein wahres Schmuckstück, wirkt fast ein wenig wie ein Relikt aus klassischer Bergsteigerzeit: ein zweck-mäßiges Refugium in des Wortes wahrer Bedeutung, ein Schutz gegen Wind und Regen! Hier gibt es keine Vollpension und noch nicht einmal ein Frühstück, denn hier gibt es auch keinen Wirt! Kein Muli kann den steilen Weg gehen, es rentieren sich weder Seilbahn noch Helikopter. Das Wasser fließt aus einer Quelle 100 m unterhalb der Hütte und muß auf dem Rücken, in der »Butt'n«, hinaufgetragen werden. Auf diesem Aussichtsbalkon oberhalb des Tals, durch das Jahr für Jahr Hunderttausende von Touristen nach Zermatt pilgern, scheint die Zeit stehengeblieben zu sein ...

Wer mit den ersten Sonnenstrahlen des nächsten Morgens die Hütte verläßt, kann das Schauspiel des jungen Tags von einem Logenplatz aus verfolgen: gegenüber die gewaltige Mischabel-Kette, jenseits des Saaser Tals die Weißmies-Gruppe und im Süden die Gratschneide des Brunegghorns. Nach gut 1 Stunde teilweise mühsamen, schon bald weglosen Steigens durch die Steinwüste der Chella erreichen wir einen kleinen Gratabsatz und sind sprachlos vor Erstaunen: Da stehen kulissenartig über dem zerrissenen Abberggletscher Weißhorn und Bishorn mit ihren vergletscherten Nordostwänden, dicht vor uns das Schöllihorn und der hufeisenförmige Grat zum Inneren Barrhorn. Dieser Bogen umrahmt den kleinen, fast spaltenfreien Schölligletscher, den die weitere Route genau auf den tiefsten Einschnitt zu, das 3343 m hohe Schöllijoch, quert. Im Frühsommer können steile Wächten unter dem Joch ein respektables Hindernis darstellen, im Spätsommer kann dagegen oftmals Blankeis am letzten Steilhang Probleme bereiten. Zu beiden Seiten des Sattels locken leicht ersteigbare Gipfel – im Norden die beiden Barrhörner, im Süden das Schöllihorn. Von diesen Bergen ist der Ausblick vollkommen frei, läßt sich ein tief-einsames Stück Wallis in immer neuen Details erfassen ...

Vom Joch stehen 800 Höhenmeter Abstieg bevor, unschwierig und in gemütlichen 1 1/2 Stunden zu gehen. Wir queren dabei kurz den nördlichen Arm des Brunegg-Gletschers zur rechten Seitenmoräne, wo wir auf Wegspuren treffen, die zur Turtmann-Hütte, 2519 m, leiten. Auch dieser kleine Steinbau steht auf einer Aussichtsplattform gegenüber den wilden Ostabstürzen der Diablons, den Firngipfeln von Brunegg- und Bishorn und deren beiden Gletschern, die im unteren Teil in wilden Séraczonen ins Tal fließen.

Der letzte Abstieg hinunter zum kleinen Stausee und weiter nach Gruben rundet zwei großartige, stille Tage ab, die mit ihren Wegen, Hütten und Gipfeln ständig an die klassische Zeit des Bergsteigens erinnern.

10 Zwischen Wildstrubel und Wildhorn

Über das Gletscherplateau der Plaine Morte

Schweiz
Berner Alpen
3–4 Tage
▲▲▲▲

Talorte AP Kandersteg, 1176 m, am N-Portal des Lötschberg-Eisenbahntunnels (Auto-Verladung), Straße/Bus von Spiez/Frutigen. – EP Lauenen, 1241 m, im gleichnamigen Tal, Straße/Bus nach Gstaad, 6 km.

Stützpunkte (1) Hot. Schwarenbach, 2061 m, priv., am Gemmiweg, 3.30 Std. von Kandersteg über Waldhaus (Ghs.) und durch die Schwarzbachschlucht, oder 1.30 Std. von der Seilbahn-Bergstation am Stock, 1834 m. – (2) Lämmern-H., 2507 m, SAC, 2.30 Std. von (1) am W-Ufer des Daubensees entlang und über den Lämmernboden. – (3) Wildstrubel-H., 2793 m, SAC, westl. unterhalb der Weißhornlücke, 5–6 Std. von (2) über Schneejoch, 3020 m – Plaine Morte – Weißhornlücke, 2904 m, lange Gletschertour mit evtl. heikler Passage am Aufstieg zum Schneejoch! – (4) Wildhorn-H., 2303 m, SAC, oberhalb des Iffigtals, 5–6 Std. von (3) mit Zwischenabstieg zum Ghs. Iffigenalp, 1584 m. – Abstieg 3.30–4 Std. über A. Kühdungel und Ghs. Büel an den Lauenenseen (ab hier Fahrstraße).

Hüttengipfel (2) Großstrubel, 3243 m, und Wildstrubel-Westgipfel (Lenkerstrubel), 3244 m, jeweils 2.30 Std., Hochtour! Westgipfel kann anstelle des Schneejochs im Übergang (2/3) überschritten werden. – Schneehorn, 3178 m, 0.45 Std. vom Schneejoch. – (3) Weißhorn, 2948 m, 0.45 Std. über die Weißhornlücke. – (4) Wildhorn, 3248 m, 3.30–4 Std., Hochtour!

Charakter Hochalpine und abwechslungsreiche Hüttentour vom Kander- ins Lauenental, nur für erfahrene, im Umgang mit Steigeisen, Pickel und Seil versierte Bergsteiger! – Großartige Fernsicht!

Besonderer Hinweis Als kürzere Tour auch von der Walliser Seite (Rhônetal) her möglich, mit AP Leukerbad, 1401 m/ Gemmipaß, 2314 m, und EP Ayent, 978 m, von (4) über den Rawilpaß, 2429 m und Lac de Tseuzier, 1777 m (ab hier Straße/Bus nach Ayent bzw. Sitten im Rhônetal).

Führer Gr. Führer Berner Alpen, Munter (Rother). – Berner Alpen, Bd. 1. – Diablerets bis Gemmi, SAC.

Karten SLK 263, Wildstrubel, und 273, Montana, jeweils 1 : 50 000. – SLK 1266, Lenk, und 1267, Gemmi, jeweils 1 : 25 000.

Die Hauptattraktionen der Berner Alpen – und gleichzeitig einer der Glanzpunkte des gesamten Alpenbogens – sind in einem klar eingefaßten Gebiet zwischen Grimsel und Gemmi, zwischen Goms und Lauterbrunner Tal konzentriert. Acht der insgesamt 42 Schweizer Viertausender setzen die Akzente in diesem nordöstlichen Teil der Gruppe. Westwärts hinter Blümlisalp, Doldenhorn und Balmhorn locken keine Superlative, bäumen sich die Kämme nur noch ein einziges Mal in breiten, glänzenden Firnböden auf: an Wildstrubel und Wildhorn, im Süden hart vom sonnigen Rhônetal begrenzt, im Norden in den grünen Kuppen des Oberlands auslaufend.

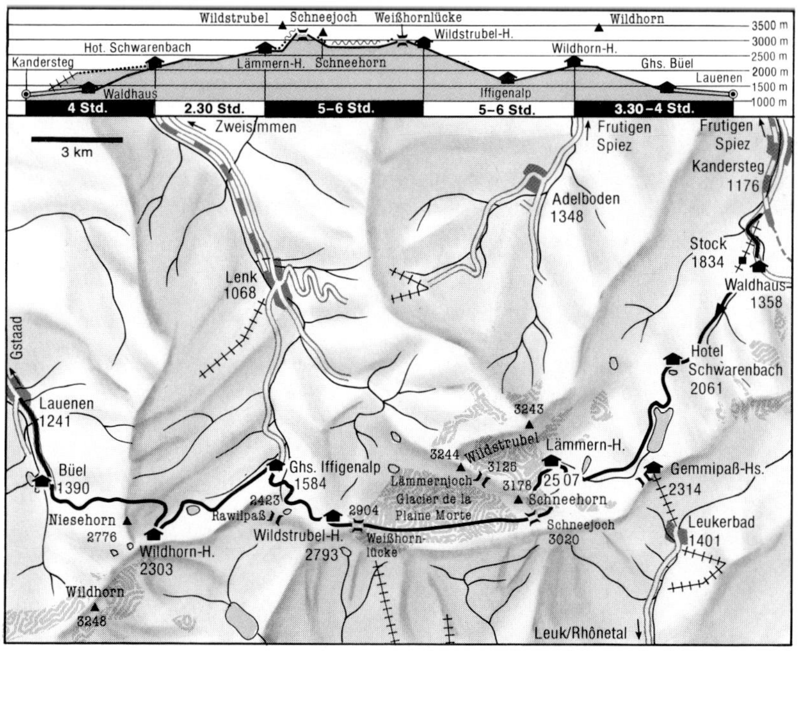

Kontraste bestimmen unsere Längsüberschreitung von Kandersteg nach Lauenen: grün bewaldete Täler, weite Steinfelder, riesige Gletscherflächen; belebte Pfade und tiefe Abgeschiedenheit; zahlreiche leicht ersteigbare Gipfel und dennoch einige respektable Höhenunterschiede. Dazu kommt von mehreren Punkten die großartige Fernsicht über das Rhônetal hinweg zu den Walliser Alpen und zur Montblanc-Gruppe!

Drei blitzsaubere SAC-Hütten, die zur Haupttourenzeit in der Regel bewartet sind, dienen uns als Stützpunkte. Zweimal ermöglichen Seilbahnen – am Gemmipaß und von der Pointe de la Plaine Morte – einen Notabstieg ins Rhônetal.

Der Versuchung, dank Seilbahn Zeit und Kondition zu sparen, erliegt so mancher schon am Beginn der Tour, wo gleich hinter Kandersteg die Bahn zum Stock die Gelegenheitswanderer zum 600 m höheren Ausgangspunkt befördert. Sie werden es wohl nötig haben – ahnen aber kaum, was ihnen dabei entgeht! Die Ouvertüre dieses Wegs nämlich, der Gang durch die Chlus, dicht über den wilden Wassern der Kander, vermag uns in idealer Weise einzustimmen auf die folgenden Etappen in der Höhe.

Am Waldhaus verlassen wir endgültig

den Talboden des Gasterentals, finden am Weg, der sich durch die riesenhaften Nordabstürze des Tatelishorns emporwindet, unseren Schritt. Den Schwarzbachtobel aufwärts querend, erreichen wir die Touristenpromenade Stock-Gemmi, reihen uns für eine Zeitlang in die Scharen der spazierstockschwingenden Urlauber ein und ziehen durch ein herrliches Hochtal fast eben bis zur Alp Spittelmatten. Diese blühende Landschaft mit ihren Arvenwäldern wurde in den frühen Morgenstunden des 11. September 1895 von einer ungeheuren Eislawine, die sich von der Flanke des Altel gelöst hatte, vollständig begraben. Viereinhalb Millionen cbm Eis donnerten mit einer Wucht über die 1500 Höhenmeter ins Tal, daß Eisbrocken auf der anderen Seite 300 m hinaufgeschleudert wurden!
Von Spittelmatten promenieren wir in $^1/_2$ Stunde zum – meist überlaufenen – Hotel Schwarenbach, 2061 m, und wieder $^1/_2$ Stunde später stehen wir am Daubensee, den wir auf seiner Nordseite, nun abseits des Gemmiwegs, umwandern. Von seinem Südende geht es am nahen Gemmipaß vorbei in den flachen, sandigen Lämmernboden, dann führt der Weg durch eine Schlucht hinauf zu einer Kanzel, auf der die neue Lämmern-Hütte, 2507 m, steht.
Beim Übergang zur Wildstrubel-Hütte stehen wir vor der Qual der Wahl, falls uns die Eisverhältnisse der beiden möglichen Routen die Entscheidung nicht ohnehin abnehmen. Der Rat des Hüttenwarts sollte hier unbedingt befolgt werden! Ein erstes Ziel für den »Gipfel-Verächter« ist das 3020 m hohe Schneejoch, das über den kleinen, aber nicht zu unterschätzenden Lämmerngletscher erreicht wird. Nur wenige Minuten erfordert von dort der Abstecher zum Rothorn,

Ein Teil der Walliser Gipfelparade, wie sie sich dem Betrachter vom Hauptkamm der westlichen Berner Alpen bietet: In der linken Bildhälfte beherrschen Nadelhorn, Dom und Täschhorn als markanteste Gipfel der Mischabelgruppe den Horizont; daran schließen sich Alphubel sowie Rimpfischhorn an und – etwas näher – Brunegghorn, Bishorn und das elegante Weißhorn mit seinem berühmten Nordgrat.

3102 m, von dem sich ein Großteil der bereits erwähnten, unvergleichlichen Sicht auftut. Jenseits des Passes folgen 300 m Abstieg über Geröll und Firnreste zum weiten, fast ebenen Plaine-Morte-Gletscher, dann der 6-km-Marsch durch die Schneewüste westwärts zum Einschnitt der Weißhornlücke, 2904 m, und in wenigen Minuten zur Wildstrubel-Hütte, 2793 m. Die zweite Verbindung der beiden Hütten führt direkt über den westlichen, den höchsten Gipfel des Wildstrubel, 3244 m, dessen Normalweg von der Lämmern-Hütte kaum einem Hochgebirgswanderer, der auch mit Pickel, Steigeisen und Seil zu hantieren versteht, Schwierigkeiten bereitet. Am Schrofenrücken, der zur Plaine-Morte-Ebene hinunterleitet, finden wir Steigspuren, auf dem Gletscherplateau meist eine Trasse; doch kann diese lange Querung bei weichem Firn zur Tortur geraten!

Von der Wildstrubel- zur Wildhorn-Hütte gibt es einen interessanten, aber recht verwinkelten Weg über den Rawilpaß und das Schnidejoch. Er erfordert jedoch gute Übersicht und einen ausgeprägten Orientierungssinn in alpinem Gelände. Man kann statt dessen aber auch gemütlich zum Gasthaus Iffigenalp, 1584 m, absteigen und von dort durch das Iffigtal aufwärts den gleichnamigen See und die Wildhorn-Hütte, 2303 m, erreichen. Gipfelsammler aus Leidenschaft werden am folgenden Tag noch das Wildhorn, 3248 m, »mitnehmen«, wobei Schwierigkeiten einzig der Übergang vom Moränensteig auf die Zunge des Ténéhetgletschers bereiten kann.

Beim Abstieg nach Lauenen zweigen wir kurz unterhalb der Hütte von dem zur Iffigen-Alp führenden Weg links ab, umrunden den Nordostrücken des Niesehorns, bis es dann tatsächlich steil bergab, die Schwachstellen der Niesehorn-Nordflanke nutzend, zu den Schafweiden von Färrich und zur Alp Kühdungel geht. Über einen letzten Steilabsatz gelangen wir zum Talboden des Lauenensees, an dem das kleine Gasthaus Büel mit einer großen Schweizer Fahne steht. An das Netz der eidgenössischen Postautokurse haben wir erst in Lauenen Anschluß, aber dorthin führt eine Straße, die wir auch mit schweren Beinen noch bewältigen ...

Vom flachen Lämmernboden steigt unser Hüttenweg über eine letzte Steilstufe zur Terrasse mit der Lämmern-Hütte auf (rechts am Bildrand). Man kann sich bereits von hier ein Bild der beiden möglichen Übergänge verschaffen: Links oben befindet sich (etwas verdeckt) das Schneejoch, im Hintergrund rechts der überfirnte Wildstrubel.

11 Von Rosenlaui zum Grimselsee

Polarzonen zwischen Dossen- und Lauteraar-Hütte

Schweiz
Berner Alpen
3–5 Tage
▲▲▲▲

Talorte AP Hot. Rosenlaui (gr. Parkplatz), 1328 m, Straße/Bus von Meiringen. – EP Grimsel-Hospiz, 1980 m, Straße/Bus nach Guttannen/Meiringen.

Stützpunkte (1) Dossen-H., 2663 m, SAC, auf dem Dossengrat oberhalb des Urbachsattels, 4–5 Std. von Rosenlaui auf streckenweise ges. Steig (Rosenlaui-Biwak, 2330 m, am Weg gelegen, im Sommer geschlossen!). – (2) Gauli-H., 2205 m, SAC, im obersten Urbachtal, 6.30–7.30 Std. von (1) über Dossenhorn, 3138 m – Ränfenjoch, 3052 m – Westl. Wätterlimi, 3250 m – Gauligletscher, längere Gletscherstrecke, am Dossenhorn kurze, leichte Kletterei! – (3) Lauteraar-H., 2392 m, SAC, am Unteraargletscher, 5.30–6.30 Std. von (2) über Hiendertelltijoch, ca. 3080 m, mit Begehung des spaltenreichen Hiendertelltigletschers und kurzer Felspassage beim Übergang. – Abstieg 3–4 Std. zum Grimsel-Hospiz über Unteraargletscher und am Grimselsee entlang.

Hüttengipfel (1) Dossenhorn, 3138 m, wird günstigerweise überschritten. – Ränfenhorn, 3259 m, unschwieriger Abstecher vom Übergang. – Rosenhorn, 3698 m, Abstecher von der Westl. Wätterlimi, leichte Kletterei am Gipfelgrat, Mehraufwand ca. 2.30 Std. – (2) Hangendgletscherhorn, 3292 m, 3.30–4 Std. über SO-Flanke und O-Grat, leichte Kletterei. – (2/3) Ewigschneehorn, 3329 m, von beiden Hütten in 4–5 Std. zu erreichen, auch als Überschreitung mögl.!

Charakter Großzügige Übergänge mit anspruchsvollen Gletscherbegehungen und leichten Klettereien; nur für erfahrene Bergsteiger mit kompletter Ausrüstung! – Karte und Führer studieren!

Besonderer Hinweis Man findet bei dieser Tour keine alpinen Wirtshäuser vor, sondern einfache, auf die Bedürfnisse des Bergsteigers zugeschnittene Unterkünfte; Verpflegung bei Anwesenheit des Hüttenwarts möglich.

Führer Berner Alpen, Bd. V, Grindelwald–Meiringen–Grimsel–Fiesch, SAC. – Gr. Führer Berner Alpen, Munter (Rother).

Karte SLK 5004, Berner Oberland, 1 : 50 000.

Wer im Berner Oberland den Inbegriff alpiner Landschaft sucht, ohne sich in die Touristenströme zwischen Grindelwald und Mürren einreihen zu wollen, sollte einmal von Meiringen unweit der Aareschlucht auf dem Mautsträßchen ins Rosenlaui fahren. Hier wird ihm ein klassischer, hochalpiner Talschluß mit stärksten Kontrasten vor Augen geführt: grüne Wiesen, dunkle Waldflanken, darüber himmelhoch aufragend wuchtige Felsbastionen, zwischen denen zerborstene Gletscherzungen versteckte, weite Gletscherflächen ahnen lassen. Im Gegensatz zum lieblichen, idyllischen Talboden erscheint das abweisende Hochgebirge tatsächlich wie eine unheimliche Bedrohung ... Allein – im Zeitalter des massenhaften Aufbruchs in die Berge haben auch die Hochregionen, wie diese eisüberwallte Nordostecke der langgestreckten Berner Alpen, ihren größten Schrekken verloren. Hier kann jeder auf Gletschern ausreichend erfahrene und im Fels trittsichere Bergwanderer auch Überschreitungen durchführen, die nicht zugleich Gewalttouren sind.

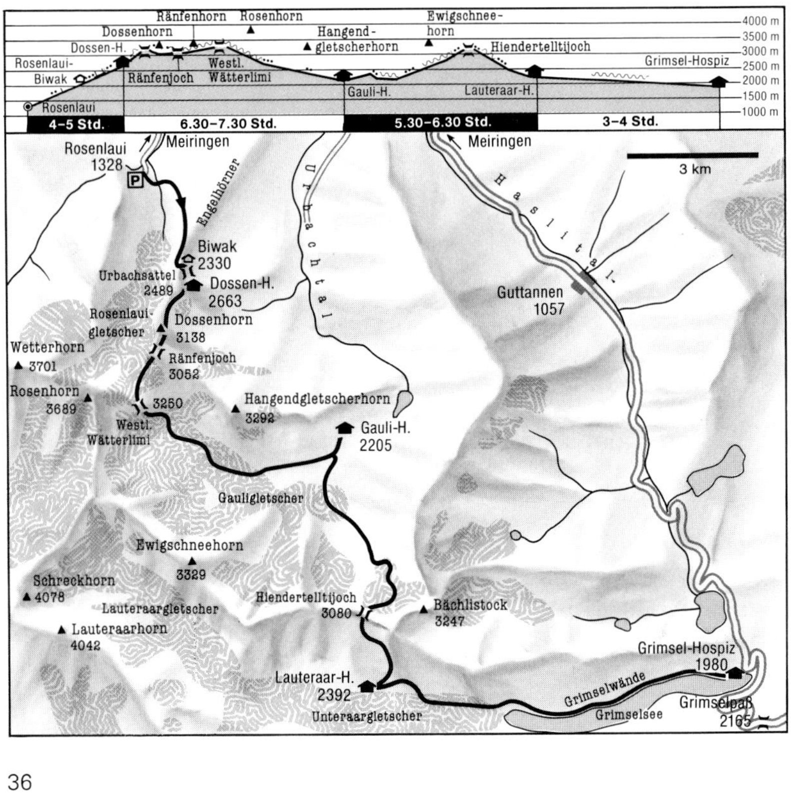

Unser großzügiger Übergang beginnt nichtsdestoweniger dicht an den wilden Abbrüchen des Rosenlauigletschers und unter den zerrissenen Felsgraten der vorgelagerten Engelhörner. Hier führt der verwegene Gletscherhubelsteig zum – im Sommer geschlossenen – Rosenlaui-Biwak, danach ein solide gesicherter Felsensteig mit Leitern, Stiften, fixen Seilen und künstlichen Tritten steil aufwärts durch die Dossenwand und zur Dossen-Hütte, 2663 m.
Anderntags geht es hinauf zum Dossensattel, von dem – Vorsicht bei Eis und Schnee! – auf einem mit Steinmännern markierten Band die Nordwestflanke des Dossenhorns zum flachen Firnsattel des Ränfenjochs, 3052 m, gequert wird. Über den fla-

chen Gletscher steigen wir unter dem – einen Abstecher durchaus lohnenden! – Ränfenhorn hindurch zur Westlichen Watterlimmi, 3250 m, die Rosenlaui- und Gauligletscher trennt. Vorsichtig auf Spalten achtend, gelangen wir jenseits zum flacheren Teil des Gauligletschers, wechseln auf das linke Moränenufer über und folgen den Wegspuren unter den Felsbänken des Chammligrats zur Gauli-Hütte, 2205 m.

Der dritte Tag bringt abermals einen großen Gletscherübergang zur Lauteraar-Hütte am Unteraargletscher: eine Westalpen-Unternehmung, die zu frühem Aufbruch zwingt! Über den untersten Gauligletscher und Moränenschutt gelangen wir ins Hiendertellti, was auf deutsch schlicht »Hühnertal« bedeutet. Niemand lasse sich von den im »Oberhasli-Dütsch« so reizend klingenden Namen und vor allem dem in Publikationen unterschiedlichen Bezeichnungen verwirren – mit Phantasie und Sprachgefühl kann man alle Ortsbezeichnungen leicht identifizieren! Über den Gletscher des Hiendertellti steigen wir, alle Gefahrenzonen klug umgehend, zum Bergschrund und zuletzt steil im Fels zum Hiendertelltijoch, ca. 3080 m. (Der Übergang ist nicht identisch mit dem tiefsten Grateinschnitt! Führer genau studieren!) Weniger schwierig ist jenseits der Abstieg in die überwältigende Fjordlandschaft des Unteraargletschers, über dem die Lauteraar-Hütte, 2392 m, steht.

Wen die Überschreitung eines Gipfels mehr reizt als der Übergang über ein Joch, der kann beim Abstieg von der Wätterlimmi die Nordostflanke des Ewigschneehorns, 3329 m, begutachten, und – je nach Verhältnissen – sich für diesen Berg begeistern. Der Weg vom Gipfel zum Gaulipaß und durch die Südflanke zum Unteraargletscher ist zwar etwas länger als der übers Hiendertelltijoch, aber nicht unbedingt schwieriger. Hier oder dort erfährt man beim Abstieg zur und von der Lauteraar-Hütte bei gutem Wetter außergewöhnliche Eindrücke:

Ein »klassisches« Bild aus den Berner Alpen: das Lauteraarhorn und der lange Eisstrom des Lauteraargletschers, vom Trübtensee unweit der Grimsel fotografiert. Rechts oben sind deutlich Hienderstock und Hiendertelltijoch auszumachen, die Lauteraar-Hütte befindet sich auf dem Sokkel des vom Hienderstock abfallenden Grats.

Wie da Scheuchzerhorn, Finsteraarhorn, Lauteraarhörner und Schreckhorn über der nackten Gletscherlandschaft stehen; wie da Licht und Schatten die Kontraste noch verstärken, das ist in der Tat eindrucksvoll.

Die Heimkehr in die menschliche Gesellschaft wird zum Schluß zu einem merkwürdigen Ereignis. Da trifft man am Eldorado-Dom oberhalb des Grimselsees jene Felsartisten, die das Klettern als Hochleistungssport betreiben, und kurz darauf am Grimsel-Hospiz jene »normalen« Mitmenschen, die jeden Bergsteiger für »leicht verrückt« halten …

12 Einsame Hochtäler um den Basòdino

Hochalpine Überschreitungen – gletscherfreie Varianten

Schweiz/Italien
Tessiner Alpen / Leone-Gruppe
4–5 Tage
▲▲▲△

Talorte AP Ossasco, 1313 m, im Val Bedretto, Straße/Bus von Airolo. – EP All'Acqua, 1614 m (Ghs.), bzw. A. di Cruina/Bus-H., 2003 m, beides im obersten Val Bedretto an der Nufenenpaßstraße; Bus nach Airolo und ins Wallis.

Stützpunkte (1) Cap. Cristallina, 2349 m, SAC, im Val Torta, 3 Std. von Ossasco über A. di Cristallina. – (2) Cap. del Basòdino, 1856 m, SAC, südl. des Lago di Robiei, 2 Std. von (1) über Passo di Cristallina, 2568 m. – (3) Rif. Val Toggia (Maria Luisa), 2155 m, CAI, am Fischsee/Bacino del Toggia, 3.15 von (2) über Bocchetta di Val Maggia, 2635 m, oder hochalpin: 7 Std. von (2) über den Gipfel des Basòdino, 3274 m, Gletscherbegehung, am Gipfel leichte Blockkletterei. – (4) Rif. Città di Busto, 2482 m, CAI, südöstl. unter dem Bettelmatthorn, 3 Std. von (3) über A. Brunni und Lago di Morasco, 1815 m (unterhalb der A. Brunni nur Steigspuren). – (5) Cap. Corno-Gries, 2338 m, SAC, 2 Std. von (4) über Griespaß, 2479 m, und Passo del Corno, 2485 m, oder hochalpin: 5.30 Std. über Rothornpaß, 3130 m – Griesgletscher – Griespaß – Passo del Corno, lange Gletscherbegehung. – Abstieg 0.45 Std. zur A. di Cruina oder 1.30 Std. nach All'Acqua.

Hüttengipfel (1) Cristallina, 2912 m, 2.15 Std., über den Ghiacciaio di Val Torta oder vom Passo di Cristallina, unschwierig. – (2) Basòdino, 3274 m, kann von erfahrenen Bergwanderern überschritten werden (Gletscher mit einzelnen Spalten und leichte Kletterei). – (3) Gr. Grieshorn, 2969 m, 2.30 Std. durch das Rotental/Valrossa und über den SO-Grat, unschwierig (zuletzt weglos). – (4) Blinnenhorn, 3374 m, 0.45 Std. vom Rothornpaß, meist gespurt, Gletscherbegehung!

Charakter Hochalpine Wanderung durch urweltliche Hochtäler; einige Gletscherüberschreitungen, die trotz relativer Harmlosigkeit hochalpine Erfahrung erfordern (keine Gletscherbrüche, aber einzelne Spalten und u. U. Randklüfte), können auf einer kaum weniger eindrucksvollen Route vermieden werden.

Besondere Hinweise Im Hochtal um den Lago Sabbione stehen neben (4) eine Reihe weiterer CAI-Hütten. – Achtung: Grenzübertritt, Ausweise mitführen!

Führer SAC, Tessiner und Misoxer Alpen. – SAC, Walliser Alpen, Bd. V, »Simplon-Furka«.

Karten SLK 265, Nufenenpaß, 1 : 50 000.

Diese Wanderung führt aus dem Val Bedretto, das von Airolo am Südportal des Gotthardtunnels gegen Westen emporzieht, hinüber in die großartig-düstere Felsszenerie des Tessiner Maggiatals und über die beiden mächtigen, ganz freistehenden Firndome Basòdino, 3274 m, und das

Blick aus dem obersten Val Toggia über den Fischsee hinweg zum Kamm von Kastelhorn und Basòdino (fast verdeckt). Am linken Bildrand befindet sich (ebenfalls verdeckt) die Bocchetta di Val Maggia. ▷

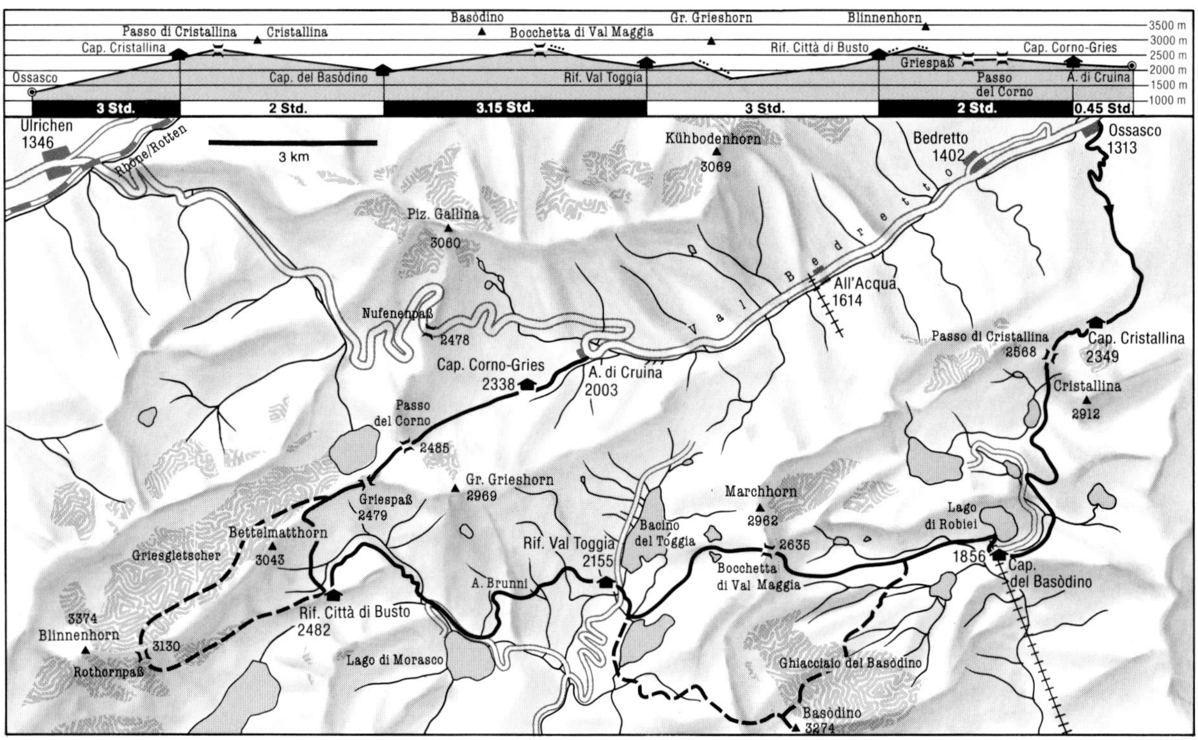

Ideale Rastplätze bietet die flach auslaufende Westflanke des Basòdino (vgl. Bild Seite 39): Im Nordwesten dominiert über dem Einschnitt des Griespasses das Finsteraarhorn, weiter links und deutlich näher das eisige Blinnenhorn. Das Rifugio Città di Busto steht auf der ausgeprägten Terrasse unter dem schrofigen Kamm, der vom Blinnenhorn nach rechts zum Bettelmatthorn zieht.

exakt 100 m höhere Blinnenhorn zum Nufenenpaß und damit ins Bedrettotal zurück.
Der alpinistische Vorzug dieser Berge ist zum einen in ihrer Einsamkeit begründet, zum andern in den Blicken zu den ganz großen Bergen der Schweiz. Die Wunder der Natur liegen dagegen unmittelbar am Weg: Gletscheranemonen, die am Aufstieg zum Basòdino blühen, Bergkristalle, Fluorit und Adular, die aus allen Winkeln funkeln – der nahe Nufenenstock und der Basòdino gelten als *die* Kristallberge der Schweiz!
Von Ossasco, unweit von Airolo, steigen wir in knappen 3 Stunden im wilden Val Torta zur Cristallina-Hütte auf, Rastplatz für die einen, Unterkunft für die andern. In ½ Stunde führt der Weg weiter zum Cristallinapaß, 2568 m, hinauf und drüben von Stufe zu Stufe abwärts in den obersten Boden des Val Bavona und zur Basòdino-Hütte, 1856 m, die von Süden auch per Seilbahn erreichbar ist.
Beim nächsten Übergang zur Toggia-Hütte bietet sich die Bocchetta di Val Maggia, 2635 m, als leichteste, für jeden Wanderer unproblematische Route an. Hochalpin erfahrene Bergsteiger, die auch den Umgang mit Seil und Pickel beherrschen, lassen jedoch die traumhaft schöne Überschreitung des Basòdino nicht aus. Wir folgen dabei zunächst dem Weg, der westwärts durch das Val Fiorina (nomen est omen!) zur Bocchetta di Val Maggia führt, biegen aber bei der Alpe Randinascia links ab und streben auf den Felskamm inmitten des Basòdinogletscher, zu. Das weite Gletscherfeld betreten wir erst in 2800 m Höhe und erreichen in südlicher Richtung den Gipfelgrat zwischen Pizzo Cavergno und Basòdino, schließlich in leichter Blockkletterei den höchsten Gipfel der Tessiner Alpen. Die Weite des Umblicks kann nur die Karte in allen Einzelheiten verraten!
Beim Abstieg von der Scharte vor dem Pizzo Cavergno nach Westen halte man sich stets leicht rechts, um sofort auf dem namen- und spaltenlosen Gletscher der italienischen Seite in Richtung Alp Ghighel abfahren zu können. Das Steiglein zum Kastelsee läßt sich gar nicht verfehlen – und bald sitzen wir vor einer Riesenportion Spaghetti in der gemütlichen Toggia-Hütte.
Der folgende Tag beginnt mit einer Wanderung zur verfallenen Alp Brunni, von der wir über Blumenwiesen zum blauen Morascosee ab- und durchs Griestal zum Rifugio Citta di Busto wieder aufsteigen.
Die letzte Etappe bietet erneut zwei Möglichkeiten. Der gemächliche Wanderer wird am Castiglioni-Weg unter dem Bettelmatthorn hindurch zum Griespaß, 2479 m, weiter über den Cornopaß, 2485 m, zur gleichnamigen Hütte und zur Nufenenstraße im Val Bedretto bummeln. Der Gipfelstürmer ersteigt dagegen zunächst das ungewöhnlich aussichtsreiche Blinnenhorn, 3374 m, und erreicht die beiden Pässe über den langen Griesgletscher, wobei etliche Spaltenzonen passiert werden!

13 Zwischen Gotthard- und Nufenenpaß

Über den Pizzo Lucendro zur Rotondo-Hütte

Schweiz
Gotthard-Gruppe
2–3 Tage
▲▲▲△

Talorte AP St.-Gotthard-Hospiz, 2091 m, knapp südl. der Paßhöhe, Bus nach Airolo und Andermatt. – EP All'Acqua, 1614 m, Ghs. an der Nufenenpaßstraße im Val Bedretto, Bus nach Airolo und ins Oberwallis.

Stützpunkte (1) Rotondo-H., 2571 m, SAC, über der Zunge des Witenwasserengletschers, 5.30 Std. vom Gotthardpaß über Alpe di Lucendro, 2189 m – Passo di Lucendro, 2532 m – Ywerber Lücke, 2800 m – Oberstafel, 2220 m, kurze Gletscherbegehung, kurze Abschnitte weglos. – (2) Cap. Piansecco, 1980 m, SAC, oberhalb von All'Acqua, 3.30 Std. von (1) über Witenwasserenpaß, 2819 m – Gerengletscher – Passo di Rotondo, 2764 m, längere Gletscherquerungen, Orientierungssinn erforderlich! – Abstieg 0.45 Std. nach All'Acqua.

Hüttengipfel (1) Pizzo Lucendro, 2962 m, kurzer, lohnender Abstecher. – Witenwasserenstock-O-Gipfel, 3025 m, 1.30 Std. oder als Abstecher vom Übergang (1/2). – Leckihorn, 3065 m, 1.15 Std., leichte Gletschertour.

Charakter Unschwierige Übergänge und Gipfeltouren in einer kleinräumigen, strengen Hochgebirgslandschaft; alpine Erfahrung und Orientierungssinn für Gletscherquerungen erforderl.! – Pickel und Seil/Reepschnur!

Besonderer Hinweis Die Schweizer Armee hält in diesem Gebiet Schießübungen ab; sich vor Tourenbeginn unbedingt informieren, ob bzw. zu welchen Zeiten geübt/nicht geübt wird!

Führer Urner Alpen/West, SAC.

Karten SLK 1251, Val Bedretto, 1 : 25 000 (empfehlenswert!). – SLK 265, Nufenenpaß, 1 : 50 000.

Wer hochalpines Flair ohne hochalpine Strenge sucht, der ist in der westlichen Gotthardkette zwischen Gotthard-, Furka- und Nufenenpaß genau richtig aufgehoben. Auf der ganzen 40 qkm finden wir hier eine Hochgebirgswelt im Kleinformat, mit einem Dutzend eigenständiger Gletscher, einer alles überragenden Gipfelgestalt – dem Pizzo Rotondo – und zwei gut bewirtschafteten SAC-Hütten.

Ausgangspunkt für unsere Durchquerung ist der seit Eröffnung des Straßentunnels verkehrsberuhigte St.-Gotthard-Paß. Wir verlassen die Paßhöhe, deren Ödnis auch ein Dutzend kleiner Seen nicht aufzulockern vermag, auf einer Werksstraße, die kurz nach Norden zur Staumauer des Lago di Lucendro führt. Einen sich nach Süden wendenden Bogen beschreibend, traben wir am nördlichen Seeufer eben ins Tälchen der Lucendro Alpe, über der schon bald der formschöne Gipfel des Pizzo Lucendro, 2962 m, auftaucht.

Wir könnten auf halbem Weg zwischen Lucendro-Alpe und Lucendropaß rechts abbiegen, und uns über Schrofen und Schutt der Nordwestflanke einen leichten Zugang zu unserem Übergang ins Witenwasserental suchen. Weniger anstrengend ist es allerdings, weiter dem guten Weg zur Paßhöhe, 2532 m, zu folgen und über den Ostrücken des Pizzo Lucendro zum kleinen Gletscher und zum höchsten Punkt aufzusteigen. Nicht unerwähnt bleiben soll die Möglichkeit, vom Gotthardpaß auf einem alten Saumweg, durch die Ost- und Südflanken der Fibbia, also hoch über dem Bedrettotal dahin, zum Lucendropaß zu gelangen. Während der Gipfelrast auf dem Pizzo Lucendro schauen wir sehr indiskret ins Bedrettotal und in die Leventina hinein und haben die Walliser, Berner, Innerschweizer und Bündner Hochgebirgsszenerie fest im Blick. Absteigend halten wir uns zunächst in der Ostflanke unmittelbar unter dem Nordgrat bis zur Ywerber Lücke, etwa 2800 m (das ist die Scharte vor Punkt

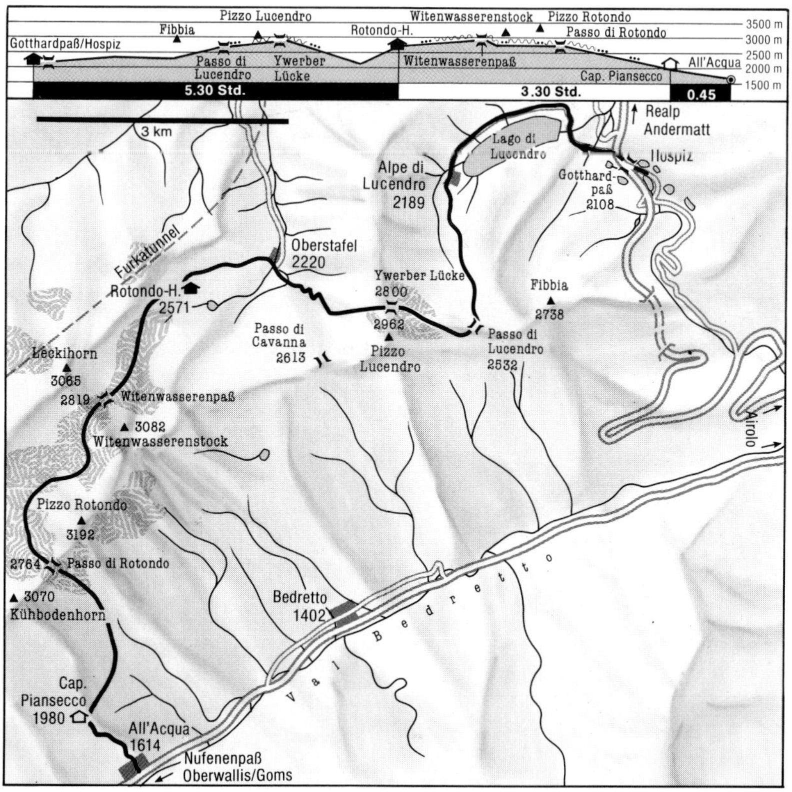

Die letzten Meter im Aufstieg zur Rotondo-Hütte; man läuft dabei schnurgerade auf Pizzo Rotondo (über dem Hüttendach) und den breiten Witenwasserenstock zu. Rechts, knapp außerhalb des Bildrandes, befindet sich der Witenwasserenpaß.

2853 der SL-Karte), dann geht es links hinunter über Firn, Schutt und steile Rasenhänge, volle 600 Höhenmeter zur Oberstafel im Witenwasserental. Der beim Abfahren in Schnee und Geröll angesammelte Übermut wird vom anschließenden, knapp 1stündigen Aufstieg durchs Tälli zur Rotondo-Hütte, 2571 m, wieder gedämpft.
Die solide SAC-Unterkunft steht in eindrucksvoll alpiner Umgebung am Rande des zerspaltenen Witenwasserengletschers, vor dem gefälligen Hintergrund der beiden Leckihörner. Das größere von beiden, mit 3076 m ein ansehnlicher Dreitausender, ist übrigens ein leichter und lohnender Gipfel für den, der hier noch einen Tag verweilen kann. Skibergsteiger haben in der Umrahmung der Hütte längst ein ideales winterliches Tourengebiet ausgemacht ...
Der folgende Übergang zur Piansecco-Hütte ist lang, man sollte ausgeruht sein und das Unternehmen nur bei sicherem Wetter starten. Von der Rotondo-Hütte folgen wir dem Moränenweg zum Gletscher und überschreiten ihn abseits der Spaltenzone gegen den Witenwasserenpaß, 2819 m – die Wasserscheide zwischen Nordsee und Mittelmeer. Auf der anderen Seite steigen wir mit geringem Höhenverlust um den Sockel des Witenwasserenstocks herum zum Gerengletscher, der – Vorsicht, Spalten! – ebenfalls gequert wird. Das Ganze wiederholt sich am Fuß des Pizzo Rotondo: In nördlich und westlich ausholendem Bogen geht es in Firn und Schutt um die Gratausläufer herum zum Rotondogletscher und zum flachen Rotondopaß.
Klettergewandte Hochgebirgswanderer werden hier kaum der Anziehungskraft des Pizzo Rotondo, 3192 m, des Hauptgipfels der Gruppe, widerstehen können, auch wenn er von dieser Seite nicht gerade einladend wirkt. Der unschwierige Normalweg (I) benützt ein Couloir, das durch die Südwestflanke bis unmittelbar zum Gipfelaufbau hinaufzieht. Wenn man dann nach 45 Minuten konzentrierten und vorsichtigen Steigens auf dem Gipfel steht, liegen einem alle Gotthardberge und das Bedrettotal zu Füßen; außerdem kann man einmal quer durch die Schweiz schauen, vom Montblanc bis zur Schesaplana und Bernina.
Zurück am Rotondopaß orientieren wir uns im Abstieg auf der Bedrettoseite zunächst am Ostsporn des Chüebodenhorns. Vom Gletscher wechselt man in die Felswildnis der Alpe Nuova, dann folgt man den deutlicher werdenden Wegspuren, immer leicht rechts haltend, zur wunderschön am Rand eines Lärchenwalds gelegenen Piansecco-Hütte, 1980 m. Die Autos und Busse auf der Nufenenpaßstraße bei All'Acqua sind noch Welten – und doch nur knappe 45 Minuten – entfernt ...

14 Vom Oberalp- zum Gotthardpaß

Drei Hütten unter Piz Borel und Pizzo Centrale

Schweiz
Gotthard-Gruppe
2–4 Tage
▲▲▲△

Talorte AP Oberalppaß, 2044 m (Hot.), Straße/Bahn von Disentis und Andermatt. – EP St.-Gotthard-Paß, 2108 m, bzw. Gotthard-Hospiz, 2094 m, Straße (Bus) nach Andermatt.

Stützpunkte (1) Maighels-H., 2310 m, SAC, am SW-Ausläufer des Piz Cavradi, 1.45 Std. vom Oberalppaß. – (2) Cadlimo-H., 2570 m, SAC, am SW-Fuß des Piz Curnera, 3 Std. von (1) durch das Val Maighels, dann über den Maighelsgletscher und eine Scharte, ca. 2840 m, im W-Grat des Piz Borel und durch Schrofenhänge weglos zur H., kurze Gletscherbegehung mit evtl. unangenehmer Randkluft (Ausweichmöglichkeit über Piz Borel oder – ohne Gletscherberührung – über Passo Bornengo). – (3) Vermigel-H., 1977 m, Militärkaverne in der Unteralp, vom SAC betreut, 3 Std. von (2) über Passo Bornengo, 2631 m, und Maighelspaß, 2420 m. – Übergang zum St.-Gotthard-Paß 4 Std. über Passo della Sella, 2703 m.

Hüttengipfel (1) P. Badus, 2928 m, 2 Std. von der Maighels-H., unschwierig, beliebter Aussichtsberg. – (1/2) Piz Ravetsch, 3007 m, über Piz Borel – Ravetschlücke – SW-Grat, leichte Kletterei, 1.30 Std. vom Übergang im Piz-Borel-W-Grat. – (2) Piz Alv, 2769 m, 0.30 Std. vom Passo Bornengo. – (3) Pizzo Centrale, 3001 m, 3 Std. über NO-Flanke, Überschreitung zum St.-Gotthard-Paß mögl., unschwierig, z. T. weglos. – Giübin, 2776 m, Abstecher vom Passo della Sella.

Charakter Reizvolle Kombination leichter Übergänge, harmloser Gletscherlappen und unschwieriger Gipfel; streckenweise wegloses Gelände.

Führer Urner Alpen/West, SAC. – Bündner Alpen, Bd. 2, Oberland – Rheinwaldgebiet, SAC.

Karte SLK 5001, Gotthard, 1 : 50 000.

Es gibt in der Schweiz zwar zahlreiche Bergsteigerzentren, aber keines im Mittelpunkt der Schweizer Berge! Am geographischen Schnittpunkt des Landes, wo Walliser, Berner, Urner, Glarner, Adula und Tessiner Alpen zusammentreffen, entspringen mit Rhône, Rhein, Reuß und Tessin vier bedeutende Alpenflüsse, hier befinden sich einige der wichtigsten Alpenpässe. Trotzdem ist es im Revier östlich des St. Gotthard, rings um den

Dicht südlich des Hauptkamms der Gotthardberge steht auf einem felsigen Ausläufer des Piz Curnera die kleine, im Sommer bewirtschaftete Cadlimo-Hütte. Links ahnt man die Tiefe des Bornengokessels, über der Hütte erkennt man den Piz Alv, rechts den Einschnitt des Bornengopasses.

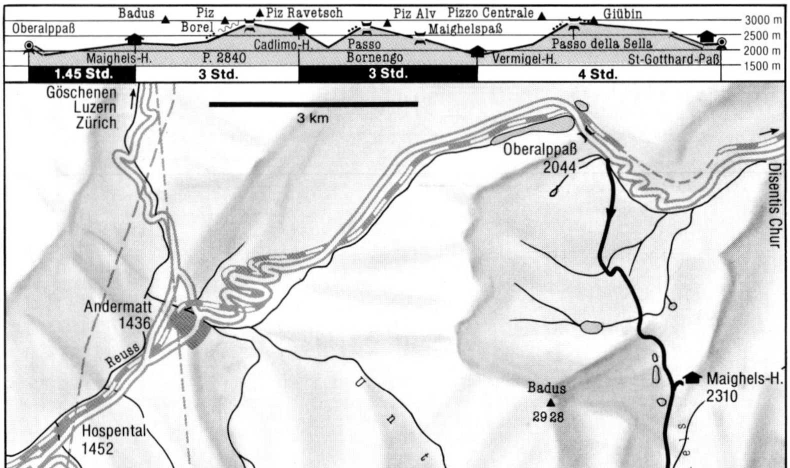

Pizzo Centrale, nur selten überlaufen – es sei denn, man gerät in einen Schweizer Schulausflug oder in eine militärische Übung ... Der Wanderer durchstreift hier eine reichgegliederte Berglandschaft knapp an der Grenze zum Hochalpinen, mit kleinen Gletschern, einsamen Seen und bemerkenswert aussichtsreichen Gipfeln.

Günstiger, weil hochgelegener Ausgangspunkt ist der Oberalppaß. Von der Paßhöhe steigen wir auf der Graubündner Seite der Straße entlang bis zur ersten Kehre ab (bei Punkt 1987 der SLK), wo rechts ein Saumweg beginnt, der oberhalb der Hütten von Tgatlems ins Maighelstal hineinführt. Bereits nach 1½ Stunden taucht in 2248 m Höhe der in einsamer Stille daliegende Maighelssee auf; östlich, wenige Minuten oberhalb, steht die Maighels-Hütte, 2310 m, des SAC. Von hier aus ist die Besteigung des Piz Badus, 2928 m, eine gar nicht schwere, aber so eindrucksvoll stille Tour, daß man sie nicht auslassen sollte.

Für den Weiterweg zur Cadlimo-Hütte bieten sich zwei Möglichkeiten an: der beschauliche Pfad über den Bornengopaß, 2631 m, am Ende des Val Maighels oder die in kurzen Abschnitten hochalpine Variante über den spaltenarmen Maighelsgletscher zu einer Scharte, 2840 m, im Westgrat des Piz Borel und weglos durch Schrofenhänge zur Hütte, 2570 m. Letztere Route ist kaum schwerer als erstere, lockt außerdem mit dem Abstecher zum Dreitausender Piz Ravetsch und erspart den Steilschutt beim Ab- und Wiederaufstieg durch den unangenehmen Bornengokessel. Am nächsten Tag müssen wir uns auf dem Weg zurück zum Bornengopaß dennoch durch dieses Wegstück plagen. Um so mehr genießen wir anschließend die Überschreitung des Piz Alv, 2769 m, zum Maighelspaß, 2420 m, eine herrliche Kammwanderung mit schönen Nah- und Tiefblicken. Am Maighelspaß wendet man sich nach links und gelangt auf gutem Weg an drei Seeaugen vorbei zur kleinen Vermigel-Hütte.

Nun hat man die Wahl, entweder durchs Unteralptal in rund 2 Stunden nach Andermatt hinauszugehen oder aber weiter bis zum St.-Gotthard-Paß zu wandern, wofür sich wieder zwei Möglichkeiten anbieten. Bei der völlig zahmen Variante gelangt man über den Sunnsbühl auf die Sommermatten und kommt nach gemächlichem Aufstieg zum Sellapaß, 2703 m, zwischen Giübin, 2776 m, und Piz Prevat, 2876 m (in den Talschluß unterhalb des Passes kann man auch vom Maighelspaß über die »Wilden Matten« fast horizontal direkt queren). Jenseits geht es zum Lago della Sella hinunter und an seinem Ufer entlang in Richtung St.-Gotthard-Hospiz.

Die Alternative dazu ist eine Nummer alpinistischer, erfordert Trittsicherheit und Klettergewandtheit: Sie führt immerhin auf einen Dreitausender! Dabei steigen wir von der Vermigel-Hütte zum Unter-Schatzfirn und auf dem kurzen, spaltenarmen Gletscher zur Rotstocklücke, 2780 m, aus der man schließlich, immer am leichten Ostgrat bleibend, den Gipfel des Pizzo Centrale, 3001 m, gewinnt. Was wir von dort oben zu sehen bekommen, deutet schon der Name an: die Schweiz in vier Himmelsrichtungen.

Vom Gipfel des Pizzo Centrale halten wir uns absteigend an den Westgrat, überklettern oder umgehen südseitig den Gamsspitz, folgen dem Kamm weiter bis zum flachen Gipfel des Sellabödeli, von dem wir leicht linkshaltend in den öden Kessel unter dem Gloggentürmli, einer markanten Felsnadel, gelangen. Meist weglos zielen wir dann schnurgerade die Südhänge hinunter auf die Staumauer des Lago di Sella zu.

15 Die große Maderanertal-Runde

Unter Windgälle und Oberalpstock

Schweiz
Glarner Alpen
3–5 Tage
▲▲▲△

Talorte Amsteg, 519 m, im Reußtal. – AP Bristen, 782 m, bzw. Seilbahn-Bergstation, ca. 1400 m. – EP Wiler/Bhf. Gurtnellen, 734 m, an Gotthardstraße/-bahn, Verbindung nach Amsteg.

Stützpunkte (1) Windgällen-H., 2032 m, AACZ, südl. der Windgälle, 2 Std. von der Seilbahn Bristen–Golzern. – (2) Hüfi-H. 2334 m, SAC, 3.30 Std. von (1) mit Abstieg über Tritt zur Griesbrükke, 1425 m, und über den W-Sockel des Gr. Düssi zur H. – (3) Hinterbalm, 1817 m, priv., gut eingerichtete, offene Touristen-Unterkunft (Selbstversorger!), am W-Gratausläufer des Chli Düssi, 2.15 Std. von (2), z. T. auf ausgesetztem Schafsteig, nie bei Nässe oder Neuschnee! – (4) Cavardiras-H., 2649 m, SAC, östl. der Cavardiraslücke, 2.45 Std. von (3) durchs Brunnital. – (5) Etzli-H., 2052 m, SAC, im hint. Etzlital, 4.30 Std. von (4) über Stremlücke, 2841 m – Val Strem, ca. 2050 m – Chrüzlipaß, 2347 m, mit kurzer, unschwieriger Gletscherbegehung. – (6) Tresch-H., 1475 m, SAC, im Fellital, 3.30 Std. von (5) über Börtlilücke, 2506 m. – Abstieg 2 Std. zur Fellibrücke, 694 m, an der Gotthardstraße, auf ihr 0.30 Std. nach Wiler/Bhf. Gurtnellen.

Hüttengipfel (1) Chli Windgällen, 2986 m, 3–4 Std. auf dem Normalweg über O-Grat und S-Flanke. – (2) Gr. Schärhorn, 3294 m, höchster Gipfel in der Umrahmung des Hüfifirns, 4 Std., lange Gletschertour, nur mit Seil, Pickel und entsprechender Erfahrung! – (3) Gr. Düssi, 3256 m, Blickfang des Maderanertals, 3.30–4 Std. über den S-Grat und Chli Düssi, große Bergtour, leichte Kletterei! – (4) Oberalpstock, 3327 m, 2.30 Std. über den Brunnifirn, bei günstigen Verhältnissen lohnende Gletschertour mit leichter Kletterei am Gipfel. – Piz Ault 3027 m, 0.30 Std. von der Stremlükke, leicht. – (5) Schattig Wichel (Piz Giuv), 3096 m, 3 Std. über Spillauibielfirn und O-Grat, kurze, leichte Kletterei.

Charakter Streckenweise anspruchsvolle Höhenwanderung für alpin erfahrene und bewährte Bergsteiger. – Mehrfach reizvoller Wechsel zwischen lieblicher Alm- und strenger Hochgebirgslandschaft.

Führer Urner Alpen/Ost, SAC.

Karten SLK 246, Klausenpaß, und 256, Disentis, jeweils 1 : 50000. – SLK 1192, Schächental, und 1212, Amsteg, jeweils 1 : 25000.

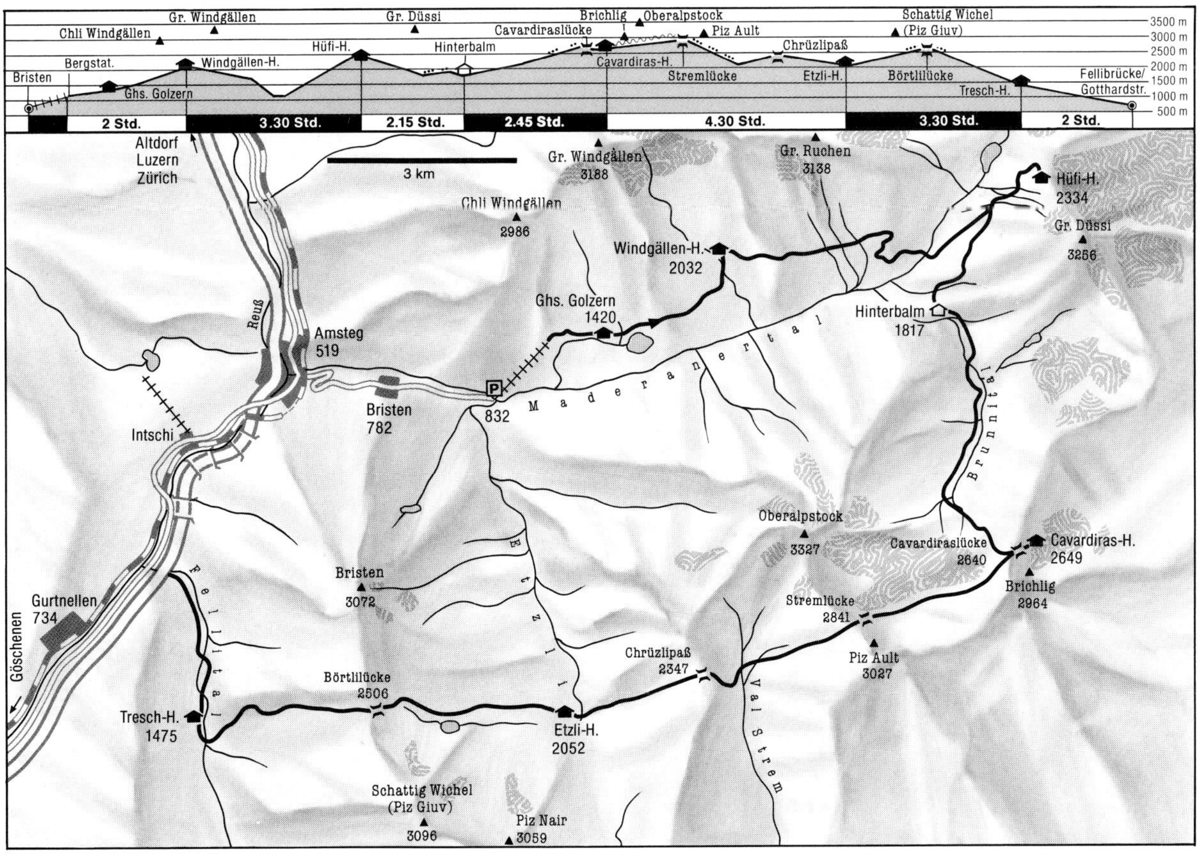

Mit der Fertigstellung der Gotthard-Autobahn ist das früher so romantische Tal der Reuß endgültig in eine schnelle Transitstrecke mit bizarrer Betonarchitektur verwandelt worden. Wer jedoch in Amsteg den Fuß vom Gaspedal nimmt und östlich abzweigt, findet, fast unangetastet von zivilisatorischen Eingriffen, auf den knapp 12 km zwischen Bristen und der Zunge des Hüfifirns eines der schönsten Hochgebirgstäler zwischen Gotthardpaß und Bodensee. Unterhalb seiner eindrucksvollen Gipfelumrahmung verläuft eine der abwechslungsreichsten Hüttenwanderungen in den Schweizer Alpen: die große Maderanertal-Runde! Ihr Steckbrief verheißt Superlative: sechs stille Schutzhütten, in unmittelbarer Gletschernähe als auch in grüner Alpregion, auf aussichtsreichen Kanzeln und in idyllischen Seitentälern; ein halbes Dutzend meist unschwierige Hüttengipfel mit charakteristischem Profil, dazu leichte, interessante Übergänge in Fels und Firn – und trotz Autobahnanschluß Einsamkeit abseits aller Touristenströme!
Gestartet wird in Bristen am Taleingang, wohin von Amsteg aus der Postbus fährt, auf abenteuerlichem Sträßchen durch den engen Bristentobel. Kurz hinter dem Dorf kann man sich von einer winzigen Kabinenbahn in die Nähe des verträumten Golzernsees bringen lassen. Von ihm aus benötigt man nur noch knapp 2 Stunden zur Windgällen-Hütte, 2032 m, auf aussichtsreichem Weg vor Bristen, Oberalpstock und Düssi, die jenseits des Maderanertals aufgereiht stehen.
Beim Weiterweg zur Hüfi-Hütte vermeide man tunlichst den schwer zu findenden und bei Nässe gefährlichen »Schwerzipfad« und folge trotz 400 m Höhenverlust dem Weg über Tritt und Sass zur Griesbrücke, 1425 m. Jenseits des Chärstelenbachs geht es dann am Fuß des Düssi empor zur Hüfi-Hütte, 2334 m, die in wunderschöner Lage zwischen der Furche des Maderanertals und der eisigen Weite des Hüfifirns steht. Bei der nächsten, relativ kurzen Etappe quert man vom Nordgrat des Groß-Düssi zu dessen Südwestgrat-Ausläufer, wo die Alphütten von Hinterbalm stehen. Dazu steigt man von der Hüfi-Hütte bis etwa 1850 m auf dem Hüttenweg

ab und biegt beim »Schafloch« links in den deutlich ausgetretenen, aber nur streckenweise markierten Pfad ein, der fast horizontal zum Hinterbalm verläuft. Die dort von den Sennen vorzüglich eingerichtete Selbstversorger-Hütte steht jedermann offen und eignet sich besonders als Stützpunkt für die Besteigung des Groß-Düssi, der als mächtige Pyramide das Tal gegen Osten zu abschließt.
Von Hinterbalm zieht sich der Weg 5 km durchs einsame Brunnital dahin,

Auf den höchsten Alpböden unter den Südwänden von Groß-Windgällen und Groß-Ruchen (im Hintergrund) steht die Windgällen-Hütte des Akademischen Alpenclubs Zürich.

dann gelangt man am Rande des Brunifirns zur Cavardiraslücke und steht kurz darauf vor der Cavardiras-Hütte, 2649 m. Erfahrene Hochgebirgswanderer, die sich zwischen Gletscherspalten richtig zu bewegen wissen, sollten es am nächsten Morgen nicht versäumen, über den Brunnifirn zum Oberalpstock, 3327 m, aufzusteigen, dem höchsten Berg der Maderanertal-Umrahmung, mit einem Panorama vom Ortler bis zum Montblanc.
Gipfelstürmer und Jochbummler treffen sich wieder in der Stremlücke, 2841 m, von wo man, in Firn und Geröll abrutschend, ins hinterste Val Strem gelangt. Gegenüber geht es gleich wieder knapp 300 Höhenmeter hinauf in die Chrüzlilücke, 2347 m, aus der dicht unter der Wand des Schaftstöckli ein deutlicher Pfad geradewegs zur Etzli-Hütte, 2052 m, hinunterleitet. Rings ums Hinter-Etzli sind hier ein Dutzend griffiger Kletterziele aufgereiht, aber auch zwei leichter erreichbare Hausberge über bleichen Firnlappen. Beide, der Schattig Wichel, mit 3096 m der Höhere, und der Piz Nair, der Schönere, gewähren aufschlußreiche Einblicke in die Gipfelvielfalt des Maderanertals.
Die letzte Etappe führt von der Etzli-Hütte am einsamen Spillauisee vorbei in die Börtlilücke, 2506 m, und auf der anderen Seite durch ein Blockwirrwarr mitten hinein ins freundliche Grün des Fellitals und zur Tresch-Hütte, 1475 m. Nach dem Bummel durchs Fellital steht man dann unvermittelt an der Autobahn und glaubt aus einem Traum in die betonharte Wirklichkeit zurückzukehren …

Fast die Übersicht eines Luftbilds gewährt der Ausblick vom Groß-Düssi nach Westen: Im Mittelpunkt der Oberalpstock, rechts im Schatten das Maderanertal (mit dem Golzernsee auf einer sonnigen Talstufe darüber), vor dem Oberalpstock zieht das Brunnital zum Brunnifirn und -grätli, der Südgrat des Oberalpstocks endet in der Stremlücke und rechts des Bergmassivs erkennt man die Furche des Etzlitals vor dem Bristen. Neben diesen für unsere Tour wichtigen Punkten sehen wir am Horizont links des Oberalpstocks den Basòdino mit seinem weiten Gletscherfeld, rechts den markanten Galenstock, den breiten Dammastock und die Berner Viertausender.

16 Unter Groß-Spannort und Krönten

Drei SAC-Hütten zwischen Engelberg und Reuß

Schweiz
Urner Alpen
2 Tage
▲▲▲△

Talorte AP Engelberg, 1004 m, Straße/Bahn von Luzern/Stans. – EP Intschi, 650 m, bzw. Amsteg, 519 m, beides an Gotthardstraße-/bahn gelegen.

Stützpunkte (1) Spannort-H., 1956 m, SAC, unter der Schloßberglücke, 4 Std. von Engelberg bzw. 2 Std. vom Ghs. Alpenrösli, 1259 (bis hier Fahrgelegenheit). – (2) Krönten-H., 1903 m, SAC, im Erstfelder Tal, 4 Std. von (1) über Schloßberglücke, 2627 m, und Glattfirn (Achtung: Spalten!). – (3) Leitschach-H., 2208 m, SAC, südl. des Ruchen, 3.15 Std. von (2) über den Ruchenpaß (Steinchelenfurggi), 2657 m. – Abstieg 1.45 Std. zum Arnisee, 1368 m, mehrere Ghs., weiter mit Seilbahn nach Intschi oder Amsteg.

Hüttengipfel (1) Gr.-Spannort, 3198 m, vom Spannortjoch über den S-Grat, leichte Kletterei (II), 1.15 Std. vom Einstieg, als Abstecher vom Übergang ca. 3 Std. Mehraufwand. – (2) Krönten, 3107 m, vom Glattfirn über den W-Grat, 3.30 Std. von (2), als Abstecher vom Übergang (1/2) ca. 3 Std. Mehraufwand. – Mäntliser, 2876 m, vom Ruchenpaß über den SW-Grat, 1.30 Std., leichte Kletterei (II).

Charakter Lohnende Überschreitung für hochalpin erfahrene Bergwanderer! – Nicht ohne Steigeisen, Pickel und Seil – und nicht ohne das Wissen um die richtige Anwendung dieser Geräte! – Einen Gipfel sollte man »mitnehmen«, da die Aussicht überwältigend ist!

Führer Urner Alpen/West, SAC.

Karte SLK, 5008, Vierwaldstätter See, 1 : 50 000.

Der beherrschende Berg des Engelberger Tals war seit jeher der Titlis, 3239 m hoch. Eine Seilbahn, die bis zum Klein-Titlis, 3028 m, führt, hat diesen klassischen, weil alpin-historisch bedeutsamen Alpengipfel für Bergsteiger jedoch entwertet (nur Extremkletterer sind froh, daß sie nach einer der schwierigen südseitigen Routen nunmehr so bequem »absteigen« können!). Die interessantesten Gipfel stehen daher heute im Südosten des Talkessels: der Schloßberg mit seiner abweisenden Westwand und die beiden Spannörter, die als wilde, manchem Dolomitenturm ähnliche Kalkburgen über kleinen Gletscherlappen das Tal abschließen.
Durch diesen Teil der Urner Alpen, der im Vergleich zum Gebiet südlich des Sustenpasses nur bescheiden vergletschert ist, führt aus dem Engelberger Talboden über Schloßberglücke und Ruchenpaß ins tiefe Reußtal einer der schönsten hochalpinen Übergänge der Zentralschweiz. Drei kleine SAC-Hütten gewähren genügsamen Bergsteigern Zuflucht: Spannort-, Krönten- und Leitschach-Hütte. Die Überschreitung verlangt einen ausdauernden, trittsicheren, auf Gletschern wie auch in felsigem Gelände erfahrenen Bergwanderer mit kompletter Ausrüstung.
Vom alten Klosterdorf Engelberg wandern wir streng südöstlich am alten Surenenweg zunächst schnurgerade auf die beiden Spannörter zu und erreichen nach rund $1\,^1/_2$ Stunden und geringem Höhengewinn das schöne Gasthaus Alpenrösli, das eilige Zeitgenossen mit dem Auto ansteuern. Auf dem Fahrweg geht es bald darauf an den Trümmern des riesigen Bergsturzes von Weihnachten 1961 vorbei zur Alp Stäfeli, wo rechts unser Hüttenweg abzweigt. Gleichmäßig steil führt der markierte Pfad hinauf zur

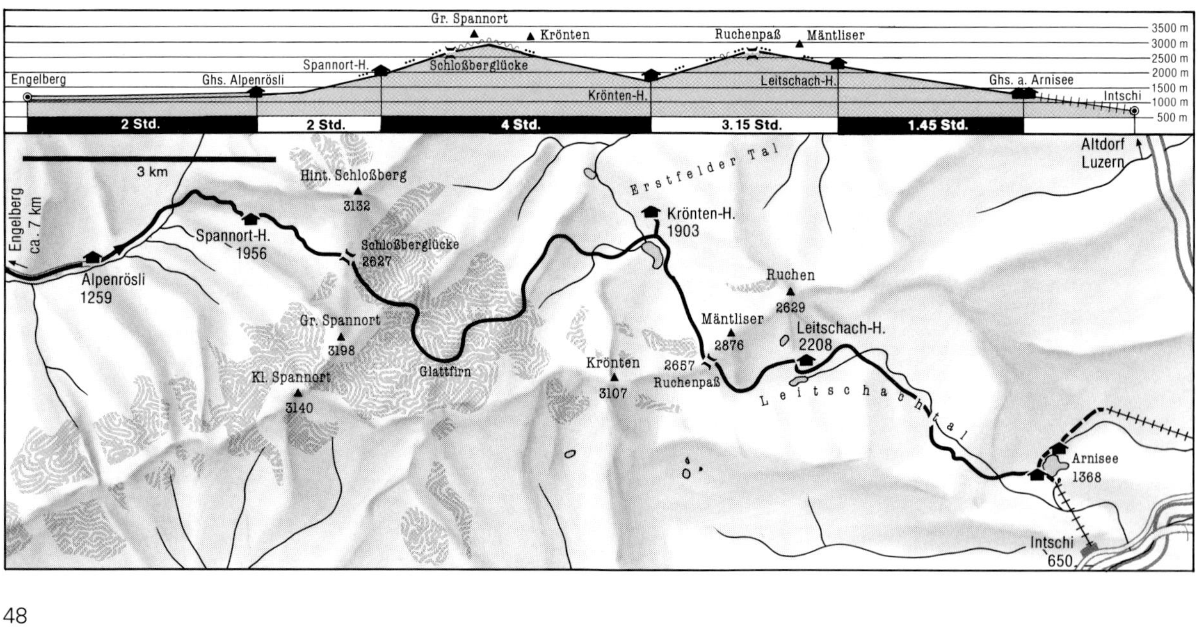

Spannort-Hütte, 1956 m, die motivationshemmend erst auf den letzten Metern zu sehen ist.
Von dem Logenplatz mit Blick zu den düsteren Ostabstürzen des Titlis steigen wir am nächsten Morgen auf Wegspuren mühsam die steile Geröllhalde zur Schloßberglücke, 2627 m, hinauf, die urplötzlich einen großartigen Ausblick freigibt: Vor uns fließt der nördliche Arm des Glattfirns ins Erstfelder Tal, im Südosten steht der Krönten richtungweisend für den Weg über dem Gletscher. Entlang der Ostflanke des Groß-Spannort wandern wir bis zu dem Gletscherrücken in 2800 m Höhe, in dem sich der Felskamm des Schwarzstöckli fortsetzt, wobei wir die Route vorsichtig den Spaltenverhältnissen anpassen müssen! Dann geht es weiter, durch Spaltenzonen lavierend, zum Westgrat des Krönten, 3107 m. Der Gipfel ist über den Grat leicht zu ersteigen und gewährt einen prächtigen Blick in die Geheimnisse des Maderaner Tals, zum darüber aufragenden Tödi sowie zu den Gotthard-Bergen. Der Abstieg erfolgt wieder am Westgrat bis Punkt 2832, dann durch die breite Gletschermulde, erst nordnordwestlich, dann nordöstlich bis zum Gletscherende, wobei man sich bei Vereisung besser an die südlichen Begrenzungsfelsen hält. Über Schutt erreichen wir schließlich die meist gut besuchte Krönten-Hütte, 1903 m.
Man kann nun bereits ins Tal, nach Erstfeld, absteigen oder aber, wieder am kleinen Obersee vorbei und die große Geröllmulde (= Steinchelen) zwischen Rot-Stock und Mäntliser hinauf, zum Ruchenpaß, 2657 m, gelangen. Jenseits führt der Abstieg erst durch eine kurze Felsrinne, dann über Schutthalden und Gras zu einem

Groß- und Klein-Spannort über dem Glattfirn, vom Gipfel des Krönten gesehen, der Klein-Spannort wird vom mächtigen Felskeil des Titlis überragt. Die Spaltenzonen des Glattfirns erfordern auf unserer Tour besondere Vorsicht.

Weglein, das zur Leitschach-Hütte, 2208 m, leitet. Die eindrucksvoll auf einem Felsriegel zwischen Ober- und Niedersee gelegene SAC-Hütte ist auf drei Seiten von Urgesteinsgraten und Firnbänken umlagert. Auf der freien Ostseite schaut man wie aus einem hohen, einsamen Versteck hinab ins abgaserfüllte Reußtal und hinüber zu Windgällen und Oberalpstock über dem Maderaner Tal.
Am wunderschönen Weg bummeln wir dann das Leitschachtal hinaus zum kleinen Arnisee. Zwei kleine Seilbahnen nehmen uns schließlich gelenkschonend die letzten Meter ins Reußtal hinab.

17 Firstwanderung zum Säntis

Auf hohen Steigen über Appenzeller Land und Rheintal

Schweiz
Appenzeller Alpen
1–2 Tage
▲▲△△

Talorte AP Wasserauen, 868 m, Straße/Bahn von Appenzell, Seilbahn zur Ebenalp, 1640 m. – EP Brülisau, 922 m, Straße/Bus nach Appenzell.

Stützpunkte (1) Ghs. Ebenalp, 1640 m, priv., oberhalb der Seilbahn-Bergstation. – (2) Ghs. Schäfler, 1923 m, priv., 1 Std. von (1) über Chlüs. – (3) Säntis-Hot., 2501 m, priv., am Säntisgipfel, 3.15 Std. von (2) über Öhrligruben, Hochniderisattel, 2121 m, und Blauschnee. – (4) Ghs. Rotsteinpaß, 2120 m, priv., 1.30 Std. von (3) über Lisengrat, ges. Steiganlage. – (5) Ghs. Bollenwees, 1470 m, priv., und Hundstein-H., 1554 m, beide am N-Ende des Fälensee, 2.45 Std. von (4) über Altmannsattel, 2368 m, und Fälen-A. – (6) Ghs. Stauberen, 1750 m, priv., 2 Std. von (5) über Saxer Lücke, 1649 m, und Furgglenfirst. – (7) Ghs. Hoher Kasten, 1795 m, priv., 1.45 Std. von (6) über Stauberenfirst. – Talabfahrt mit Seilbahn (oder: zu Fuß über Ghs. Ruhsitz) nach Brülisau.

Hüttengipfel Im Zuge der Wanderung werden zahlreiche Gipfel überschritten; lohnend ist zusätzl. der Altmann, 2436 m, 0.30 Std. vom Altmannsattel, leichte, z. T. ges. Kletterei.

Charakter Landschaftlich aufregende, zu Recht berühmte und beliebte Kammwanderung auf gut angelegten, z. T. ges. Wegen, die Trittsicherheit und Schwindelfreiheit erfordern; für Kinder evtl. Reepschnur mitnehmen!

Besonderer Hinweis Nordseitige Teilstrecken sind bei Nässe, Neuschnee oder Altschneefeldern heikel!

Führer Säntisführer, R. Schatz (Fehr'sche Buchhandlung, St. Gallen). – St. Gallen – Appenzell, Grüne Wanderbuch-Reihe, Bd. 7 (Kümmerly & Frey).

Karten SLK 227, Appenzell, 1 : 50000. – SLK 1115, Säntis, 1 : 25000.

Ein monumentales Zeugnis für die gewaltigen Bewegungen der Erdrinde vor Jahrmillionen stellt der mächtige Kalkstock des Alpsteins in der nordöstlichen Ecke der Schweiz dar. Wie kein anderes Massiv der Alpen bietet er in vier parallel verlaufenden Kämmen die erstaunlichste Demonstration eines Faltengebirges: Von den Kräften der sich aus dem Meer erhebenden Alpen erfaßt, wurden verschiedene Meeresböden aufeinandergeschoben, prallten auf den Nagelfluhkomplex des Schweizer Mittellands und stellten sich senkrecht auf, kurvig gebogene Felsriffe und Türme formend. Wie ein Blick auf die Karte zeigt, ist dieses Gebirge zusätzlich zerteilt und verschoben – der Sax-Schwendi-Bruch ist jedem Geologen ein Begriff!
Säntis und Altmann sind die dominierenden Gipfel, von denen die Felskämme in strenger Ordnung nach Nordosten ziehen. Diese Kalkketten bilden einen exzellenten Klettergarten. Daneben finden wir hier aber ein dichtes Netz von großartigen, aufgrund der Gegebenheiten stellenweise ungewöhnlich exponierten Höhensteigen. Die landschaftlichen Eindrücke sind überwältigend: interessant die Geologie, frappierend die Kontraste zwischen vertikalen und horizontalen Linien, idyllisch die dunklen Seen und blumenreichen Alpmatten …

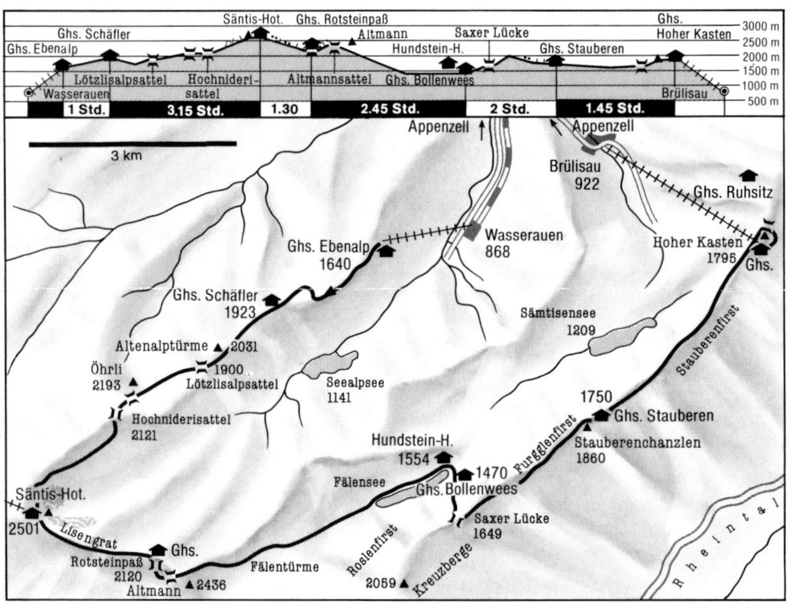

Mit dem Seilbahn-Vorsprung auf der Eben-Alp bereits in 1640 m Höhe startend, folgen wir bis zum Säntisgipfel dem Kamm – über Schäfler, Lötzlisalpsattel, Öhrligruben, Hochniderisattel, Rossegg und Blauschnee. Nur kurze Abschnitte auf dem Grat, meist in den steilen Flanken mit ständig wechselnden Kulissen, steigen wir dem höchsten, mit Seilbahnstation, Hotel und Observatorium bestückten Punkt, 2501 m, entgegen.
Ein 1904 teilweise in den Fels gesprengter, gut gesicherter Weg führt uns vom Seilbahnrummel weg zum Gasthaus am Rotsteinpaß, 2120 m, dann geht es am Sockel des Altmanns vorbei zum romantischen Fälensee und Gasthaus Bollenwees, 1470 m. Die Promenade von der Saxer Lücke über Furgglen- und Stauberenfirst zum Hohen Kasten, 1300 m über dem Rheintal dahinwandernd, setzt den Schlußakzent.

Rückblick aus der unteren Öhrligrube zum westlichen Gipfel der Altenalptürme und zum Lötzlisalpsattel. Die großartigen Gesteinsformationen machen den außergewöhnlichen Reiz des Alpstein-Massivs aus. ▷

18 Auf grünen Graten über dem Rheintal

Vom Bödele zum Hohen Freschen

Österreich
Bregenzerwaldgebirge
2–3 Tage
▲△△△

Talorte Dornbirn, 437 m, bzw. AP Alpenhot. Bödele, 1140 m, priv., auf dem Bödele, Straße/Bus von Dornbirn. – EP Rankweil, 502 m, Straße/Bahn nach Dornbirn.

Stützpunkte (1) Lustenauer H., 1250 m, ÖAV, südöstl. des Hochälpelekopfs, 1.45 Std. vom Bödele über den Hochälpelekopf, 1464 m (am Gipfel Hochälpele-H., nur am Wochenende bewirtschaftet). – (2) Altenhof-A., 1600 m, priv., knapp unterhalb des Wegs, einfach bewirtschaftet, 4 Std. von (1) über Dornbirner First und Mörzelspitze, 1830 m. – (3) Freschen-Hs., 1846 m, ÖAV, südl. des Freschengipfels, 2 Std. von (2) über Binnelgrat zum Hohen Freschen, 2004 m. – (4) Alpwegkopf-Hs., 1481 m, priv., am Alpweg, 1.45 Std. von (3) auf Läße- und Alpweg. – (5) Ghs. Peterhof in Furx, 1150 m, priv., 0.45 Std. von (4) auf dem Alpweg. – Abstieg 1.15 Std. nach Rankweil (auch Straßenverbindung Furx-Rankweil).

Hüttengipfel Zahlreiche Gipfel werden überschritten oder sind vom Weg in wenigen Min. erreichbar.

Charakter Eine einfache Hüttenwanderung hoch über dem Rheintal mit überraschend weiter Aussicht. – Am Binnelgrat Trittsicherheit und Schwindelfreiheit erforderl.! – Kinder evtl. an Reepschnur! – Alle Wege bestens markiert!

Besonderer Hinweis Anstelle des Abstiegs vom Freschen-Hs. nach Rankweil läßt sich die Tour nach Osten fortsetzen: am Damülser Freschenweg über Matona und Gävner Höhe, 1788 m, zum Portler Fürkele und weiter über die Damülser Mittagspitze, 2095 m, nach Damüls, 6–7 Std.! Straße/Bus nach Rankweil.

Führer Bregenzerwaldgebirge, AVF, Flaig (Rother).

Karten FB 361, Bregenz – Dornbirn – Nördl. Bregenzerwald, und 362, Feldkirch – Südl. Bregenzerwald – Gr. Walsertal, jeweils 1 : 50 000. – Wanderkarte Dornbirn, 1 : 25 000. – SLK 228, Hoher Freschen, 1 : 50 000.

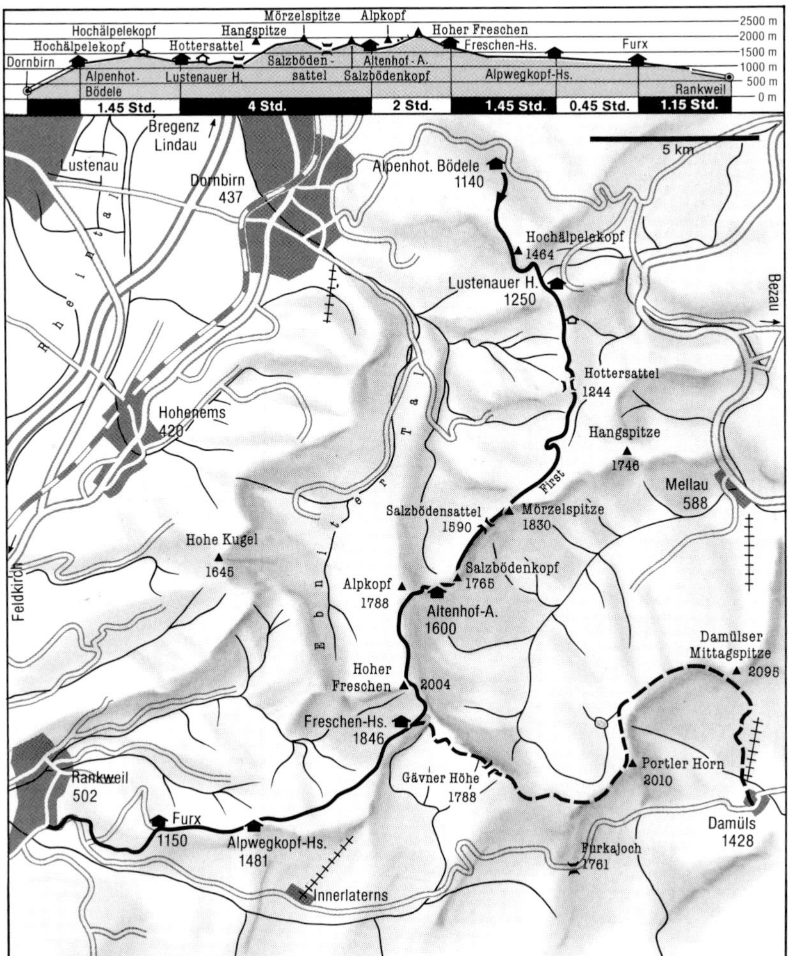

So gewiß unten im Rheintal zwischen Bodensee und Feldkirch tagtäglich 10 000 Autos über die Straßen jagen, so gewiß hört und sieht man davon nichts mehr droben am grünen Steg des westlichen Bregenzerwaldzugs zwischen Bödele und Hohem Freschen. Niemand lasse sich wegen des »zahmen« Namens und Aussehens zu vorschnellen, falschen Schlüssen verleiten: Diese häufig als Mittelgebirge eingeschätzten Höhen weisen durchaus alpine Züge auf – an ausgesetzten Steigen, luftigen Graten und steilen Felsflanken. Natürlich sind diese Elemente des Hochgebirgs nur in kleineren Dimensionen anzutreffen, aber bekanntlich bedeutet Quantität – an Höhe zum Beispiel – noch lange nicht Qualität! »Was kann einen im Vorgebirge schon Großes erwarten?« sagen daher viele Blitzgescheite und streben gedankenlos den bekannten Trümpfen zu, dem Alpstein mit dem Säntis, dem Rätikon überm Montafon, dem Arlberg ...

Wir beginnen unseren langen Spaziergang am Bödele oberhalb von Dornbirn. Zu Zeiten, da der Skilauf die Sportart einer Elite und nicht der Massen war, hat hier einmal eine deutsche Meisterschaft stattgefunden! Die im Sommer von Rindviechern bevölkerten Pisten des mittlerweile dort entstandenen kleinen Skizirkus hat man am Hochälpelekopf zurückgelas-

Bregenzerwald-Landschaft, vom ersten Absatz des Binnelgrats am Hohen Freschen gesehen: links das Ebnitertal mit Schönem Mann und Bocksberg, am Wiesenkamm in Vordergrund unser Anmarschweg zum Gratsteig.

sen. Beim Blick über die stillen Wald- und Almreviere zwischen Gschwend-Alm und Weissenfluh zu den zahlreichen Hochmösern stellen sich die Gedanken von selbst auf die tausend Wunder ein, die sich dort verbergen.
Nach kurzem Abstieg erreichen wir die Lustenauer Hütte, 1250 m, dann wandern wir in sanftem Auf und Ab schnurgerade auf die breite Mauer des Dornbirner First zu. Bald entdeckt man auf den grasgrünen Vorbergemugeln kleine felsige Riffe und Grätchen, rückt die Nordflanke des First immer näher. Von der Untersehren-Alpe in etwa 1300 m Höhe steigen wir knapp 500 m, also gut 1 Stunde, auf die hohe Riesentribüne von First und Mörzelspitze. Da steht stolz die Damülser Mittagsspitze im Südosten, daneben über dichtem Wäldersamt die Kanisfluh, im Norden glänzt im Dunst der Bodensee.
Das Andere, Schönere, Größere sparen wir uns auf, denn bereits nach 1½ Stunden haben wir, die bewirtschaftete Altenhof-Alpe links, den Alpkopf rechts liegen lassend, die Binnel-Alpe erreicht und steigen am Binnelgrat dem Gipfel des Hohen Freschen entgegen. Dieser schmale Pfad mit tiefen Abgründen auf beiden Seiten darf nur von trittsicheren Wanderern angegangen werden; Sicherungen finden sich erst im obersten Abschnitt! Schließlich stehen wir in 2000 m Meereshöhe auf der berühmtesten Aussichtswarte des Bregenzerwalds: Über die Rheintalfurche hinweg blicken wir zu den Glarner Alpen mit dem Tödi, im Süden auf Rätikon, Ferwall und Silvretta, im Westen zu Allgäuer und Lechtaler Bergen … (Sämtliche Einzelheiten hat Walther Flaig in seinem AV-Führer auf zwei kleingedruckten Seiten beschrieben!)
Am Freschen-Haus unter dem Gipfel kann man seinen Riesendurst löschen und sich dabei lange überlegen, wohin man weiterbummeln will. Wessen Freizeit partout abgelaufen ist, der trottet gemächlich zuerst am Läßeweg unter dem Nob vorbei, dann am Alpweg den langen grünen Rücken in Richtung Rheintal und Rankweil hinunter. Die anderen, Glücklichen, bleiben über Nacht im Freschen-Haus und laufen anderntags, ohne Orientierungsprobleme stets den Kämmen entlang, bis nach Damüls. Die »Kollegen«, die dabei mit uns auf dem Nordalpinen Weitwanderweg 01 unterwegs sind, haben von dort noch den größten Teil und knapp 50 (!) Etappen vor sich, bis zum Ziel – am Neusiedler See!

19 Lange Wege im westlichen Ferwall

Emil-Roth-Weg und Wormser Weg

Österreich
Ferwall-Gruppe
2–4 Tage
▲▲△△

Talorte AP Langen, 1217 m, im Klostertal an den W-Portalen der beiden Arlbergtunnels. – EP Schruns, 690 m, im Montafon, Straße/Bahn nach Bludenz.

Stützpunkte (1) Neue Reutlinger H., 2395 m, DAV, Selbstversorger-H. auf der Wildebene, 4.45 Std. von Langen auf dem Stubener Weg. – (2) Heilbronner H., 2320 m, DAV, am Verbellner Winterjöchle, 5 Std. von (1) auf dem Emil-Roth-Weg. – (3) Wormser H., 2350 m, DAV, am Kapelljoch, 8–9 Std. von (2) auf dem Wormser Weg. – Abstieg 0.30 Std. zur Kapell-A., Talfahrt mit Hochjoch-Seilbahn nach Schruns.

Hüttengipfel (1) Östl. Eisentaler Spitze, 2753 m, 1.15 Std. auf AV-Steig. – (2) Strittkopf, 2604 m, 0.45 Std., leicht. – (3) Kreuzjoch, 2395 m, 0.45 Std., leicht; Zamangspitze, 2386 m, leicht, lohnend!

Charakter Anspruchsvolle Höhenwege für konditionsstarke Wanderer; die langen Etappen dürfen nicht unterschätzt werden! – Wetterschutz und Proviant wichtig!

Besonderer Hinweis Bei Verzicht auf den Emil-Roth-Weg Anmarsch von St. Anton durch das Ferwalltal zur Heilbronner H., 6 Std. – Auch zu empfehlen als Fortsetzung von Tour 20 aus »Hüttenwandern, Bd. 1« (= gesamte Ferwall-Durchquerung!).

Führer Ferwall-Gruppe, AVF, Malcher (Rother). – Alpenpark Montafon, Verkehrs-Verband Montafon, Schruns.

Karten FB 371, Bludenz – Klostertal – Montafon, und 372, Arlberggebiet – Paznaun – Verwall-Gruppe, jeweils 1 : 50 000. – Alpenpark Montafon, Verkehrs-Verband Montafon, Schruns, 1 : 50 000.

Den höheren, mächtigeren östlichen Teil der Ferwall-Gruppe kennzeichnen schwarze, von Eisrinnen durchzogene Urgesteinsflanken, manch blankes Eisfeld über trümmererfüllten Karen – insgesamt eher schwermütige Bilder. Mildere Eindrücke bietet der Westen: Zwischen Ferwalltal und Verbellner Winterjöchl einerseits und dem Kapelljoch über dem Montafon andererseits steht man zwar den Eisburgen der Silvretta näher gegenüber, aber kein Gipfel erreicht mehr die 3000-m-Grenze, und die Höhenwege verlaufen in einer Durchschnittshöhe von nur 2350 m. Wer keinen Hüttengipfel besteigt, kommt über 2500 m Höhe nicht hinaus. Trotzdem ist unsere Tour keinesfalls als besonders leicht einzustufen. Die erste Schwierigkeit ergibt sich aus der Tatsache, daß die Neue Reutlinger Hütte eine Selbstversorger-Hütte ist, was Konsequenzen hat für Komfort, Ausrüstung und Rucksackgröße sowie -gewicht. Das mehr bergsteigerische Problem stellt auf der dritten Etappe der Wormser Weg dar, der mit seinen 20 km Länge zwischen Neuer Heilbronner und Wormser Hütte zu den längsten Dauermärschen dieses Buches zählt. Nichtsdestoweniger sei diese ebenso lange wie einsame Überschreitung allen »Augenkranken« ans Herz gelegt: Jeder von ihnen wird sich gesund schauen an der großen Szene der Silvretta, auf die man einen vollen Wandertag lang blickt ...

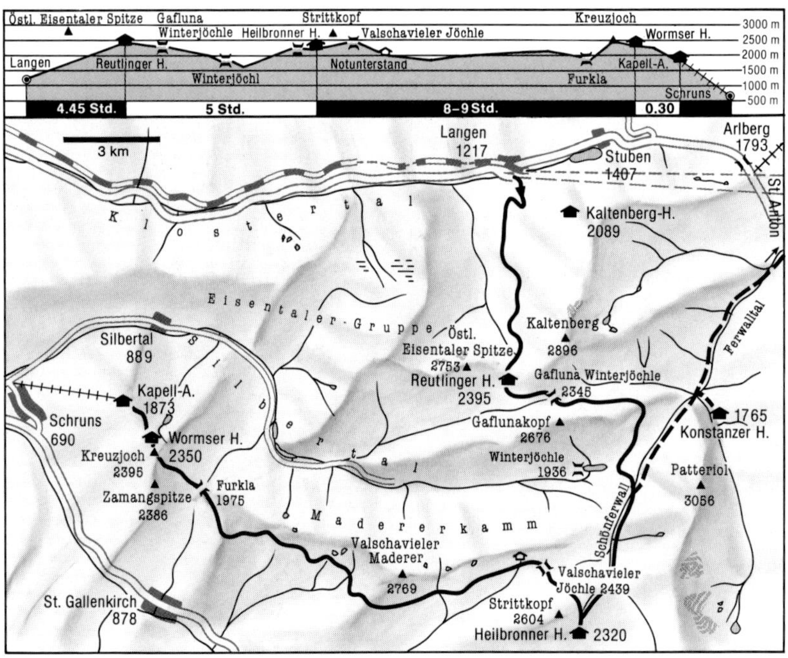

Unser Weg beginnt westlich unter dem Arlbergpaß in Langen, wo mit Zügen und Autos auch Lärm und Benzingestank in den beiden Tunnels verschwinden. Zur eindrucksvoll inmitten der urtümlichen Felslandschaft der Wildebene gelegenen Neuen Reutlinger Hütte, 2395 m, steigen wir gute 4 Stunden entweder im Grund des Nenzigasttales an oder, schöner, weil hoch in der östlichen Talflanke, über die Untere Bludenzer Alpe und den Stubener Weg. Die Hütte ist nur mit AV-Schlüssel zugänglich; an Wochenenden betreut sie in der Regel ein Mitglied der Sektion Reutlingen (Auskunft in Langen!). Die Verbindung zur Neuen Heilbronner Hütte, der alte Emil-Roth-Weg, der vom Gafluner Winterjöchle durch die Flanken des Droßbergs zum Silbertaler Winterjöchle und ins Schönferwall führt, ist in den letzten Jahren immer mehr verfallen und zugewachsen; die Markierungen waren mit der Zeit kaum mehr zu erkennen. Die rührigen Reut-

linger möchten nun – 1984 – diesen logischen und mit dem Blick zum doppelschultrigen Patteriol so herrlichen Weg wieder instand setzen, so daß er wieder gefahrlos zu begehen ist. Da der Zwischenabstieg zur Konstanzer Hütte im Ferwalltal entfällt, reduziert sich die Anstiegsleistung auf dieser Etappe auf rund 400 m, was wiederum die Kräfte für den Wormser Weg schont.

Wer einen Tag Zeit übrig hat, erkunde das Gebiet der Neuen Heilbronner Hütte, stromere auf Strittkopf, Fluhspitzen oder Grünen Grat, horche dem »Brüllenden See« zu oder unternehme sonst etwas, was Hunger, Durst und Zufriedenheit einbringt.

Der Wormser Weg am andern Tag ist zwar überlang, aber nicht eintönig. Bereits der Valschavielsee und das Valschvieler Jöchl sind eindrucksvolle Stationen. Und dann folgen in den Karen unter der Schwarzen Wand, bei der Umwanderung des Madererspitz, in der kleinen Scharte hinterm Roßberg und am Grasjoch noch ein Dutzend weitere Anlässe zu Rast und großer Umschau.

Blick vom Gafluna Winterjöchle nach Osten. Über dem tiefeingeschnittenen Ferwalltal erkennen wir von links nach rechts Augstenberglerkopf, Faselfadspitzen und als höchsten Gipfel den Scheibler. Der Emil-Roth-Weg quert horizontal die Flanken des Trostbergs (rechts oben).

20 Der westliche Lechtaler Höhenweg

Von der Ulmer bis zur Ansbacher Hütte

Österreich
Lechtaler Alpen
3–4 Tage
▲▲△△

Talorte AP St. Christoph a. Arlberg, 1771 m, oder St. Anton a. Arlberg, 1286 m. – EP Flirsch, 1154 m, an der Arlbergstraße.

Stützpunkte (1) Ulmer H., 2281 m, DAV, südl. unter der Valluga, 1.30 Std. von St. Christoph, oder 1 Std. vom Galzig, 2183 m (Seilbahnen von St. Christoph und St. Anton). – (2) Leutkircher H., 2251 m, DAV, östl. des Almajurjochs, 3 Std. von (1) über Walfagehrjoch, 2539 m – Matunjoch, 2562 m – Almajurjoch, 2225 m. – (3) Kaiserjoch-Hs., 2306 m, DAV, 2 Std. von (2) am Höhenweg durch die S-Flanke des Stanskogels. – (4) Ansbacher H., 2376 m, DAV, südöstl. der Samspitze, 4.30 Std. von (3) über Kridlonscharte, 2371 m – Hinterseejoch, 2482 m – Alperschonjoch, 2303 m (Th.-Haas-Weg) – Flarschjoch, 2464 m, einige kurze, ausgesetzte Stellen ges. – Abstieg 2.15 Std. nach Flirsch.

Hüttengipfel (1) Valluga, 2808 m, 2.15 Std. über das Walfagehrjoch, ges. Steig, am Gipfel Seilbahnpublikum! – (2) Stanskogel, 2757 m, 2 Std. über den Hirschpleißkopf, Trittsicherheit erforderl., sehr lohnend! – (4) Samspitze, 2624 m, 0.45 Std. leicht.

Charakter Äußerst lohnende Höhenwanderung, etwas Trittsicherheit auf schmalen Schuttsteigen erforderl. – Im Frühsommer Eispickel für harte Firnfelder empfehlenswert.

Besondere Hinweise Die relativ kurzen Etappen sollten nicht dazu verleiten, von (1) nach (4) an einem Tag zu hasten; da alle H. bis in den September hinein recht gut besucht sind, empfiehlt es sich, bereits am frühen Nachmittag ein Quartier zu ergattern. – Nur sehr erfahrene, trittsichere, schwindelfreie und komplett ausgerüstete Wanderer dürfen diese Tour am äußerst anspruchsvollen Augsburger Weg zur Augsburger H. fortsetzen, wo sich Tour 19 aus »Hüttenwandern, Bd. 1« anschließt.

Führer Lechtaler Alpen, AVF, Groth (Rother).

Karten AV (3/2), Lechtaler Alpen – Arlberggebiet, und (3/3), Lechtaler Alpen – Parseier Spitze, jeweils 1 : 25 000. – FB 351, Lechtaler – Allgäuer Alpen, oder FB 372, Arlberggebiet – Paznaun – Verwall-Gruppe, jeweils 1 : 50 000.

Anton Spiehler, dessen Name in der Spiehlerscharte in den Allgäuer Alpen verewigt wurde, der aber nichtsdestotrotz als einer der »Entdecker« der Lechtaler Alpen gilt, wunderte sich vor 100 Jahren über das mangelnde bergsteigerische Interesse an der Bergkette zwischen Lech und Inn. Es war jedoch nur eine Frage der Zeit, bis auch in diesen Lechtaler Bergen ein dichtes Netz von Hütten und Wegen geknüpft und dem einst menschenleeren Gebirge seine Unberührtheit genommen wurde.
Wir lassen unsere Längsdurchquerung der westlichen Lechtaler Alpen mitten am Arlberg auf der Ulmer Hütte, 2281 m, unter dem Gipfel der Valluga beginnen. Übers Walfagehrjoch, wo sich winters Tausende in die Buckelpisten stürzen, und übers Matunjoch, wo die Feinschmecker zur Abfahrt nach St. Anton starten, folgen wir dem guten, in kurzen Abschnitten gesicherten Weg zum Bacheregg und Almajurjoch, von dem wir mit wenigen Schritten die Leutkircher Hütte, 2251 m, erreichen. Hier treffen Lechtaler Hauptkammweg, Nordalpiner Weitwanderweg und der Europäische Fernwanderweg Nr. 4 zusammen, was entsprechend starken Andrang zur Folge hat. Wir stiefeln daher nach

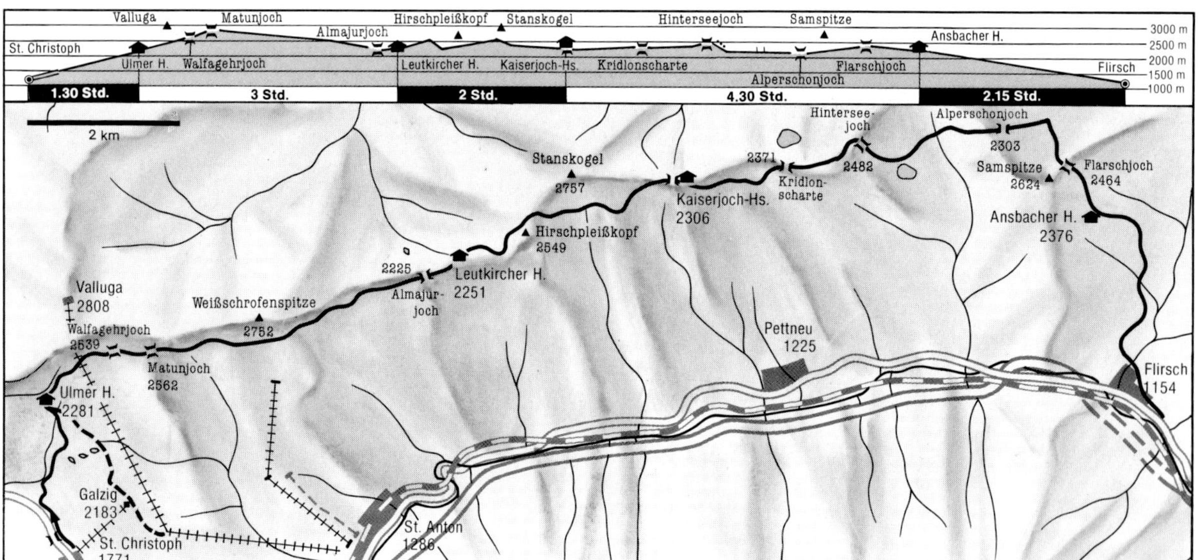

einer kurzen Rast gleich weiter in Richtung Kaiserjoch-Haus, 2306 m, wobei man sich hier noch einen Umweg über den Stanskogel, 2757 m, leisten kann, der als berühmte Aussichtskanzel dicht über dem Weg steht.
Im Kaiserjoch-Haus sollte man nächtigen, da man bereits gut die Hälfte der Wanderung hinter sich gebracht hat und am nächsten Tag eine längere Etappe bevorsteht. Über vier Scharten zieht der Steig ein wenig umständlich, aber ungewöhnlich reizvoll zur Ansbacher Hütte, 2376 m, im letzten Teil des Theodor-Haas-Wegs mit Drahtseilen gesichert. Wer genügend Zeit und Muße für einen Umweg mitbringt, der läßt den Hauptkammweg rechts über das Hinterseejöchl verschwinden und steigt hoch über dem Talschluß des Kaisertals in Richtung Wetterspitze zum einsamen Stierlahnzugjoch, 2596 m. Jenseits führt der Pfad durch die Nordostflanke der Vorderseespitze und mündet zwischen Alperschon- und Flarschjoch wieder in den Hauptweg. Beim letzten Abstieg trotten wir dann durch Wiesen, Latschengürtel und Mischwälder hinunter nach Flirsch an Arlbergstraße und -bahn.

Blick vom Hirschpleißkopf zum felsigen Bollwerk, das die Lechtaler Alpen an den Arlberg stellen: Weißschrofenspitze (links), Valluga und die nadelartige Roggspitze (rechts) über dem Talschluß von Almajur. Links, knapp außerhalb des Bilds, befinden sich Almajurjoch und Leutkircher Hütte.

21 Hochalpine Steige in der Silvretta

Vier Hütten zwischen Bielerhöhe und Fimbertal

Österreich/Schweiz
Silvretta
3–4 Tage
▲▲▲▲

Talorte AP Bielerhöhe, 2071 m, verschiedene Hot. und Ghs., Straße/Bus von Schruns im Montafon und von Landeck im Inntal. – EP Galtür, 1584 m, im Paznaun, Straße/Bus 10 km zur Bielerhöhe, 38 km nach Landeck.

Stützpunkte (1) Wiesbadener H., 2443 m, DAV, im ob. Ochsental, 3.30 Std. von der Bielerhöhe über Radschulter–Radsattel, 2652 m (kürzerer Anstieg 2.30 Std. direkt durchs Ochsental). – (2) Jamtal-H., 2165 m, DAV, unter dem Jamtalferner, 3.30 Std. von (1) über Tiroler Scharte, 2935 m, Gletscherbegehung (Ausweichmöglichkeit über Ob. Ochsenscharte, 2970 m). – (3) Heidelberger H., 2264 m, DAV, im ob. Fimbertal, 4 Std. von (2) über Zahnjoch, 2947 m, evtl. kurzes Firnfeld nordöstl. des Übergangs. – Übergang 4 Std. über Ritzenjoch, 2688 m, und Laraintal nach Galtür (Abstieg auch durchs Fimbertal nach Ischgl mögl./Jeep-Verbindung).

Hüttengipfel (1) Hohes Rad, 2934 m, als Abstecher 0.45 Std. von der Radschulter. – Piz Buin, 3312 m, und Dreiländerspitze, 3197 m, jeweils 3–4 Std., beides Gletschertouren nur für erfahrene, komplett ausgerüstete Bergsteiger. – (2) Augstenberg, 3228 m, 3.30–4.30 Std. über Vadret da Chalaus. – Westl. Gamshorn, 2996 m, 2 Std. auf AV-Steig. – (3) Breite Krone, 3079 m, 2.30 Std. – Piz Tasna, 3179 m, 3.30 Std. über Tasnapaß, kurze Gletscherbegehung.

Charakter Klassische Silvretta-Übergänge für konditionsstarke, hochalpin erfahrene Bergsteiger. – Seil und Pickel unbedingt notwendig, Steigeisen empfehlenswert!

Führer Silvretta, AVF, Flaig (Rother). – Kl. Silvretta- und Höhenweg-Führer, Flaig (Rother).

Karten AV 26, Silvretta, 1 : 25000. – FB 373, Silvretta-Hochalpenstraße – Piz Buin, 1 : 50000.

Die Silvretta stellt nach Meinung von Walther Flaig, dem 1972 verstorbenen großen Alpinisten, Lawinenexperten, Führer- und Buchautor sowie intimen Kenner dieser Berggruppe ein »Modellgebirge« dar: Hier halten sich Firn und Fels ideal die Waage, ist jede Bergtour hochalpin, doch selten schwierig. Dieses verhältnismäßig dünn besiedelte, von Bergbahnen gottlob nur in einigen Randzonen erschlossene Hochgebirge ist eine in all ihrer Vielfalt stets Ernst ausstrahlende Landschaft.

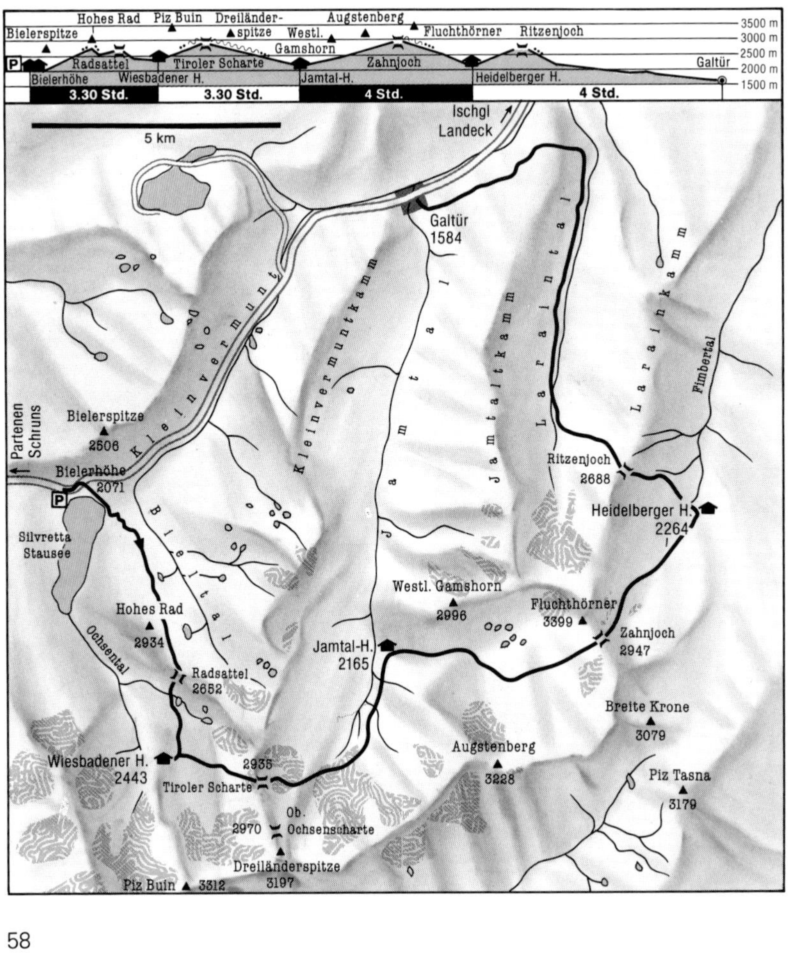

73 Dreitausender zählt man in dieser, besonders als Traum-Skitourengebiet beliebten Silvretta. Sie trennt nicht nur drei Länder, sondern auch Germanen und Romanen, Bajuwaren von Alemannen und Rheinwasser von Donauwasser. In jüngster Zeit stand sie sogar im Mittelpunkt einer möglichen grundsätzlichen Wende in der Hüttenpolitik des Deutschen Alpenvereins: Nach langen Auseinandersetzungen und massivem Druck von der »Basis« entschloß sich die Führungsspitze der über 400000 Mitglieder, den vor vielen Jahren begonnenen, dann eingestellten Bau der Klostertaler Hütte nicht fortzusetzen. Ein Blick auf die Karte zeigt, daß diese Hütte weniger den Bergsteigern als sinnvoller Stützpunkt, sondern vielmehr den

Dunkle Urgesteinsgipfel über schimmernden Firnkesseln – die Buin-Gruppe, eines der Glanzstücke der Silvretta! Knapp unterhalb des Radsattels entstand dieses Bild von Großem und Kleinem Piz Buin, dem Firnübergang der Fuorcla dal Cunfin, Signalhorn und Silvrettahorn. Die Wiesbadener Hütte liegt hinter der grünen Terrasse im Bild-Mittelgrund. ▷

Ausflüglern von der Bielerhöhe als leicht und schnell erreichbares Wirtshaus gedient hätte. ...
Diese klassische Durchquerung der östlichen Silvretta verlangt gute Kondition und neben der kompletten hochalpinen Ausrüstung selbstverständlich entsprechende Erfahrung. Der gutgemeinte Ratschlag eines ortskundigen Bergsteigers oder -führers ist so wenig zu verachten wie eine gesunde Skepsis gegenüber den Wetterlaunen in 3000 m Höhe! Vom großen Parkplatz auf der Bielerhöhe starten wir zu unserer Tour. Den ersten Stützpunkt, die Wiesbadener Hütte, 2443 m, unter dem Piz Buin erreichen wir entweder am direkten Weg durchs Ochsental, was zu keinem Zeitpunkt zu einer »Ochsentour« ausartet, oder – nach morgendlichem Aufbruch – auf dem herrlichen »Radweg«, der wiederum nichts mit einer asphaltierten Fahrbahn für Radfahrer zu tun hat! Wer gar das Hohe Rad selbst besteigt, der eröffnet diese Tour mit »einem der schönsten Aussichtsberge der westlichen Ostalpen« (Flaig). Der zeitliche Mehraufwand liegt bei 2–3 Stunden und lohnt sich bei gutem Wetter unbedingt!
Der Übergang zur Jamtal-Hütte, 2165 m, führt über die 2935 m hohe, überfirnte und auf der Ostseite nicht immer leichte Tiroler Scharte. Bei schlechten Verhältnissen ist auf den beiderseitigen Gletschern erhöhte Vorsicht geboten! Auch die Ausweichmöglichkeit über die Obere Ochsenscharte ist nicht eisfrei! Sind wir früh genug bei der Hütte eingetroffen, so können wir nach der Reservierung des Nachtlagers noch einen Ausflug auf das Westliche Gamshorn, 2996 m, unternehmen, um Piz Buin, Dreiländerspitze, Augstenberg und Breite Krone in abendlicher Festbeleuchtung zu sehen.
Anderntags wandern wir am »Breiten Wasser« dahin ins stille Futschöltal

Nur das Teleobjektiv kann das lange Jamtal so verkürzen wie auf diesem Bild. Links erkennt man den weitläufigen Jamtalferner; den Horizont bilden Jamspitzen, Dreiländerspitze und (ganz rechts) der Piz Buin.

hinein und zum Zahnjoch, 2947 m, empor, wo der mächtige Felskoloß der Fluchthörner mit seinem Südostgrat fußt. Über Firn- und Geröllfelder gelangen wir schließlich zur großen Heidelberger Hütte, 2264 m, die auf einem winzigen, den Kammverlauf ignorierenden Zipfel Schweizer – und zollfreien! – Bodens steht.
Wer am »Radweg« Geschmack daran gefunden hat, Hütten nicht auf Normalwegen anzusteuern oder zu verlassen, wird nach einem letzten Anstieg über 400 Höhenmeter zum Ritzenjoch und durch die Stille des Laraintals ins Paznauntal und nach Galtür zurücklaufen. Sollte das Wetter nicht mitspielen, stromert man das Fimbertal hinaus nach Ischgl.

22 Zwischen Bergell und Veltlin

Das hochalpine Kernstück des Sentiero Roma

Italien
Val-Màsino-Alpen
4–6 Tage
▲▲▲▲

Talorte AP Cataeggio, 791 m, im Val Màsino, Straße/Bus aus dem Veltlin. – EP Bagni del Màsino, 1172 m, im Valle dei Bagni, Bus nach Cataeggio oder 2 Std. zu Fuß.

Stützpunkte (1) Rif. Ponti, 2559 m, CAI, im Valle Preda Rossa, 5 Std. von Cataeggio, oder 2 Std. von Preda Rossa, 1955 m (auf schmaler, oft verschütteter Straße mit Pkw erreichbar). – (2) Biv. Manzi, 2538 m (auf SLK 1269 falsch eingezeichnet, liegt auf Felsrippe unterhalb bei P. 2562!), über dem Valle Torrone, 5–6 Std. von (1) über Bocchetta Roma (zwischen P. 2840 und 2898) und Passo Cameraccio, ca. 2850 m. – (3) Rif. Allievi, 2385 m, CAI, im weiten Felsenkessel über dem Valle Zocca, 2.30 Std. von (2) über Passo Val Torrone, 2518 m. – (4) Biv. Molteni, 2510 m, inmitten des obersten Valle del Ferro, knapp südl. des Wegs, 3.30 Std. von (3) über Passo Averta, 2840 m, und Passo Qualido, 2647 m. – (5) Rif. Gianetti, 2534 m, CAI, im Riesenkessel über dem Valle Porcelizzo, am Fuß des Piz Badile, 2.30–3 Std. von (4) über Passo del Camerozzo, 2765 m, kurze, leichte Kletterei (I). – Abstieg 2 Std. nach Bagni del Màsino.

Hüttengipfel (1) M. Disgrazia, 3678 m, 4 Std. am Normalweg über Ghiacciaio Preda Rossa (Spalten!) und W-Grat (II), nur für erfahrene Alpinisten! Hochtour!!

Charakter Wenig begangene Höhenwanderung unter wilden Granitgipfeln, die gute Kondition und alpine Erfahrung voraussetzt! – Pickel, Steigeisen und Biwakausrüstung erforderl.! – Reepschnur für steile Firnfelder empfehlenswert!

Führer Sentiero Roma (Broschüre), Enrico Colzani, Sezione CAI/Paina (Mi). – Deutschsprachige Veröffentlichung in: Bergwelt, Heft 8, August 1979 (Rother).

Karte SLK 1296, Sciora, 1 : 25000.

Die Gipfelkette des Bergell stellt nicht nur eine politische Grenze dar, vielmehr trennt sie auch zwei Landschaften völlig unterschiedlichen Charakters. Als Kletterparadies berühmt sind die Granitkolosse und Türme über zerklüfteten Gletschern auf der Schweizer Nordseite, großzügig und ernst allesamt. Die italienische Südseite hingegen zeigt sich hell und heiter, gleichsam inspiriert vom tief eingebetteten, sonnigen Veltlin. Hoch unter den Gipfeln der Grenzberge verläuft ein Weglein vom Monte Disgrazia bis zum Comersee, das den stol-

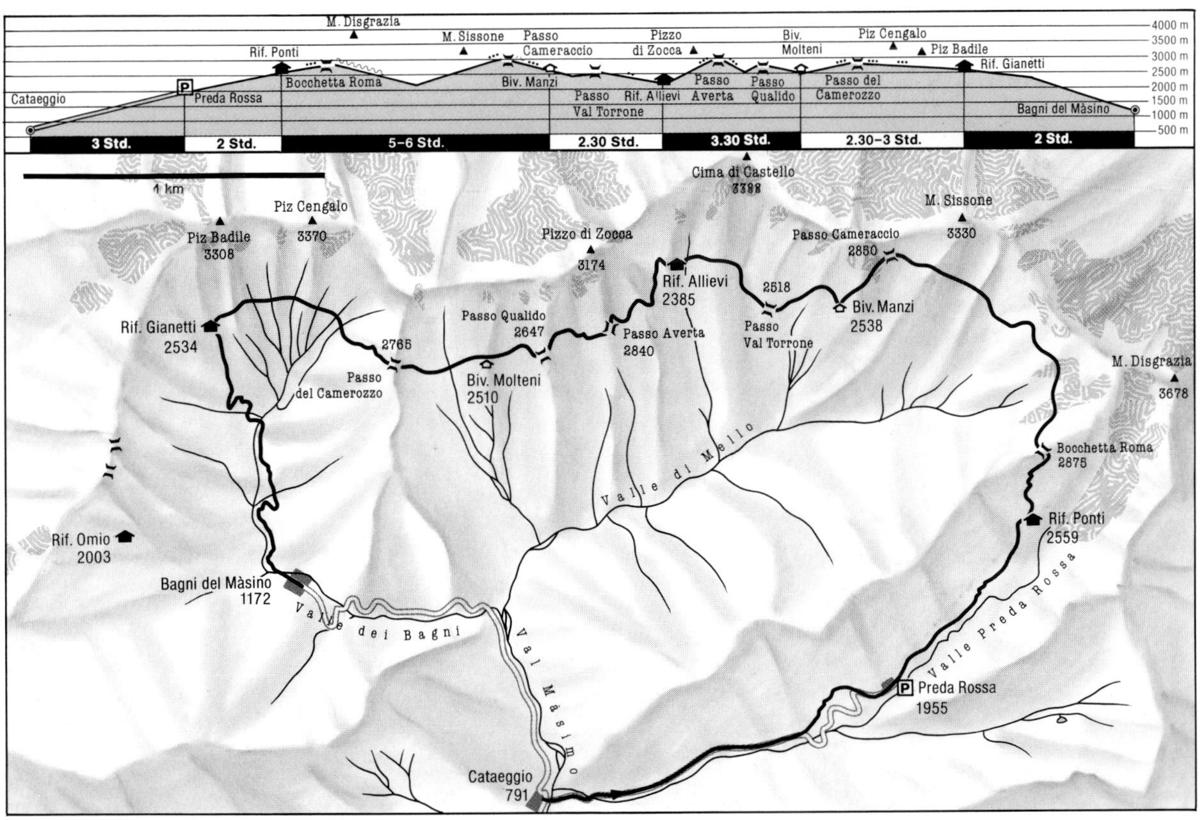

zen Namen Sentiero Roma trägt. Der Weg in seiner ganzen Länge stellt eine Verbindung zwischen Chiareggio bzw. Chiesa im oberen Valmalenco und Novate Mezzola am Comersee dar. Wer sich auf das großartige Kernstück des Sentiero Roma beschränkt, kann diesen sogar als Rundkurs ablaufen! Um die Tour nicht zur Tortur geraten zu lassen, empfiehlt es sich, zumindest einmal in einer der Biwakschachteln zu nächtigen; dies setzt aber eine entsprechende Ausrüstung mit Schlafsack und Kocher voraus.

Der Vollständigkeit halber sei darauf hingewiesen, daß von Chiareggio eine rassige Gletschertour über den Ostgrat des Monte Disgrazia zum Rifugio Desio und Rifugio Ponti führt. Auch die Schlußetappen vom Rifugio Omio zum Rifugio Brasca und durch das wilde Val Codera hinunter zum Comersee mit seiner südlichen Vegetation sind ungemein kontrastreich.

Der Fußweg beginnt in Cataeggio und hält sich in dessen Nähe bis zur Alp Preda Rossa, einer lieblichen Hochfläche, durch die sich der Bach in Mäandern einen gemächlichen Weg gesucht hat. Aus diesem Winkel zauberhafter Ruhe führt dann der Steig am linken Hang aufwärts zum Rifugio Ponti, 2559 m, dem Ausgangspunkt für Touren auf den höchsten Gipfel des Bergell, den Monte Disgrazia, 3678 m, auch Monte Bello genannt. Die eleganten, von sechs Eisfeldern umlagerten Flanken sind von allen Seiten faszinierend und bergsteigerisch hochinteressant!

Über Geröll steigen wir von der Hütte nach Norden zur Bocchetta Roma (zwischen P 2840 und 2898) im blokkigen Südwestgrat des Monte Pioda, gut markiert mit roten Kreuzen. Hier öffnet sich der Blick zum ausgedehnten Kar über dem Valle di Mello, zum Monte Sissone und der Torrone-Gruppe. Nach einigen Metern Abstieg durch große Felsblöcke kann das anschließende Schneefeld Schwierigkeiten bereiten: Pickel, Steigeisen und ein leichtes Seil bewähren sich hier! Nun durchwandert man in nordwestlicher Richtung, immer den roten Kreuzen folgend, den gigantischen Kessel, der das tief eingeschnittene Tal umrahmt. Zum Passo Cameraccio hin steigt der Sentiero wieder an, und über ein Schneefeld erreichen wir den Sattel (ca. 2950 m). Rechts überragen uns die mächtigen Granittürme des Torrone Orientale, links sticht eine kecke Felsspitze in den Himmel. Im Südwesten, unterhalb des kleinen Gletschers, entdecken wir an einer Felsrippe das gelbe Bivacco Manzi, 2538 m, unser Tagesziel.

Am nächsten Tag queren wir zu einer Erhöhung in der Mitte des Torronetals, wo wir die Reste des ehemaligen, von einer Lawine zerstörten Rifugio Ferrario finden. Großartig ist hier der Blick auf die Ostwand des Picco Amadeo, auf die Torrone Occidentale und Centrale, die grazile Felsnadel Ago die Cleopatra und den wuchtigen Torrone Orientale, von dem ein wilder Felsgrat nach Süden abfällt. Über Felsplatten und Wiesen erreichen wir die Schuttrinne, die zum Passo Val Torrone hinaufzieht. Vom Paß ist bereits die unscheinbare Allieve-Hütte, 2385 m, inmitten des Valle Zocca unter dem dominierenden

Die großen Dimensionen, in denen man sich am Sentiero Roma bewegt, verdeutlicht dieser Rückblick vom Passo Averta zum weitläufigen Kar über dem Valle di Mello und zum Monte Disgrazia. Der Sentiero quert den Kessel in Höhe der untersten Firnflecken zum von links oben ins Bild ziehenden dunklen Torrone-Felskamm. Dessen schwächste Stelle bildet der Passo Cameracco, der links über der schmalen Firnrinne auszumachen ist.

Vom Passo del Camerozzo blickt man in den riesigen Urgesteinskessel des Valle Porcellizzo und zu den Südwänden bzw. -graten der berühmtesten Bergeller Kletterberge: zur Riesenschaufel des Piz Badile (links), zum wuchtigen Keil des Piz Cengalo und zu dem (hier nicht als Doppelgipfel erkennbaren) Pizzi Gemelli. Die Badile- (bzw. Gianetti-) Hütte steht links, knapp außerhalb des Bildes.

Pizzo di Zocca erkennbar. Von dieser Hütte aus werden die schönsten der schwierigen Klettertouren im südlichen Bergell unternommen.
Der Weiterweg führt um den Ausläufer der Parravicinikante des Pizzo di Zocca durch ein weiteres Kar zum Passo Averta, 2840 m. Außer dem Neuen, das uns an jedem Paß überrascht, wird der Blick zurück über die vielen Grate auf den alles überragenden Monte Disgrazia immer faszinierender. Nach einer Querung des Valle Qualido windet sich der Weg in einer Schleife geschickt durch die Felsen zum Passo Qualido, 2647 m, hinauf. Im folgenden Valle del Ferro hält sich der Sentiero etwa an die 2600-m-Höhenlinie. In der Mitte des Tals liegt das Bivacco Molteni, unterhalb des markierten Steigs, versteckt unter einem riesigen Felsblock mit Überhang (Markierungen zur nahen Quelle!).
Weiter über Blockgestein leiten die roten Kreuze zum Fuß des Passo del Camerozzo, 2765 m, den wir über Felsbänder, etwas ausgesetzt, erreichen. Ungemein eindrucksvoll ist das Bild, das sich hier entfaltet: der riesige Kessel des Valle Porcellizzo, dessen Gipfelumrahmung vom Pizzo Cengalo und der schön geformten Schaufel des Piz Badile beherrscht wird. Durch Felsen mit Drahtseilsicherung und über ein steiles Schneefeld gelangt man in den Kessel und läuft ihn in weitem Bogen zum Rifugio Gianetti, 2534 m, aus.
Nun können wir die Rundtour mit dem direkten Abstieg südwärts durch das tiefeingeschnittene Valle Porcellizzo nach Bagni del Màsino beenden oder einen interessanten Umweg über das Rifugio Omio, 2003 m, anschließen. Von der Gianetti-Hütte verläuft der Weg unter dem Pizzo Sceroia nach Südwesten und Süden zum Passo di Barbacan, 2598 m, im Ostgrat der Cima del Barbacan. Jenseits klettern wir, teilweise am Drahtseil, ab und gehen nach Süden hinunter zur neuen, schön gelegenen Omio-Hütte (ca. 2 Stunden). Von hier bringt uns ein reizvoller, gut markierter Steig ins Tal nach Bagni del Màsino, wo uns nur noch knappe 2 Gehstunden vom Ausgangspunkt trennen. Dabei durchwandert man das kleine, malerische Bergdorf San Martino, das uns in seiner lässigen südländischen Buntheit die Rückkehr in die Zivilisation auf liebenswerte Weise erleichtert.

23 Zwischen Lischana und Sesvenna

Zwei Paradegipfel und ein Stück Nationalpark

Schweiz/Italien
Sesvenna-Gruppe
3–4 Tage
▲▲△△

Talorte AP/EP Scuol/Schuls, 1200 m, Hauptort des Unterengadin, Endstation der Rhätischen Bahn. – Evtl. EP S-charl, 1810 m, Sommerdorf mit mehreren Ghs. und romanischem Kirchlein, Bus nach Scuol/Schuls.

Stützpunkte (1) Lischana-H., 2500 m, SAC, auf einem Felsriegel im gleichnamigen Hochtal, 3.30–4 Std. von Scuol/Schuls. – (2) Sesvenna-H., 2256 m, AVS, an einem kleinen See südöstl. des flachen Schlinigpasses, 4 Std. von (1) über Sattel, 2940 m, am kl. Rimsfirn – A. Sursass, 2157 m – Schlinigpaß, 2309 m (Grenze!). – (3) S-charl, 1810 m, mehrere Ghs., 3.30 Std. von (2) über Fuorcla Sesvenna, 2819 m, und Val Sesvenna. – Übergang ins Val Plavna über Il Foss, 2317 m, und Abstieg nach Tarasp-Vulpera und Scuol/Schuls, ca. 5.30 Std., großartige, stille Schlußetappe!

Hüttengipfel (1) Piz Lischana, 3105 m, über den S-Grat, 1 Std. von Abzweigung kurz unterhalb des Sattels, 2940 m, Trittsicherheit erforderl., mark. Steig. – (2) Piz Sesvenna, 3205 m, 2 Std. von Fuorcla Sesvenna, einfache Gletscherquerung und leichte Kletterei am O-Grat.

Charakter Abwechslungsreiche Rundtour mit 2 leichten Übergängen nahe der 3000-m-Grenze. – Reiche Flora und Fauna, geologisch interessantes Gebiet! – Route ist vollständig mark., bei Schlechtwetter allerdings – besonders im Bereich der Seenplatte von Rims – Orientierungssinn erforderl.!

Besonderer Hinweis Statt Überschreitung des Lischanastocks Anstieg zur Sesvenna-H. auch durch die wilde Uinaschlucht mögl. (Sur En, 1124 m – Sesvenna-H., ca. 5 Std.).

Führer SAC, Bündner Alpen, Bd. IX, Unterengadin. – Wanderbuch Unterengadin, H. Tgetgel (Kümmely & Frey).

Karten SLK 5017, Unterengadin, 1 : 50 000. – SLK 249, Tarasp, und 259, Ofenpaß, jeweils 1 : 50 000. – SLK 1199, Scuol, und 1219, S-charl, jeweils 1 : 25 000.

Welche Auswirkungen eine verbesserte »Infrastruktur« auf die Besucherzahl einer Berggruppe mit sich bringen kann, das beobachten seit kurzem mit großer Spannung die Kenner und Liebhaber der Sesvenna-Gruppe in der östlichsten Ecke der Schweiz. Mit dem Ausdruck aus der Sprache der Volkswirtschaftler ist die grundlegende Änderung der Hüttensituation in dem Gebiet gemeint. Zum einen ist nämlich seit 1983 die bis dahin Selbstversorgern vorbehaltene Lischana-Hütte einfach bewirtschaftet, zum andern hat der Alpenverein Süd-

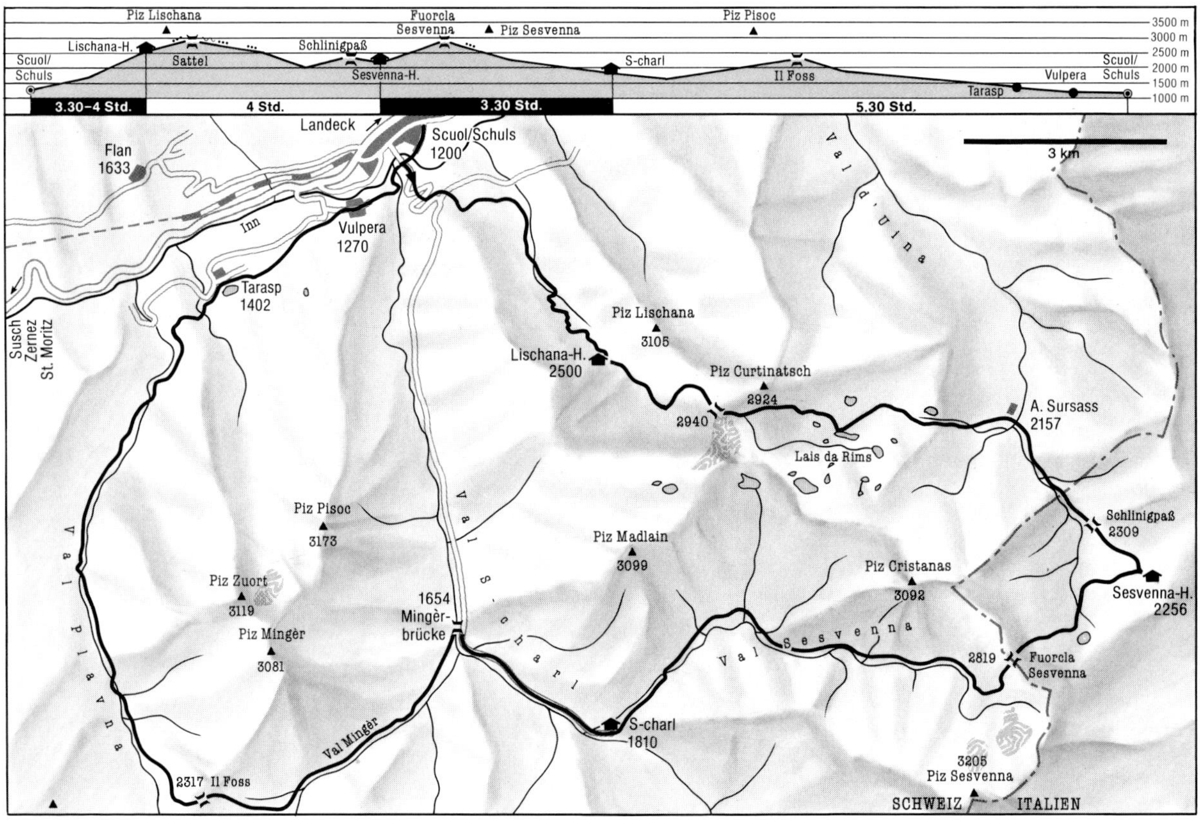

tirol bzw. dessen Vintschgauer Sektionenverbund am flachen Schlinigpaß, hart an der Schweizer Grenze, an der Stelle der ehemaligen Pforzheimer Hütte die neue Sesvenna-Hütte errichtet. Dieser Stützpunkt ist von Bedeutung, weil ohne ihn unsere Tour so nicht durchzuführen wäre!
Die kleine Sesvenna-Gruppe ist deutlich gegen ihre Umgebung abgegrenzt: durch die tiefe Inntalfurche im Norden, durch Reschenpaß und obersten Vintschgau im Osten sowie die Linie Münstertal–Ofenpaß–Zernez im Süden und Westen. Bisher war dieses stille Dreieck nur alpinen Feinschmeckern ein Begriff: der Piz Lischana als einzigartige Aussichtswarte zwischen Ost- und Westalpen; der Piz Sesvenna als idealer Ski-Dreitausender; der westliche Bereich schließlich als Teils der Schweizer Nationalparks mit seinen Steinböcken und seltenen Blumen.
Von Schuls kann man sich einen guten Eindruck vom ersten Teil dieser nirgends wirklich schwierigen Wanderung verschaffen. Da geht es zunächst auf dem anderen Innufer gemütlich zum einsamen Hof San Jon, dann jedoch immer steiler durchs Val Lischana hinauf zur kleinen Lischana-Hütte, 2500 m, unter dem Westabfall des Gipfelaufbaus.
Von der Hütte erreichen wir am nächsten Morgen am guten Steig durch das weite Kar bereits nach 1 Stunde den breiten Fels und Geröllkamm, über den man in einer weiteren knappen Stunde leicht zum Gipfel des Piz Lischana, 3105 m, hinüberbummelt und sich die Graubündner und Tiroler Bergwelt von oben betrachtet.
Am Gratrücken gehen wir wieder zurück, folgen ihm weiter bis zum kleinen Rims-Firnfeld und steigen ab hier streng östlich zu den köstlichen Rastplätzen zwischen den Rimsseen und weiter zur Alpe Gross Lager im obersten Uina-Tal ab. Den Alpboden erreicht man auch von Sur En in einem langen, aber nie langweiligen Marsch durch die einsame und wilde Uinaschlucht, die nicht weniger beeindruckt als der »Gipfelsieg« am Piz Lischana! Sich scharf nach Süden wendend, gelangt man schließlich über den weitläufigen Schlinigpaß zur Sesvenna-Hütte, 2256 m.

Die 600 m hohe Nordflanke des Piz Sesvenna über dem kleinen Sesvennasee. Der Sesvennagletscher, über den der Normalweg zu Ostgrat und Gipfel führt, verbirgt sich hinter dem Felskamm am linken Bildrand; nur sein oberster Teil mit einigen Metern der Aufstiegstrasse ist zu sehen.

Der Rückweg auf die Unterengadiner Seite führt am nächsten Tag zur Fuorcla Sesvenna, 2819 m, im Grenzkamm, von der ausdauernde Wanderer bei guten Firnverhältnissen problemlos den Piz Sesvenna, 3205 m, »packen« können. Durch das Val Sesvenna bummeln wir – kurz weglos, dann am markierten Steig – satt vom Schauen, hungrig vom Gehen – zu den Gasthäusern von S-charl, 1810 m.
Wer noch einen Tag lang weiterwandern kann, folgt vom idyllischen Sommerdorf kurz der kleinen Straße in Richtung Schuls, biegt bald scharf links in den beliebten Nationalpark-Wanderweg zum Übergang von Il Foss, 2317 m, ein und verläßt diese Route wieder auf der Paßhöhe nach rechts. Zwischen den Kalkburgen von Piz Plattas und Piz Minger läßt man sich Zeit und schlendert ohne Hast durch das stille Val Plavna zur grünen Terrasse von Tarasp und über die Innbrücke zurück nach Schuls.

24 Stille Wege zwischen Veltlin und Lombardei

Der Sentiero delle Orobie in den Bergamasker Alpen

Italien
Bergamasker Alpen
6–8 Tage
▲▲▲△

Talorte AP Valcanale, 987 m, Straße/Bus von Clusone. – EP Presolanajoch, 1297 m, Straße/Bus nach Clusone.

Stützpunkte (1) A. Corte, 1410 m, CAI, im Valle della Corte, 1 Std. von Valcanale. – (2) Rif. Laghi Gemelli, 1968 m, CAI, am gleichnam. Stausee, 3 Std. von (1) über Passo dei Laghi Gemelli, 2139 m. – (3) Rif. Calvi, 2015 m, CAI, im obersten Valle Brembana, 4 Std. von (2) hoch über dem Lauf des Brembo. – (4) Rif. Brunone, 2295 m, CAI, über dem Talbecken des Fiume Nero, 5 Std. von (3) über den Passo di Valsecca, 2496 m. – (5) Rif. Coca, 1892 m, CAI, über dem Valle Seriana, 4.30 Std. von (4) auf der »hohen Trasse« (tracciato alto) über die Grate des Pizzo di Redorta. – (6) Rif. Curò, 1915 m, CAI, am Barbellino-Stausee, 3 Std. von (5) durch die Steilhänge des Pizzo di Coca. – (7) Rif. Albani, 1909 m, CAI, über dem Valle di Scalve, 7 Std. von (6) über den Passo della Manina, 1799 m. – Abstieg 1.30 Std. nach Còlere oder auf dem Klettersteig Sentiero della Porta zum M. Visòlo, 2369 m, und Abstieg zum Presolanajoch, 1297 m, 5–6 Std.

Hüttengipfel (3/4) Pizzo del Diavolo di Tenda, 2916 m, 2.30 Std. ab Passo di Valsecca über den S-Grat zum Diavolino und weiter zum Gipfel, nur für Geübte! – (5) Pizzo di Porola, 2981 m, 3 Std. über den Passo di Coca, leichte Kletterei (II)! – (6) M. Gleno, 2882 m, 3.30 Std. über die Firnfelder des Trobiogletschers zum N-Grat, dann leichte Kletterei zum Gipfel (II). – (7) Presolana Orientale, 2490 m, 0.45 Std. ab Bocchetta del Visòlo, z. T. ausgesetzt und Schutt, aber lohnend!

Charakter Anspruchsvolle Höhenwanderung durch geologisch vielfältiges Gebirge. – Nur für trittsichere und ausdauernde Wanderer! – Kurze, unschwierige Gletscherquerung! – Orientierungssinn erforderl.! – Pickel und Reepschnüre empfehlenswert!

Besonderer Hinweis Im Juli und August sind alle Hütten bewirtschaftet, im September und Oktober manche nur am Wochenende. – Bei den Wirten nach Zustand der Wege und Markierungen erkundigen! – Achtung: Wetterverhältnisse ähnlich wie in der Brenta, man muß auch bei schönem Wetter am Nachmittag mit Nebel rechnen!

Führer Nur in ital. Sprache(!): Itinerari escursionistici nelle Alpi Orobie, Angelo Gamba, CAI di Bergamo (Tamari-Verlag, Bologna).

Karten Ital. Karten 56, Sondrio, 57, Malonno, 77, Clusone, 78, Breno, jeweils 1:50000. – 2 Blätter Le Orobie, CAI Sezione Bergamo, jeweils 1:50000.

Die Gipfel der geschlossenen, fast 80 km langen Nordkette der Bergamasker Alpen stehen 2500–2700 m jäh über dem Veltlin. Kein Fahrweg führt von Norden in dieses Gebirge, im Süden ziehen sich die beiden Haupttäler Valle Brembana und Valle Seriana von Bergamo aus weit hinein. Man teilt dieses große Gebiet

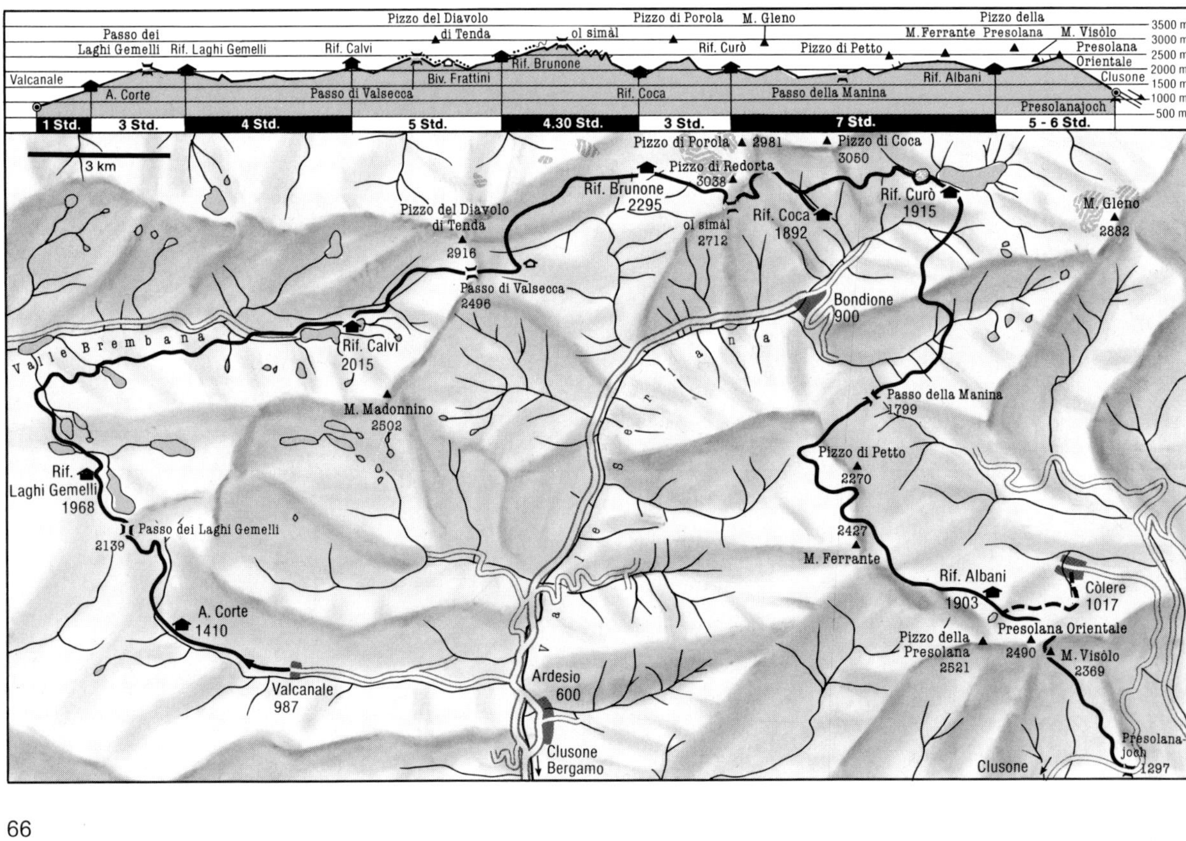

auf in die Alpi Orobie – die den Nordteil mit den höchsten Erhebungen umfassen und vorwiegend aus kristallinen Gesteinen bestehen – und die zur lombardischen Tiefebene hin absinkenden Prealpi Bergamasche – in denen der Kalk vorherrscht und wo sich in der Grigna und an der Presolana in senkrechten Wänden und bizarren Türmen Kletterparadiese auftun. Die Hütten der Orobie liegen in ihrem Zentrum nicht weit auseinander. In den Jahren 1972–1975 hat die Sektion Bergamo des CAI einen 60 km langen Verbindungsweg geschaffen, der fast alle Hütten berührt. Dieser Dreiviertel-Rundweg führt aus dem Bereich des Kalks bis unter die höchsten Urgesteinsgipfel und in die bezauberndsten Winkel der Gruppe.

Das Schaustück der Bergamasker Voralpen: die wuchtige Kalkmauer der Presolana, von Westen her aufgenommen. Im Fels geübte Wanderer feiern auf dem Monte Visòlo (rechts oben) ihren letzten Gipfel im Verlauf unserer großzügigen Hüttentour.

Aus dem lieblichen Val Canale bringt uns der Sentiero delle Orobie zu Beginn zum Passo dei Laghi Gemelli, der nahe der geologischen Trennlinie zwischen Nord- und Südteil der Gruppe liegt. Die gegensätzlichen Landschaftseindrücke am Paß verdeutlichen das: im Süden lichte, trockene Kalkregion, im Norden dunkle Berggestalten mit enormem Wasserreichtum. Am Nordende des Stausees unterhalb des Passes liegt die geräumige Gemelli-Hütte, 1968 m, deren Wirt übrigens vorzüglich kocht! Die nächste Wegstrecke führt abenteuerlich durch eine Felswand zum Lago Sardegnana, danach schlängelt sich der Pfad am Nordhang hoch über dem Brembanatal zum Fregabogliasee, hinter dem das Rifugio Calvi, 2015 m, liegt. Auf der dritten, recht langen Etappe wechseln wir aus dem obersten Brembanatal über den düsteren Passo di Valsecca in die hohe Region der Alpi Orobie. Hier öffnet sich ein weiter Ausblick auf das Redorta-Massiv und die Ausläufer des Serianatals. Auf dem Grat links unterhalb leuchtet das gelbe Bivacco Frattini, und man erkennt deutlich den Weiterweg durch das »anfiteatro« des Vallone del Fiume Nero hindurch bis zur höchstgelegenen Hütte am Wege, dem Rifugio Brunone, 2295 m.

Auf dem folgenden Abschnitt– tracciato alto, also »hohe Trasse« genannt – erreichen wir den höchsten Punkt des gesamten Wegs. Eindrucksvoll unmrunden wir im Halbkreis die Redorta-Scais-Gruppe über einen kleinen Gletscher sowie eine Reihe zerklüfteter Grate und Rippen und gelangen zur Coca-Hütte, 1892 m, die wie ein Adlerhorst über dem Serianatal thront. Der Weg zum nächsten Stützpunkt, dem Rifugio Curò, 1915 m, zieht sich an den sehr steilen Südhängen des Pizzo di Coca entlang, mit herrlichen Ausblicken auf das Barbellino-Staubecken und den stolzen Recastello, Pizzo Strinato und Monte Torena im Hintergrund. Das letzte Teilstück des Sentiero delle Orobie, das zum Fuß der Presolana führt, erfordert noch einmal Ausdauer: Es ist über 20 km lang! Auf einer bezaubernden Höhenwanderung über Pässe und Rücken, durch Kare und Rinnen mit immerfort wechselnder Szenerie gelangen wir dabei zurück in die Prealpi Bergamasche.

Nun sollte man von der letzten Hütte, dem Rifugio Albani, nicht nach Còlere absteigen, sondern sich eine Zugabe leisten: den Sentiero della Porta. An einem Tag turnt man auf dem luftigen Klettersteig durch die Nordseite der gewaltigen Kalkmauern der Presolana mit Hilfe von Drahtseilen, Leitern, Stiften und Klammern auf den Monte Visòlo, mit traumhafter Aussicht zum Iseosee und zum Adamello. Zum Schluß läuft man dann auf der Südseite über Weiden zum Presolanajoch hinunter.

Die beiden Wanderer am Uferweg des Barbellinosees haben in wenigen Minuten das (noch nicht sichtbare) Rifugio Curò erreicht. Dann werden auch die bereits langen Schatten die noch besonnte Westflanke des Pizzo Recastello hinaufeilen.

25 Zwischen Martell-, Rabbi- und Ultental

Umwege in der südlichen Ortler-Gruppe

Italien
Ortler-Gruppe
4–5 Tage
▲▲▲△

Talorte Gand im Martelltal, 1267, bzw. AP/EP Parkplatz Nähe Ghs. Enzian/Ghs. Schönblick, 2050 m, kurz vor dem Ende der Fahrstraße.

Stützpunkte (1) Zufall-H., 2265 m, CAI, 0.30 Std. vom Parkplatz. – (2) Marteller H., 2610 m, AVS, an der Konzenlacke, 1 Std. von (1) über den Plimbach und in Serpentinen zur H. – (3) Cevedale-H. (Rif. G. Larcher), 2608 m, CAI, im obersten Val Venezia, 2 Std. von (2) über Fürkelescharte, 3033 m, kurze, einfache Gletscherstrecke. – (4) S. Dorigoni-H. (Rif. Saent), 2436 m, CAI. im Saenttal, dem obersten Rabbital, 4 Std. von (3) über Careser Ferner und Bocca di Saent, 3143 m (bei Überschreitung des Veneziakamms von Köllkuppe bis Hint. Rotspitze insges. 6.30–7.30 Std.!). – (5) Haselgruber-H., 2425 m, priv., am Rabbijoch zwischen Ulten- und Rabbital, 3 Std. von (4) über Schwärzerjoch, 2833 m, und Gleckspitze, 2957 m. – (6) Grünsee-H. (ehem. Höchster H.), 2561 m, CAI, im obersten Ultental am aufgestauten Grünsee, 2.30 Std. von (5) über Kirchbergjoch, ca. 2700 m, und Ob. Weißbrunner-A. – Übergang über Zufrittjoch, 3172 m, ins Martelltal und Abstieg zum Stausee/Parkplatz, 5–6 Std.

Hüttengipfel (3) Cevedale, 3769 m, 3.30 Std., Gletschertour. – (3/4) Köllkuppe (Cima Marmotta), 3330 m, Veneziaspitzen (I, II, III), 3384 m, und Hint. Rotspitze, 3347 m, am günstigsten im Rahmen einer Gesamtüberschreitung, leichte, kombinierte Tour für ausdauernde Wanderer mit Erfahrung auf Gletschern! – (4) Gleckspitze, 2957 m, wird überschritten. – (6) Hint. Eggenspitze, 3492 m, 3 Std. über Weißbrunnferner und N-Grat, leichte Gletschertour. – Zufrittspitze, 3438 m, 3.30 Std. über Ob. Zufrittferner und SSW-Grat, leichte, z. T. ausgesetzte Kletterei, als Abstecher vom Übergang möglich (Mehraufwand 1.30–2 Std.). – Weißbrunner Spitze, 3253 m, 0.20 Std. vom Zufrittjoch.

Charakter Hochalpine Umrundung des Veneziakamms, häufig in einer Höhe zwischen 2500 m und 3200 m verlaufend; technisch wenig anspruchsvoll! Pickel und Seil unbedingt erforderl., Steigeisen empfehlenswert! – Etappe (3/4) nur bei sicherem Wetter!

Führer Ortler-Gruppe, AVF, Holl (Rother). – Kl. Führer Ortler-Gruppe, Holl (Rother).

Karten FB S 6, Ortler-Gruppe – Martell – Val di Sole, 1 : 50 000. – FB 46, Ortler-Gruppe, 1 : 100 000.

»Im Laufe der Zeit wird dieses schöne Bergland mit seinen stillen Tälern, seinen aussichtsreichen und großenteils leicht zugänglichen Höhen und den blanken Seespiegeln auch touristisch näher an die Ortler-Gruppe angegliedert werden, wozu schon mancherlei hoffnungsvolle Anläufe durch Errichtung von Schutzhütten und Weganlagen genommen sind.« Diese Prognose, aus einem Aufsatz der Zeitschrift des Deutschen und Österreichischen Alpenvereins aus dem Jahre 1905 (!), hat sich nur zum Teil bewahrheitet: Den Vorsprung, den sich das Suldental mit seinem Dreigestirn Königspitze–Zebru–Ortler einmal erobert hatte, holten die umliegenden Täler nie ein – und das kaum zu ihrem Nachteil! Wer, vom Reschenpaß den Vintschgau abwärts fahrend, die Abzweigung nach Trafoi und Sulden rechts liegen läßt und erst in die nächstfolgende Talfurche einbiegt, findet dort zwar auch nicht mehr die reine, unbefleckte Natur vor, aber er verspürt das Bemühen der Einheimischen, sich ihr Tal nicht von auswärtigen Geldgebern verschandeln zu lassen. Im Martelltal kommen die Beine zu ihrem Recht: Jeder Meter muß erlaufen werden!

Die Berge im Marteller Hauptkamm, in ihren Formen bei weitem nicht so attraktiv wie die Gipfel des Ortler-Hauptkamms, rückten – eben wegen ihrer zahmeren Flanken – erst mit der Entwicklung des Skilaufs in den Mittelpunkt bergsteigerischen Interesses: Köllkuppe und Veneziaspitzen sind Skibergsteigern so geläufig wie Piz Tasna oder Lisenser Fernerkogel. Rund 20 km lang, von der Fürkelescharte bis zum Hasenöhrl, gibt sich der Marteller Hauptkamm hochalpin, teilweise stark vergletschert, mit rund zwei Dutzend eigenständigen Dreitausendern. Diese Rundtour bringt

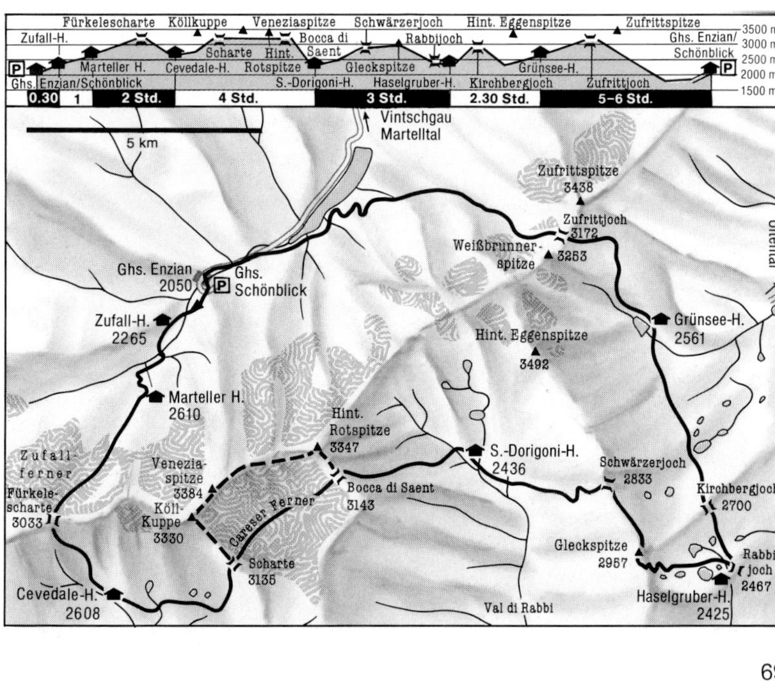

uns über die Fürkelescharte auf die stillere Südseite der Kette, schwenkt kurz ab zur Haselgruber-Hütte und erreicht über das Zufrittjoch wieder das Martelltal. Mit Hilfe der Zeitangaben lassen sich die Etappen unschwierig selbst zusammenstellen. Ein Blick auf die gute FB-Wanderkarte zeigt zahlreiche Fluchtwege und Varianten auf: eine ideale Einführungstour ins Hochgebirge!

Wir starten am großen Parkplatz bei den Gasthöfen Enzian und Schönblick im innersten Martelltal. Drei Wege führen von hier in ca. 30 Minuten zur Zufall-Hütte, 2265 m, die während des Ersten Weltkriegs das österreichische Cevedale-Abschnittskommando beherbergte und sich heute an manchen Tagen ebenso fest in der Hand von Ausflüglern befindet. Ihre Funktion als bedeutender Bergsteiger-Stützpunkt erfüllt sie vor allem während der Skitouren-Saison. Vom Standort der Hütte können wir fast den gesamten Weg bis zur Fürkelescharte verfolgen, sehen 200 m höher die Marteller Hütte unterm gletscherüberwallten Veneziakamm, über dem grandiosen Talschluß die beiden Zufallspitzen (die den Cevedale verdekken) und im Rückblick die elegante Zufrittspitze, von der wir am Ende unserer Runde wieder ins Tal absteigen werden.

Von der Zufall-Hütte geht es über die alte Staumauer und den Plimbach, dann in Kehren aufwärts zur Marteller-Hütte, 2610 m, an der Unteren Konzenlacke. Nun steht auch beherrschend die elegante Pyramide der Königspitze am westlichen Horizont, der Einblick in die Gletscherwelt ist noch umfassender als auf der Zufall-Hütte.

Der Weg zur Fürkelescharte ist leicht zu finden: zunächst am Moränenrükken entlang (links Abzweigung zu den Veneziaspitzen), bald auf dem Fürkeleferner gleichmäßig ansteigend, bis links ein kurzer, etwas steilerer Hang zur Scharte hinaufzieht. Ständig ergeben sich auf dieser Tour neue Ausblicke: Von der Scharte schaut man nach Norden zum Ortler selbst, nach Süden ins Valle della Mare, auf Brenta und Presanella. Durch die apere Südflanke erreichen wir in kurzer Zeit die Cevedale-Hütte, 2608 m.

Die drei Veneziaspitzen von Norden gesehen. Links der Ultenmarktferner, dessen Bruchzone den Gletscherschwund noch beschleunigt, rechts ein Teil des flachen Hohen Ferners, über den der direkte Anstieg aus dem Martelltal zum Gipfelkamm führt. ▷

Beim folgenden Übergang zur Dorigoni-Hütte, 2436 m, kann man den flachen Careser Ferner zur Bocca di Saent queren oder – wesentlich reizvoller – von der Köllkuppe die Veneziaspitzen überschreiten – niemand wird es bereuen.

Anstatt von der Dorigoni-Hütte in wenigen Stunden über das Sällentjoch wieder ins Martelltal zu laufen, leisten wir uns köstliche Umwege durchs stillste Gebiet der südlichen Ortlergruppe, am Kamm zwischen Rabbi- und Ultental. Zunächst gelangen wir zum Schwärzerjoch, folgen dem Schuttrücken rechts hinauf zur Gleckspitze und entdecken unter uns im Osten die Haselgruber Seen sowie auch die kleine Haselgruber-Hütte, 2425 m, unser nächstes Ziel. Nun schließt sich die Traversierung der weiten Kar- und Seenlandschaft um die Obere Weißbrunner Alm an, die man von Schwärzerjoch und Gleckspitze bereits genau inspizieren konnte. Über abgerundete Gratausläufer und durch grüne Almmulden, an Seeaugen mit stillen Rastplätzen vorbei, bummeln wir zu unserem letzten Stützpunkt, der freundlichen Grünsee-Hütte, 2561 m. Ihre Vorgängerin, die alte Höchster-Hütte, versank mitsamt dem idyllischen Grünsee im großen Stausee...

Auf der letzten Etappe wird am Zufrittjoch noch einmal hochalpines Gelände erreicht, wobei erfahrene, klettergewandte Geher noch die Zufrittspitze mitbesteigen können. Dann geht es endgültig hinunter ins Martelltal, zum Ausgangspunkt zurück.

Ausflüglerziel ist die Zufall-Hütte im hintersten Martelltal, seit man mit dem Auto bis auf 30 Minuten heranfahren kann. Im Hintergrund der Zufritt-Stausee.

26 Unter Königspitze und Ortler

Im Hauch eisiger Nordwände

Italien
Ortler-Gruppe
2–3 Tage
▲▲△△

Talorte AP Sulden, 1866 m, Straße/Bus von Spondinig im Vintschgau. – EP Trafoi, 1543 m, an der Stilfserjochstraße, Straßenverbindung ins 14 km entfernte Sulden.

Stützpunkte (1) Hintergrat-H., 2661 m, priv., 2.15 Std. von Innersulden, bzw. 1.15 Std. von der Mittelstation der Sulden-Seilbahn. – (2) Tabaretta-H., 2556 m, priv., über dem Marltberg, 2.15 Std. von (1) am Höhenweg über die K 2-H. (Ghs.) am Langenstein-Sessellift. – (3) J.-Payer-H., 3020 m, CAI, am Tabarettakamm, 1.30 Std. von (2) über Bärenkopfscharte, 2871 m, und Tabarettajoch, 2903 m. – Abstieg 2.45–3.15 Std. über Tabarettakugel und Hl. Drei Brunnen nach Trafoi.

Hüttengipfel (1) Hintergratspitze, 2813 m, 0.30 Std. – (2/3) Bärenkopf, 2942 m, 0.10 Std. von der Scharte. – (3) Tabarettaspitze, 3128 m, 0.40 Std., unschwierig nur für Geübte, Trittsicherheit unbedingt erforderl.! – Ortler, 3905 m, 4 Std., nur für erfahrene Hochalpinisten, ausdauernde, trittsichere Wanderer nur mit Führer!

Charakter Unschwierige, aber landschaftlich großartige Wanderung am Sockel von Königspitze und Ortler. – Etwas Trittsicherheit erforderl.!

Besonderer Hinweis Wer genug Zeit hat, sollte die Tour mit der Besteigung der Hint. Schöntaufspitze, 3325 m, beginnen; Aufstieg ca. 2.30 Std. von der zum Seilbahn-Restaurant heruntergekommenen Schaubach-H., 2573 m.

Führer Ortler-Gruppe, AVF, Holl (Rother).

Karten FB S6, Ortler-Gruppe – Martell – Val di Sole, 1 : 50 000. – TCI D62, Gruppo Ortles – Cevedale, 1 : 50 000 (nicht so gut).

Wer von Norden her über den Reschenpaß in den oberen Vintschgau einfährt, sieht den Ortler als hohen Eisdom vor sich. Wer später von der uralten Stilfserjochstraße abzweigend, in den Kessel von Sulden kommt, sieht zunächst noch die Ortler-Nordwand, dann aber sind die Augen gebannt auf die Königspitze gerichtet: ein eisgepanzerter Dreikant unter einer abenteuerlich überhängenden Gipfelwächte, fast an die 4000-m-Grenze reichend.

Wir beginnen unsere Wanderung, die am Sockel des Dreigestirns Königspitze–Zebru–Ortler entlang nach Trafoi führt, an der Schaubach-Hütte, der die Seilbahn-Erschließung das Flair eines Bergsteiger-Stützpunkts gründlich und gewaltsam geraubt hat. Während die Versorgung der Hütte dank Kabinenbahn und Straße denkbar einfach ist, bereitet die Entsorgung offensichtlich Schwierigkeiten: eine Schlamperei, die – im wahrsten Sinne des Wortes – zum Himmel stinkt!

Unser Abstecher vom eigentlichen Weg gilt selbstverständlich nicht diesem unansehnlichsten Winkel des Suldner Tals, sondern vielmehr einem seiner berühmtesten Aussichtsgipfel, der Hinteren Schöntaufspitze. Dort steht man der Königspitze-Nordwand unmittelbar gegenüber, kann Rippen und Rinnen in allen Einzelheiten studieren, sieht auch ausgezeichnet zum Hintergrat, einem der schönsten Ortler-Anstiege. An seinem Fuß erkennen wir unser nächstes Ziel, die kleine Hintergrat-Hütte, 2661 m, auf der sich – im genauen Gegensatz zur Schaubach-Hütte – jeder Bergsteiger wohlfühlt.

Man erreicht sie von der Schaubach-Hütte nach einem kurzen Abstieg bzw. direkt von der Mittelstation der Sulden-Seilbahn auf dem sogenannten »Zweierweg«, unmittelbar unter der Nordwand der Königspitze. Am Weiterweg durch die Hänge am Fuß des Ortler hat man reichlich Gelegenheit, seine imposanten Klettergrate im Detail zu betrachten: zunächst den Hintergrat, oberhalb der K 2-Hütte

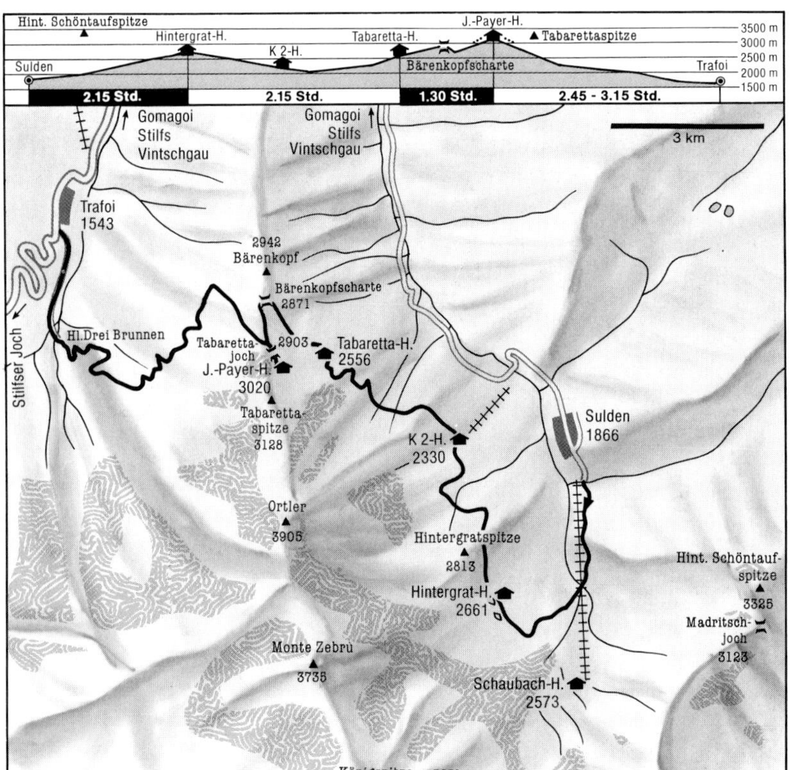

den Marltgrat und – etwas versteckt neben der Nordwand – den Rothböckgrat. Ständig wandert man hoch oberhalb von Sulden dahin, bis man zur Tabaretta-Hütte, 2556 m, auf ihrer grünen Kuppe zwischen Urgesteinskamm und Ortler-Eis gelangt. Knapp 1 Stunde später steht man dann schon in der Bärenkopfscharte und steigt weiter zur bald sichtbaren Payer-Hütte, 3020 m, mit ihrer grandiosen Aussicht.
Beim letzten Riesenabstieg nach Trafoi sollte man sich viel Zeit für den »Umweg« über Heilig Drei Brunnen lassen: um die großartigen Landschaftseindrücke verarbeiten zu können, aber auch, um vom unvermeidbaren »Knieschnaggler« nicht tagelang am Gehen gehindert zu werden.

»König Ortler« mit Hintergrat (links), Marltgrat (Mitte) und dicht daneben dem Rothböckgrat, der die gefährliche Ortler-Nordwand verdeckt; ganz rechts im Profil der Tabarettagrat, über den der Normalweg verläuft. Unsere Route am Sockel des Massivs ist gut zu verfolgen.

27 Über den Kamm des Monte Baldo

2000 Meter über dem Gardasee

Italien
Gardaseeberge
2–3 Tage
▲△△△

Talorte AP Tòrbole, 75 m, am N-Ende des Gardasees. – EP Castelletto (di Brenzone), 67 m, am östl. Gardaseeufer, Straße/Bus nach Tòrbole.

Stützpunkte (1) Rif. Altissimo, 2060 m, SAT, unterm M. Altissimo di Nago, 5–6 Std. von Tòrbole über den M. Varagna, 1780 m. – (2) Rif. Telegrafo, 2147 m, CAI, südl. unter der Punta Telegrafo, 5–6 Std. von (1) über Bocca di Navene, 1425 m – Cima delle Pozzette, 2132 m – Cima Valdritta, 2218 m. – (3) Rif. Chièrego, 1911 m, CAI, auf der Costabella, dem S-Kamm des M. Baldo, 1 Std. von (2) am Kamm entlang. – Abstieg 3–4 Std. über Costabella und Prada nach Castelletto.

Hüttengipfel Einige Gipfel des Kamms werden direkt überschritten, die übrigen lassen sich alle leicht in jeweils wenigen Min. vom Weg aus ersteigen.

Charakter Ungewöhnlich aussichtsreiche Höhenwanderung, die am zweiten Tag etwas Ausdauer und Trittsicherheit erfordert.

Besonderer Hinweis An der Bocca Tratto Spino, 1720 m, auf der Costabella sowie am Abstiegsweg befinden sich weitere Unterkunftsmöglichkeiten, die eine variable Zeiteinteilung zulassen. – Zweimal besteht die Möglichkeit, mit Seilbahn- bzw. Sessellift-Hilfe »abzusteigen« (s. Skizze).

Führer Bergtouren und Wanderungen im Trentino, A. Gadler, SAT Trient.

Karten Ital. Karte Bl. 80, Riva del Garda, und Bl. 101, Malcèsine, jeweils 1:50000.

Gardasee – kaum einer verbindet mit diesem Namen Bergsteigerisches! Für fast alle, die nördlich der Alpen wohnen (müssen), beginnt dort vielmehr der sonnige Süden, »la bella Italia«. Doch die einstige Idylle heiterer Fischerdörfer ist längst dem Tourismus zum Opfer gefallen – vom italienischen Flair findet sich in den kleinen Ortschaften nur noch wenig Originales. Das Tòrbole aus Goethes Zeiten hat mit dem heutigen Ort nur wenig mehr als den Namen gemeinsam. So braucht heutzutage kein Gast mehr wie jener berühmte Reisende im September 1786 den Mangel einer »höchst nötigen Bequemlichkeit« erleiden, um auf einen diesbezüglichen Hinweis vom Hausknecht die »freundliche« Antwort zu erhalten: »Hier herunten können Sie sich bedienen, überall, wo Sie wollen!« Die Schönheit des Gardasees ließ sich damals noch an seinen Ufern genieen. Dieses Vergnügen verleiden heute Fremdenverkehrsrummel und Autoverkehr, außer man ist geh-tüchtig und begibt sich am 40 km langen Monte-Baldo-Kamm auf eine wundervolle, ganz außergewöhnliche Tour: eine gemütliche, doch durchaus alpine Gratwanderung zwischen dem grünen Etschtal und dem tief eingeschnittenen, azurblauen Gardasee, diesem einstigen Fjord der Adria.

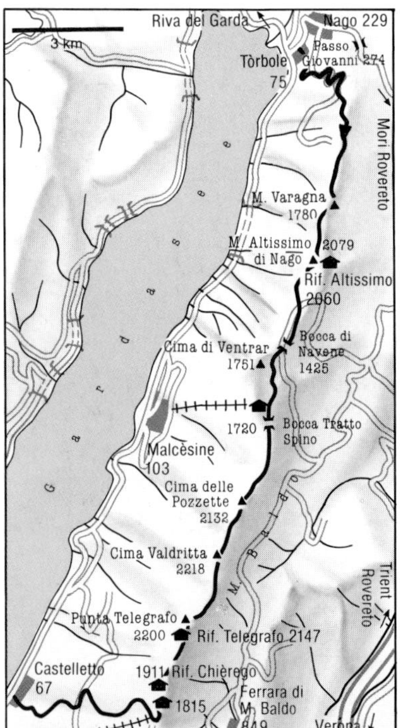

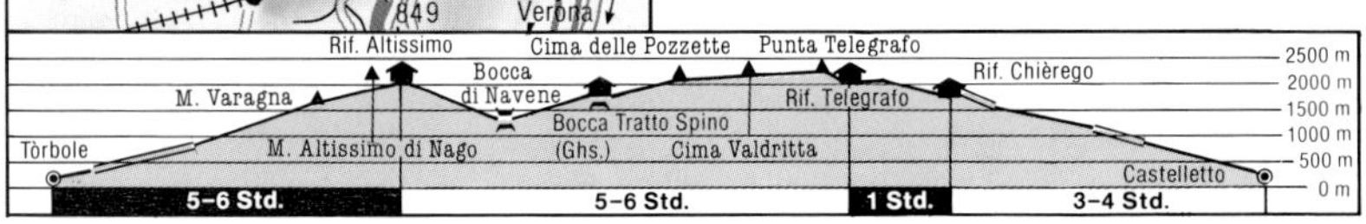

Der Weg führt aus Oliven- und Zypressenhainen durch Macchia, über Wiesenrücken und mächtige Marmorbänke, über hellen Triaskalk und Dolomit auf den »Botanischen Garten Europas«. Auf und am Gipfelkamm des Monte Baldo, der von der letzten Vereisung ausgeschlossen war, wachsen die phantastischsten Bergblumen: die zweifarbige Pfingstrose (sonst zur noch am Monte Generoso im Tessin), Christrosen, die Monte-Baldo-Anemone, Prachtprimeln, Orchideen, Schneeheide, Bewimperte Alpenrosen, die Segge vom Monte Baldo, Gelber und Großblütiger Enzian, Affodil – Kostbarkeiten, die unseren Höhenweg Ende Mai/Anfang Juni in einen einzigen Blumenteppich verwandeln.

Die erste Tagesetappe ist eine harte Nuß: Die Via Monte Baldo ersteigt zunächst als Fahrweg, dann als problemloser Wanderweg den Monte Varagna und bald danach die Ammonitenbänke des Monte Altissimo di Nago, des ersten Hauptgipfels der Baldo-Kette mit einer heimeligen Hütte dicht unterm Gipfel. Wir schauen zum tief unten liegenden, abendlich stillen See, über die grün-felsigen Vorberge zur wuchtigen Brenta und den Firngipfeln der Adamello-Gruppe.

Am nächsten Tag folgen wir ununterbrochen dem Kamm: den Südgrat des Altissimo hinunter zur Bocca di Navene (wo wir uns im Rifugio ein zweites Frühstück leisten können), dann auf dem (für Pkw verbotenen) Fahrweg hinauf zur Colma, 1790 m, an der Bergstation der Seilbahn von Malcesine vorbei über den Rücken, der sich über einen Vorgipfel zum ersten Zweitausender des Tages aufschwingt – der Cima delle Pozzette, die den Auftakt zu einigen weiteren

Felsklötzen bildet. Von der breiten Cima Longino sehen wir die Valdritta, 2218 m, dicht vor uns, den höchsten Monte-Baldo-Gipfel, den wir wie all die anderen Kalkklippen überschreiten. Bald leitet der Höhenweg zur Punta Telegrafo, 2200 m, hinauf, die den Blick freigibt zum breiten Südteil des Gardasees und zur hitzeflimmernden Po-Ebene. Mit wenigen Schritten ist dann das Rifugio Telegrafo, 2147 m, erreicht.
Im sanften Auf und Ab trotten wir weiter über den Coàl Santo und die Bocchetta di Coàl Santo, die südlichsten Zweitausender der Gardasee-Berge, zu den Hütten auf der Costabella, dem wieder gänzlich grünen Südkamm der Monte-Baldo-Kette. Die Wahl der Abstiegsmöglichkeiten könnte nicht größer sein: durch üppige Latschenfelder und die Macchia weglos direkt hinunter zum blauen See oder auf breiten Wegen über das schmucke Dorf Prada hinab beziehungsweise auf der Autostraße, die (leider) bis auf die Costabella führt, hinunter. Für ganz Faule gibt's sogar Liftsessel und (ab Prada) einen Bus.
Noch ein Tip: Der gesamte Höhenweg vom Altissimo bis zur Costabella wird auf der weniger steilen Ostseite des Monte Baldo begleitet von der Monte-Baldo-Bergstraße (»Graziani-Straße«) mit mehreren Hütten, die von verschiedenen Abschnitten des Höhenwegs aus bei Wettersturz in 1–2 Stunden erreicht werden kann.

Wie auf einem riesigen Laufsteg wandelt man am Monte Baldo 2000 m hoch über dem schmalen Band des Gardasees. Am gegenüberliegenden Ufer erheben sich die Berge Judikariens, die Wolken verdecken die Firngipfel von Adamello und Presanella.

28 Abseits im Stubai

Stille Joche zwischen Sulztal und Sellraintal

Österreich
Stubaier Alpen
2–3 Tage
▲▲△△

Talorte AP Gries im Sulztal, 1572 m, Straße/Bus von Längenfeld im Ötztal. – EP Kühtai, 1967 m, Straße/Bus nach Innsbruck oder ins Ötztal.

Stützpunkte (1) Winnebachsee-H., 2362 m, DAV, im Winnebachkar, 2 Std. von Gries. – (2) Guben-Schweinfurter H., 2034 m, DAV, auf der Zwieselbach-A., 4.30 Std. von (1) übers Zwieselbachjoch, 2870 m. – (3) Dortmunder H., 1948 m, DAV, im Kühtai, 4.30 Std. von (2) über Finstertaler Scharte, 2719 m.

Hüttengipfel (1) Gänsekragen, 2902 m, 1.30 Std., leicht. – (1/2) Breiter Grieskogel, 3287 m, 1.30 Std. vom Zwieselbachjoch, Trittsicherheit erforderl. – (2) Hochreichkopf, 3008 m, 3.30 Std. über Hochreichscharte. – Kraspesspitze, 2953 m, 3 Std., unschwierig. – (3) Pirchkogel, 2828 m, 2.30 Std., leicht.

Charakter Wenig begangene, dennoch (daher?!) besonders reizvolle Übergänge; keine Gletscherbegehungen, evtl. kurze Firnfelder. – Für Breiten Grieskogel Pickel und Seil sowie alpine Erfahrung erforderl.!

Besonderer Hinweis Fortsetzung der Tour mögl. über Hocheder – Flaurlinger A. – Roßkogel-H. nach Oberperfuss überm Inn.

Führer Stubaier Alpen, AVF, Klier (Rother).

Karten FB 24, Stubaier Alpen, 1 : 100 000. – FB 241, Innsbruck–Stubai–Sellrain–Brenner, 1–50 000. – AV 31/2, Stubaier Alpen/Sellrain, 1 : 25 000.

Selbst in einer Zeit, da vom »Massenbergsteigen« gesprochen wird, lassen sich mit etwas Einfallsreichtum und einer guten Übersichtskarte stille Berggruppen ausmachen: Man suche nur die großen Trümpfe – und daneben die »toten Winkel«! In unserem Fall sind das Hochstubai mit Zuckerhütl und Schrankogel auf der einen Seite und der vergletscherte Ötztaler Weißkamm auf der anderen die »großen Trümpfe«, in deren »totem Winkel« wir die Berge zwischen Winnebachsee-Hütte und Kühtai entdekken! Man biegt also mitten im Ötztal plötzlich nach links ins abgelegene Sulztal ab und steigt dann hier, abermals links, in der zweiten Talfalte aufwärts. Nach 2 Stunden steht man vor der kleinen und bescheidenen Winnebachsee-Hütte, 2362 m, auf einer Riesenschwelle zwischen engem Tal und weitläufiger Kar- und Gletscherlandschaft.

Die Winnebachsee-Hütte hat den Charakter eines Schutzhauses nie verloren. Wer nicht Komfort und Luxus mancher großen Hütte braucht, wird sich hier mit Sicherheit wohlfühlen! Den nötigen Hunger für das Abendessen holt man sich am besten, indem man von der Hütte am guten Steig in 1 ½ Stunden auf den Gänsekragen, 2902 m, den Hausberg, steigt und von dort in aller Ruhe das Pollestal gegenüber studiert und die rührende Ordnung der winzigen Siedlungen tief unten im Tal, Schrankogel, Breiten Grieskogel und Wildspitzeis bestaunt.

Am nächsten Morgen marschiert man in Richtung Zwieselbachjoch, 2870 m, rastet dort und entdeckt dabei jenseits eine neue Welt. Oder man unternimmt gar noch einen steilen Abstecher auf den Breiten Grieskogel – der allerdings wegen seines Gletschers und einiger Spalten im Gipfelbereich alpine Erfahrung erfordert – und läßt sich dort auf dem

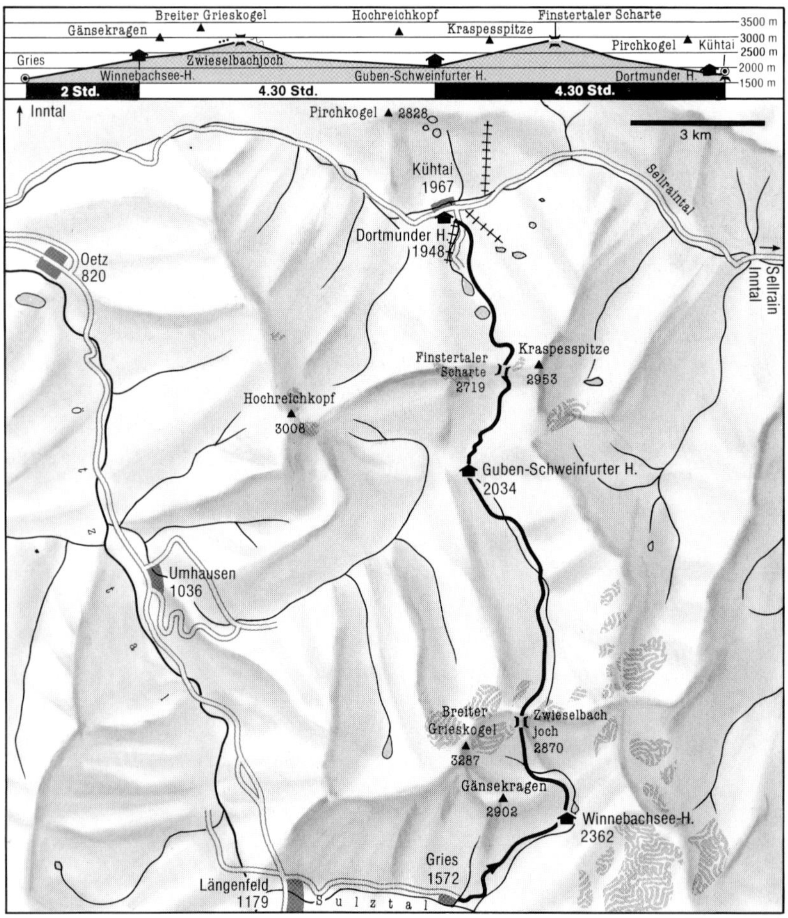

westlichsten Firnthron der Stubaier Alpen nieder.
Im Frühsommer kann auf der Nordseite des Zwieselbachjochs unter Umständen ein Pickel hilfreich sein. Schon bald jedoch ist der Abstieg zur Guben-Schweinfurter Hütte, 2034 m, ein erquickendes Dahinschlendern entlang dem Zwieselbach. Der einfachste und direkteste Übergang nach Kühtai benutzt nun die Finstertaler Scharte, bei der die freudige Erwartung über den neuen Ausblick jedoch bitter enttäuscht wird: Ein Stausee breitet sich aus, wo früher die idyllischen Finstertaler Seen waren ...

Wer auf solche »Überraschungen« gerne verzichtet und zudem konditionsstark, schwindelfrei und absolut trittsicher ist, der sollte von der Guben-Schweinfurter Hütte dem Wilhelm-Oltrogge-Weg folgen: hinauf zur Hochreichscharte, 2912 m, südlich des 3008 m hohen Hochreichkopfs, durch dessen Westflanke zur Niederreichscharte, 2728 m (mit Abstiegsmöglichkeit durchs unberührte Längental nach Kühtai!), weiter in der Flanke zum Lauser, 2616 m, dann eindrucksvoll mit jähem Tiefblick ins unterste Ötztal durch die wilde Westflanke des Acherkogels zum Notunterstand an der Alten Bielefelder Hütte und weiter zur Neuen Bielefelder Hütte, 2112 m. Ein Vergnügen, das 5–6 Stunden konzentriertes Gehen erfordert! 1200 der 1300 Höhenmeter nach Ötz legt man danach vorteilhaft schwebend zurück – mit dem Acherkogel-Sessellift ...

Das Bild entstand knapp südlich des Zwieselbachjochs: Hier bietet sich die Gelegenheit, unter der brüchigen Larstigspitze hindurch den Grieskogelferner zum Breiten Grieskogel zu queren.

29 Alpine Meraner Höhenpromenaden

Stille Wege durch die Texel-Gruppe

Italien
Ötztaler Alpen/Texel-Gruppe
2–4 Tage
▲▲△△

Talort AP/EP Dorf Tirol, 573 m, oberhalb Meran, Fahrmöglichkeit (Linienbus) bis Ghs. Tiroler Kreuz, 806 m.

Stützpunkte (1) Bocker-H., 1717 m, priv. (Ermäßigung für AV), im Spronser Tal, 2.45 Std. von Tirol (2.15 Std. vom Tiroler Kreuz). – (2) Biwakschachtel E. G. Lammer, 2698 m, AVS, an der Milchseescharte, 2.30 Std. von (1). – (3) Stettiner H. (Eisjöchl-H.), 2875 m, CAI, unterm Eisjöchl, 3 Std. von (2) über Andels-A., 2343 m, und Schafschneide, ca. 2800 m, z. T. ausgesetzter Weg (Umgehung mögl.). – (4) Lodner-H., 2259 m, CAI, im obersten Zieltal, 2.30 Std. von (3) über Grafschartl, 2930 m und Johannesscharte, 2876 m, z. T. ges. Steig, kurze Gletscher-/Firnquerung. – (5) Hochgang-Hs., 1839 m, priv. (Ermäßigung für AV), 3 Std. von (4) über den z. T. ges. F.-Huber-Weg. – Abstieg 2.30 Std. über den Meraner Höhenweg zum Tiroler Kreuz bzw. zum Dorf Tirol (Talfahrt mit Lift/Seilbahn mögl. ab Ghs. Leiter-A. bzw. Ghs. Hochmuter).

Hüttengipfel (1) Rötelspitze (Spronser), 2625 m, 2.30 Std. bzw. 1.30 Std. von der Spronser Lacke, ca. 2125 m, über den N-Kamm, weglos! – (2) Tschigat, 3000 m, 1.15 Std. über Halsljoch, 2808 m, und NW-Grat, kurze Gletscherquerung, am Gipfelaufbau leichte Kletterei, z. T. ges. – (3) Hohe Wilde, 3482 m, 2 Std. auf dem H.-Grützmacher-Weg, unschwierig für trittsichere, geübte Wanderer mit komplettem Wetterschutz. – (4) Roteck, 3336 m, höchster Gipfel der Gruppe, 3.30 Std. auf mark. Steig, z. T. ges.

Charakter Unschwierige Wanderung, die vom »erschlossenen«, südseitigen Randbereich in die ruhigeren, hochalpinen Zonen des Naturparks Texel-Gruppe führt. – Gut mark. Wegenetz, an ausgesetzten Stellen ges.; Trittsicherheit unbedingt notwendig! – Kompletter Wetterschutz erforderl., da die Übergänge knapp unter der 3000-m-Grenze liegen!

Besondere Hinweise Biwakschachtel nur im Notfall aufsuchen, nicht als romantischen Stützpunkt verwenden. – 1 Pickel pro Seilschaft/Gruppe und Leichtsteigeisen (evtl. Grödel) empfehlenswert!

Führer Ötztaler Alpen, AVF, Klier (Rother). – Besser: Die Meraner Bergwelt, H. Ellmenreich, Meran, 1980.

Karten FB 45, Bozen – Meran und Umgebung, 1 : 100 000. – FB S 1, Bozen – Meran und Umgebung, und FB S 2, Vintschgau – Südl. Ötztaler Alpen, jeweils 1 : 50 000 (leider ohne den Abschnitt Andelsböden – Stettiner H.).

Wenn Bergsteiger von den Ötztaler Alpen sprechen, schauen sie in Gedanken fast stets vom Inntal her auf diese Gruppe, haben sie den mächtig vergletscherten Weißkamm oder die vier großen, nordwärts ziehenden Seitenkämme im Sinn. Nur wenige bringen die Ötztaler mit den Bergen über Etsch- und Passertal in Verbindung – mit Salurnkamm, Planeiler Bergen oder der Texel-Gruppe oberhalb von Meran. Tatsächlich steht diese letztgenannte Gruppe etwas isoliert da und kann durchaus eine gewisse Eigenständigkeit beanspruchen: einzig das Eisjöchl stellt ein schmales Verbindungsglied zum Ötztaler Hauptkamm dar. Auch der Landschaftscharakter ist ganz anders als im Norden: Beherrschen dort wilde Urgesteinsgrate und weite Gletscherflächen – die größten der Ostalpen! – die Szenerie, so finden sich in der Texel-Gruppe einige schroffe Felsriegel und kleine Gletscherlappen nur im Westteil, wo sich hufeisenförmig 16 Dreitausender aneinanderreihen. Geradezu harmlos gibt sich im Vergleich dazu der Ostteil mit seinen völlig eisfreien, stark verwitterten Felskämmen, unter denen sich jedoch köstlich stille Almböden, in Stufen abfallende Täler und zauberhafte Seen ausbreiten. Zu den typischen Elementen gehören ebenso die riesigen Talflanken, die ohne Absätze oder Ter-

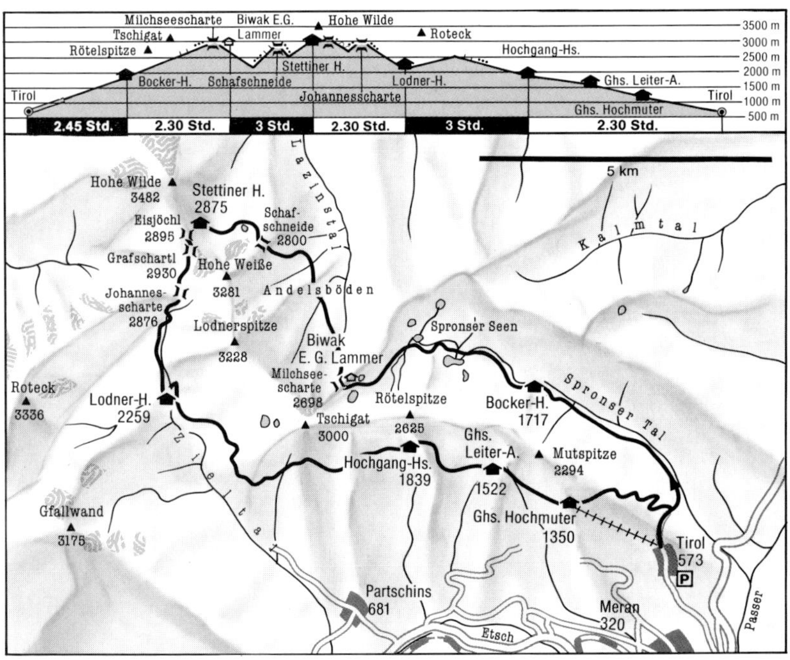

Interessante Einblicke in die aufregenden hochalpinen Bereiche der Texel-Gruppe hat man vom Anstieg auf die Hohe Wilde: Gegenüber baut sich die Hohe Weiße mit ihrem markanten hellen Gestein auf, dahinter steht der Lodner mit seinem immer mehr ausapernden Eisschild. Der Westgrat der Hohen Weißen fußt in der Johannesscharte, unserem Übergang zur Lodner-Hütte. ▷

Verwitterte grüne Felskämme, in Stufen abfallende Täler und zauberhafte kleine Seen setzen die Akzente im Spronser Tal. Rechts oben die beiden Rötelspitzen, in der Mulde Pfitscher und Kaser Lacke, am Horizont die Dolomiten.

rassen an die 2500 Höhenmeter aus dem Etschtalboden zu den Kämmen hinaufziehen. Diese enormen Höhenunterschiede lassen den Bergwanderer in der Texel-Gruppe eine Vielfalt von Klimazonen durchstreifen, vom submediterranen Talkessel bis zu den rauhen Gipfeln, wo es auch im August einmal schneien kann. Geologisch hochinteressant sind in dunklen Gneis und Schiefer eingelagerte Kalkbzw. Marmorschichten, die der Hohen Weißen ihr markantes Aussehen und ihren Namen gegeben haben und den Lodner auf seiner Südflanke wie einen gut durchwachsenen Tiroler Speck erscheinen lassen.

Die Kontraste am Anfang unserer Tour sind extrem: Da wandelte man gerade noch etwas verstört durch das völlig überlaufene, dem Massentourismus verkaufte Dorf Tirol – und betritt beim Gasthaus Tiroler Kreuz urplötzlich eine andere Welt. Am schattigen Waldweg geht es ins Spronser Tal hinein, später teilweise auf einem herrlichen Plattenweg über Steilstufen, an Almen und tosenden Wasserfällen vorbei, zur kleinen privaten Bokker-Hütte, 1717 m, wo die Talflanken ein wenig auseinanderrücken. Eugen Guido Lammer, der große »Heros der Führerlosen« und »Entdecker« der Texel-Gruppe, schrieb 1901 zum nun folgenden Übergang vom Spronser ins Pfelderer Tal: »Man kann dabei in 8–12 Stunden ein wahres Museum alpiner Kleinodien durchwandern.«

Mit dem Anstieg zum nächsten Riesenabsatz erreichen wir die Spronser Seenplatte, eines der Glanzstücke der Meraner Bergwelt: ein Dutzend Seen und Lacken zwischen 2100 und 2600 m Höhe, an deren Ufern sich auf sonnengewärmten Felsplatten hundert traumhaft schöne Rastplätze finden lassen!

Unseren Orientierungspunkt bildet während dieses Wegabschnitts die markante Gipfelpyramide des Tschigat, bis wir in der Milchseescharte, 2698 m, erschreckt stehenbleiben – neben der kleinen, nach Guido Eugen Lammer benannten Biwakschachtel – und fasziniert in eine neue Welt blikken: In voller Pracht steilen sich gegenüber die Ostwände von Lodner und Hoher Weißen mit ihren ungewöhnlichen Felsschichten auf! Trittsichere, erfahrene Wanderer erreichen von der Scharte in gut einer Stunde den Gipfel des Tschigat in exakt 3000 m Höhe. Atemberaubende Tiefblicke und eine ausgedehnte Fernsicht sind der Lohn der Tüchtigen!

Der Weiterweg zur Stettiner Hütte, 2875 m, führt nun abwärts, streng nach Norden zu den grünen Böden der Andels-Alm, dann etwas unangenehm und steil zur Schafschneide hinauf und unter den Zungen des Grafferners vorbei zur Hütte am Eisjöchl. (Der schlechte Weg über die Schafschneide läßt sich umgehen, indem man talauswärts absteigt, bis man auf den Hüttenweg trifft und ihm links hinauf folgt.)

Ohne größere Probleme läßt sich anderntags auf dem Hans-Grützmacher-Weg die Hohe Wilde als nächster Dreitausender in die Tour einbeziehen. Der Ausblick vom Gipfel ermöglicht dann den interessanten Vergleich zwischen Ötztaler Nord- und Südseite ..

Der Übergang über Graf- und Johannesscharte mit kurzen, drahtseilgesicherten Passagen, bringt uns zur Lodner-Hütte, 2259 m, im hochalpinen Mittelpunkt der Texel-Gruppe. Zumindest einen der leichten Dreitausender im Westen sollte man hier »mitnehmen«. Das läßt sich – mit Hilfe der Sommerzeit, wenn die Sonne erst um 9 Uhr abends untergeht – auch noch leicht am Nachmittag »erledigen«. Oder man beginnt mit dem Gipfel am Vormittag und macht sich mittags auf den Heimweg: nicht direkt hinunter ins Tal, sondern auf dem Franz-Huber-Steig hoch oben die Flanken des Tschigat querend, zum sehr gemütlichen Hochgang-Haus, 1839 m. Den »ganz normalen Wahnsinn« erleben wir auf dem letzten Abschnitt, an der Leiter-Alm vorbei zum Hochmuter und ins Dorf Tirol, wenn wir uns mit unserer hochalpinen Ausrüstung – »Eispickel-bewaffnet« – unter die Spazierstock-schwingenden Halbschuhtouristen mischen ...

30 Vom Inntal zur Wildspitze

Am Geigenkamm zwischen Pitz- und Ötztal

Österreich
Ötztaler Alpen
3–5 Tage
▲▲▲▲

Talorte AP Jerzens, 1104 m, im Pitztal, bzw. Ghs. Liß, 1480 m, Talstation der Hochzeiger-Bahn. – EP Mittelberg, 1740 m, im Talschluß des Pitztals, Straße/Bus nach Jerzens/Imst.

Stützpunkte (1) Hochzeiger-Hs., 1876 m, priv., an der Mittelstation der Hochzeiger-Bahn. – (2) Erlanger H., 2550 m, DAV, am Wettersee, 4.30 Std. von (1) über Wildgrat, 2974 m. – (3) Frischmann-H., 2240 m, ÖTK, im obersten Fundustal, 4.30 Std. von (2) über Feilerscharte, 2928 m. – (4) Hauersee-Unterkunft, 2331 m, DAV, Selbstversorger-H. am gleichnamigen See, 3.30 Std. von (3) über Felderjöchl, 2801 m, z. T. ges. – (5) Chemnitzer H., 2323 m, DAV, unter dem Weißmaurachkar, 6 Std. von (4) über Luibisscharte, 2914 m – Sandjoch, 2820 m – Breitlehnjöchl, 2639 m – Rötkarljoch, 2710 m, einige Stellen ges. – (6) Rheinland-Pfalz-Biwak, 3347 m, DAV, auf dem Wassertalkogel, 5–6 Std. von (5) auf dem Mainzer-Höhenweg über Weißmaurachjoch, 2959 m, und durch die Puitkogel-O-Flanke, streckenweise steile Firnfelder. – (7) Braunschweiger H., 2759 m, über dem Karlesferner, 4 Std. von (6) weiter am Mainzer-Höhenweg am oder unter dem Kamm entlang zum Pitztaler Jöchl, 2995 m, und zur H. (mehrere Gipfel werden überschritten). – Abstieg 2 Std. nach Mittelberg.

Hüttengipfel (1) Hochzeiger, 2582 m, von Lift-Bergstation 0.20 Std. – (2/3) Fundusfeiler, 3080 m, 0.30 Std. von der Feilerscharte, leicht. – (5) Hohe Geige, 3395 m, 3 Std. am mark. Normalweg. – (6/7) Gschrappkogel, 3191 m – Wurmsitzkogel, 3080 m – Wildes Männle, 3063 m, alle drei Gipfel werden überschritten. – (7) Wildspitze, 5 Std. über Mittelbergjoch, klassische Hochtour, nur für erfahrene Hochalpinisten.

Charakter Großartige, anspruchsvolle Übergänge entlang des Geigenkamms! – Nur für konditionsstarke Bergsteiger mit hochalpiner Erfahrung, kompletter Ausrüstung (Wetterschutz, Pickel, Reepschnur)! – Orientierungssinn, Schwindelfreiheit und Trittsicherheit erforderl.! – Nur bei sicherem Wetter!

Besonderer Hinweis Hauersee-Unterkunft und Rheinland-Pfalz-Biwak sind Selbstversorger-Stützpunkte mit sehr beschränkter Aufnahmekapazität. Wenn mögl., Nächtigung dort vermeiden!

Führer Ötztaler Alpen, AVF, Klier (Rother).

Karten FB 25, Ötztaler Alpen, 1 : 100 000. – FB 251, Ötztal – Pitztal – Kaunertal, 1 : 50 000. – AV 30/3, Ötztaler Alpen Kaunergrat – Geigenkamm, 1 : 25 000 (Kartenausschnitt nur mit Gebiet südl. der Frischmann-H.).

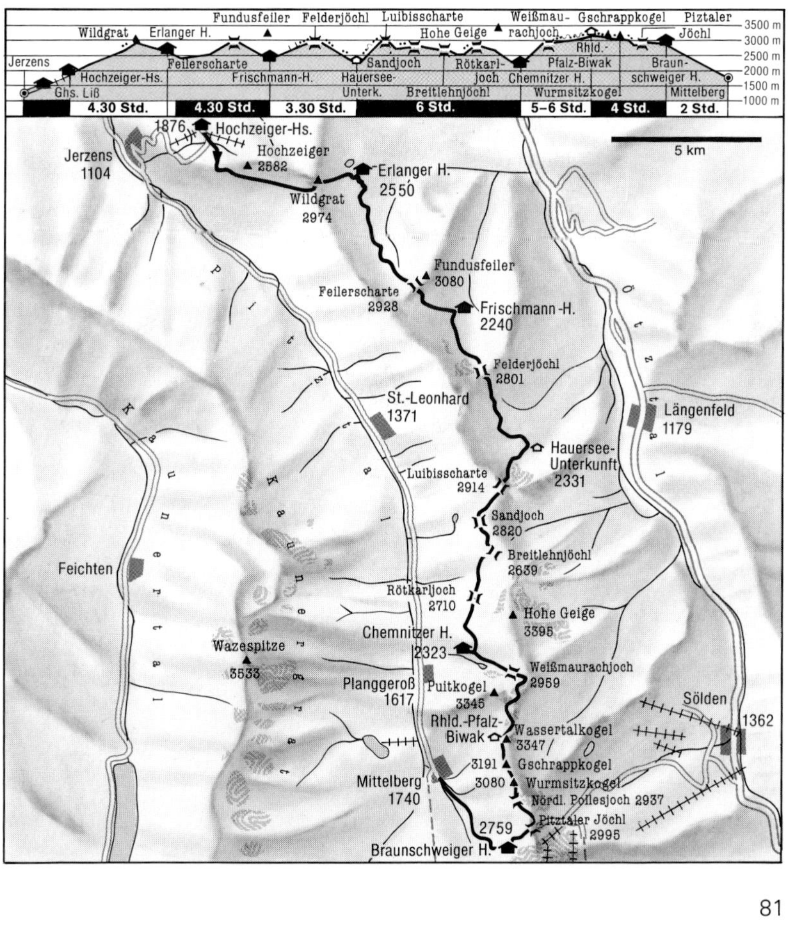

So steil senken sich die Flanken des Geigenkamms ins Ötz- und Pitztal ab, daß nur wenige seiner Gipfel aus diesen Talböden zu erblicken sind: Rund 2000 m beträgt der Höhenunterschied zwischen Tal und Wildgrat, dem nördlichen Endpunkt der Kette, nur mehr 1600 m allerdings zwischen Sölden im Ötztal und dem Gipfel des Polleskogels, wo der Geigenkamm im Süden an den Weißkamm anschließt. Dieser Hauptkamm mit seinen riesigen Gletscherfeldern und berühmten Hochgipfeln übt eine geradezu magische Anziehungskraft auf das Heer der Bergsteiger aus, die – ohne rechts und links zu schauen – Ötz- und Pitztal lediglich als schnelle Zugangsstraßen zu ihren Gipfelzielen betrachten – und dies gewiß nicht zum Nachteil des Geigenkamms!

So ist es auf den Hütten des Geigenkamms noch relativ ruhig – die Verhältnisse in den zentralen Ötztalern zeigt am Schluß der Tour die große und dennoch chronisch überfüllte Braunschweiger Hütte auf! – und auf den Gipfeln rastet man häufig noch ganz allein. Wer diese Vorzüge genießen will, muß auf anderes verzichten: Die Gipfel des Geigenkamms sind durchschnittlich 400 m niedriger als

Beim Ausblick vom Fundusfeiler, dem ersten Dreitausender am Weg, staffeln sich die Gipfel des Geigenkamms im Süden dicht an dicht: gegenüber der Blockkogel, genau darüber die Hohe Geige, rechts im Hintergrund der Puitkogel. In der linken unteren Bildecke (vom Gratvorsprung verdeckt) befindet sich die Frischmann-Hütte. Unsere Route führt von dort durchs flache Fernerkar zum Felderjöchl.

im Weißkamm und die Gletscherflächen vergleichsweise winzig! Hier dominieren vielmehr dunkle Gneisgipfel, die privilegierte Aussichtslogen darstellen: zum wild zerrissenen Felskamm des Kaunergrats und zur weitläufigen Gletscherwelt des Weißkamms.

Die geographische Situation bestimmt den Routenverlauf unserer Hüttenwanderung: streng von Nord nach Süd am 30 km langen Kamm entlang, über mehrere der kurzen Seitenkämme hinweg, durch schroffe Felsflanken, einsame Kare und auf hohen Graten.

Diese Höhenroute – Weg wäre eine irreführende, weil verharmlosende Bezeichnung – erfordert den »kompletten Bergwanderer«, dem Gletscherquerungen ebensowenig Probleme bereiten wie kurze Passagen im Fels, und der auch in Ausnahmesituationen schnell und sicher entscheiden kann. Bis vor einigen Jahren durften sich nur gut trainierte Bergsteiger auf diesen Weg begeben, da zwischen Frischmann- und Braunschweiger Hütte nur die Chemnitzer Hütte Zuflucht gewährte. Mittlerweile ist die – lange zerstörte – Hauersee-Hütte für Selbstversorger wieder zugänglich, und am langen Weg zur Braunschweiger Hütte bietet eine Biwakschachtel am Wassertalkogel Schutz. Zur gleichen Zeit wurde der südliche felsige Abschnitt dieses Übergangs an den ausgesetzten Stellen künstlich gesichert.

Wer den ersten Anstieg von Jerzens in Richtung Hochzeiger mit dem Sessellift »bewältigt«, begeht keine Todsünde: Zur »Strafe« darf er beim Übergang zur Erlanger-Hütte länger rasten und schauen. Bis zum Hochzeiger begleiten uns noch einige Spaziergänger auf ihrem alpinen Ausflug von der Bergstation, dann aber geht es immer einsamer ins Riegelkar hinein und an dessen Ende links steil hinauf zum Wildgrat, wo wir in 2974 m Höhe den nördlichen Eckpfeiler des Geigenkamms betreten. Man kann sich kaum einen besseren Aussichtsposten für den ersten Überblick wünschen: Über das 2200 m tiefer gelegene Inntal hinweg schaut man zu den Urgesteinsgipfeln der Silvretta, zu den Kalkmauern von Lechtalern, Miemingern und Wetterstein, erkennt jenseits des Ötztals die wilde Acherkogelflanke, wandert mit den Augen den Geigenkamm entlang zum gleißenden Weißkamm. Bald eilt man zur Erlanger Hütte, 2550 m, und erholt sich von der Ouvertüre.

Auf der Etappe des folgenden Tags durchstreifen wir zunächst einige stille Hochkare, entdecken – zu früh? – herrliche Rastplätze an kleinen Lakken und erreichen dann nach einem steilen Schlußanstieg die Feilerscharte, wo der Fundusfeiler als weiterer Dreitausender viel zu nah am Wege steht, um ihn auszulassen. Am Etappenziel, bei der Frischmann-Hütte, 2240 m, kann man bereits nach 4 Stunden eintreffen, man sollte es aber erst nach 6 oder 7 Stunden tun!

Die nächste Wegstrecke führt uns – eventuell mit einer Nächtigung in der Hauersee-Unterkunft, 2331 m – in die einsame Hochregion des mittleren Geigenkamms. Die Objekte unserer Neugier liegen am Wegesrand, wir entdecken die Natur im Detail: wunderschöne Gneisblöcke, stolze Steinböcke und Blumen in einer lebensfeindlichen Welt. Nach der Überschreitung der Luibisscharte steigen wir erstmals kurz auf der Westseite des Kamms, ab dem Breitlehnjöchl queren wir – erneut in der Westflanke – die steilen Hänge der Hohen Geige zur Chemnitzer Hütte, 2323 m. Wem der beeindruckende Hüttenausblick zum wilden Kaunergrat nicht reicht, der steige am nächsten Tag auf dem unschwierigen Steig auf die Hohe Geige und suche im Gipfelmeer nach Zugspitze, Bernina und Marmolada!

Der folgende Tag bringt die großartige Längsüberschreitung des südlichen Geigenkamms auf dem gut ausgebauten Mainzer Weg, wobei die Mainzer »Bauherren« darauf achteten, wirklich nur den »Schlüsselstellen« ihre Schrecken zu nehmen. Von der Chemnitzer Hütte erreicht man zunächst etwas mühsam am Weißmaurachjoch den Kamm, dem man nur ein kurzes Stück folgt, um nach links abzubiegen und den Puitkogel in

seiner Ostseite zu umgehen. Auf den beiden kleinen Puitkogelfernern – zwischen ihnen der »Frühstücksplatz« – muß mit Spalten gerechnet werden, dort sind also Seil und Pickel notwendig. Über das östliche Firnfeld des Sonnenkogels gelangt man wieder zum Hauptkamm und steht bald auf dem Wassertalkogel neben der futuristisch anmutenden Rheinland-Pfalz-Biwakschachtel, 3347 m. Das Plastik-Gehäuse soll Bergwanderern als Notunterkunft dienen! Niemand plane eine Nächtigung fest ein: Die sechs Betten und zwei Notlager sind nur zu schnell belegt!
Die restliche Strecke folgt nun ständig dem Gratverlauf. Dabei werden zunächst Gschrappkogel, Wildes Männle und Wurmsitzkogel überschritten, der nördliche Polleskogel wird westlich umgangen, kurz vor dessen Südgipfel führt der Weg dann ins südliche Pollesjoch und durch eine gesicherte Rinne auf einen Ausläufer des Rettenbachferners. Links unten sieht man erschreckt die Parkplätze und Anlagen des Sommerskigebiets am Rettenbachferner, steigt also schnell hinauf zum Pitztaler Jöchl – und erkennt entsetzt, daß auch auf Pitztaler Seite, am Mittelbergferner, wider alle Vernunft ein langweiliges Sommerskigebiet entstanden ist.
Wer auf der Braunschweiger Hütte übernachtet und wegen Überfüllung im verräucherten Gastraum ein Notlager zugewiesen bekommt, begebe sich unauffällig auf die Suche nach der Hauskapelle: er ist nicht der erste, der unter dem Altar gut schläft ...

Blick vom Wassertalkogel zur Eislandschaft des Ötztaler Weißkamms mit der beherrschenden Wildspitze. Rechts davon der Hintere Brochkogel, links am Horizont Similaun und Hintere Schwärze. Hinter dem von rechts ins Bild ziehenden dunklen Felskamm breitet sich das neue – überflüssige! – Pitztaler Sommerskigebiet aus.

31 Wo das Stubai noch still ist

Klassische Gipfel und ernste Höhenwege

Österreich/Italien
Stubaier Alpen
4–7 Tage
▲▲▲▲

Talort AP/EP Gschnitz, 1242 m, Straße/Bus von Steinach am Brenner bzw. Ghs. Feuerstein, 1281 m, im Ortsteil Obertal.

Stützpunkte (1) Tribulaun-H., 2064 m, TVN, im Sandestal, 2 Std. vom Ghs. Feuerstein. – (2) Tribulaun-H. (ital./Rif. C. Calciati al Tribulaun), 2368 m, CAI, 2.45 Std. von (1) über Sandesjöchl (Grenze!), 2599 m. – (3) Magdeburger H. (Schneespitz-H.), 2422 m, über dem Talschluß des Pflerschtals, 2.30 Std. von (2) am Grenzkamm über Hohe Zahn, 2924 m, und knapp unter der Weißwandspitze, 3017 m, hindurch. – (4) Teplitzer H., 2586 m, priv., unter dem Hangenden Ferner, 4 Std. von (3) über Stubenferner – Südl. Stubenscharte, 2931 m – Feuersteinferner – Magdeburger Scharte, 3105 m – Hangender Ferner, Gletscherbegehung (Spalten!), kurze ges. Strekken im Fels! – (5) Becher-Hs. (Rif. Regina Elena alla Bicchiere), 3195 m, CAI, auf der Becherspitze, 2.30 Std. von (4) über Übeltalferner, Gletscherübergang (kaum Spalten). – (6) Nürnberger H., 2297 m, DAV, im Langental, 3.45 Std. von (5) über Wilden Freiger (Grenze), 3418 m, Überschreitung eines der »leichtesten« Dreitausender der Stubaier Alpen, Vorsicht bei Randkluft! – (7) Bremer H., 2413 m, DAV, über dem Talschluß des Gschnitztals, 2.45 Std. von (6) über Simmingjöchl, 2764 m, z. T. ges. – (8) Innsbrucker H., 2369 m, ÖAV, am Pinnisjoch, 7 Std. am anspruchsvollen, aber großartigen Höhenweg (bei Schlechtwetter oder Neuschnee nicht empfehlenswert!). – Abstieg 2 Std. nach Gschnitz.

Hüttengipfel (2) Hoher Zahn, 2924 m, wird überschritten. – Weißwandspitze, 3017 m, mögl. Abstecher für Geübte, 0.45 Std. – (3) Agglspitze, 3196 m, 0.45 Std. von der Magdeburger Scharte. – Schneespitze, 3178 m, 1 Std. vom Anstiegsweg zur Südl. Stubenscharte, über den nördl. Arm des Stubenferners. – (5/6) Wilder Freiger, 3418 m, wird überschritten. – (6/7) Aperer Feuerstein, 2968 m, 0.30 Std. vom Simmingjöchl. – (8) Habicht, 3277 m, 2.30 Std., z. T. ges., leichte Blockkletterei am Gipfel, krönender Abschluß der Tour!

Charakter In jeder Beziehung hochalpine Tour mit ausgesetzten Passagen, kurzen – meist ges. – Kletterstellen, Gletscherquerungen und längeren Etappen in großer Höhe; ständig wechselnde Landschaftseindrücke! Großartige Aussichtspunkte! – Achtung, Grenzübertritte: Ausweis unbedingt mitführen!

Führer Stubaier Alpen, AVF, Klier (Rother).

Karten AV 35/1 Stubaier Alpen / Hochstubai, 1 : 25 000 (deckt leider nur den zentralen Teil der Tour ab, dennoch sehr empfehlenswert!). – FB 241, Innsbruck-Stubai-Sellrain-Brenner, 1 : 50 000 (deckt fast komplettes Tourengebiet ab). – FB 24, Stubaier Alpen, 1 : 100 000.

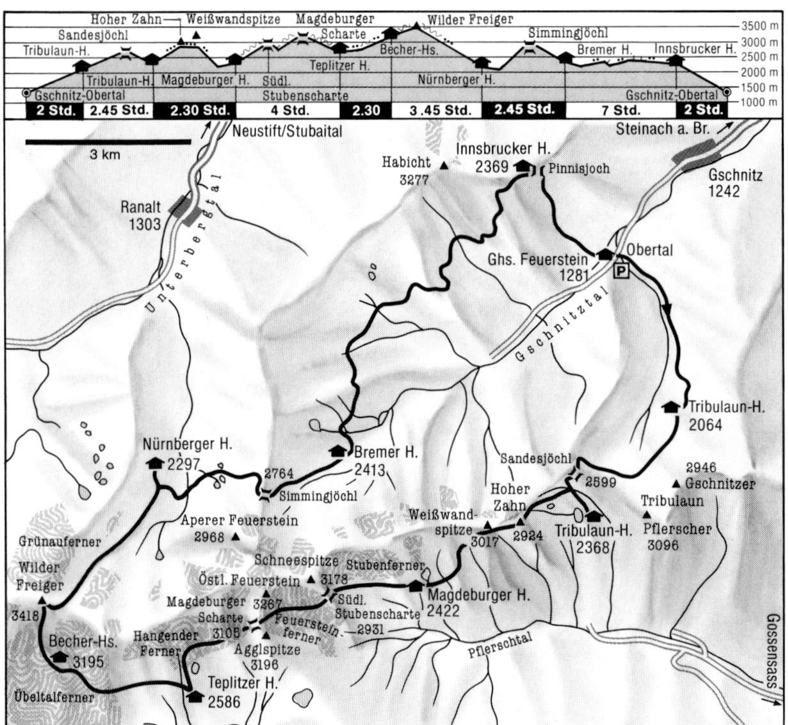

Jahrzehntelang mieden Bergsteiger grenzüberschreitende Touren im Stubaier Hauptkamm, der seit dem Ersten Weltkrieg die Trennungslinie zwischen Österreich und Italien bildet. Man hatte Ausweiskontrollen mit vorgehaltener Maschinenpistole zu gewärtigen, die Hütten waren teilweise nicht zugänglich oder in desolatem Zustand, mit der Folge, daß auch die Steiganlagen immer mehr verfielen. Da sich diese Situation mittlerweile grundlegend geändert hat, können alte Stubai-Kenner nun dieses Gebiet wiederentdecken, die Jüngeren den Grund für den geradezu legendären Ruf der – heute in zentralen Bereichen zerstörten! – Stubaier Bergwelt kennenlernen.

Diese Tour kann als Paradebeispiel einer Hüttenwanderung bezeichnet werden. Die enorme Abwechslung, landschaftliche Vielfalt, die unterschiedlichen Gesteinsarten, verschiedene bergsteigerische Anforderungen (Wanderung, Höhensteig, Kraxelei und Gletschertour!), die wechseln-

den Aussichten zu Nördlichen Kalkalpen, Alpenhauptkamm und Dolomiten, die aussichtsreichen Plätze der Hütten – alles das bietet einen Querschnitt dessen, was »Alpen« als Ganzes beinhaltet, und auch, was »Bergwandern« oder »Bergerleben« bedeutet. In dieser faszinierenden Grobstruktur sind tausend kleine Fein- und Schönheiten eingewoben: das lieblich-grüne Gschnitztal mit seinem Bilderbuch-Dorf, die drohend-schattige Pflerscher Tribulaun-Nordwand, die sonnige Weite und Aussicht des Höhenwegs auf Südtiroler Seite, die silbern glänzenden Gletscherströme, die tatsächlich gemütlichen Südtiroler Hütten, die hochalpinen Überschreitungen, der Wilde Freiger als einer der Aussichtsberge an einer geographischen Nahtstelle, schließlich der Schlußakkord mit dem anspruchsvollen Höhensteig zur Innsbrucker Hütte.

Wenn diese lange Tour auch – mit Ausnahme der Gletscherquerungen – markiert ist und gute Wege bzw. Steiganlagen benutzt, so sei im folgenden wenigstens auf die »Schlüsselstellen« kurz hingewiesen. Nach dem Übergang übers Sandesjöchl ist die erste Entscheidung zu treffen: Je nach Tageszeit und Toureneinteilung steigt man zur italienischen Tribulaun-Hütte ab oder aber marschiert direkt weiter. Und zwar auf Steigspuren den Hang in der Höhe querend, zum Weg, der über Hohen Zahn und unter der

Die breite Sonklarspitze im Hintergrund und der Wilde Freiger (rechts) beherrschen den Ausblick vom östlichen Feuerstein. Auf dem Felskopf genau unter dem Gipfel der Sonklarspitze thront das Becher-Haus.

Als riesiger Felsklotz steht der 3096 m hohe Pflerscher Tribulaun über Sandessee und Südtiroler Tribulaun-Hütte.

Weißwandspitze hindurch zur Magdeburger Hütte führt. Nervenkitzel auf dem Weiterweg zur Teplitzer Hütte erzeugt die Überschreitung der Südlichen Stubenscharte. Ausgesprochen ausgesetzt, jedoch mit Drahtseilen entschärft, gelangt man – zum Schluß über eine glatte Platte hangelnd! – vom Stuben- auf den Feuersteinferner, der mit seiner großen Randkluft gleich das nächste Problem bereithält. Zwischen Spalten seinen Weg suchend, geht es zur Magdeburger Scharte und jenseits die fast spaltenfreie Zunge des Hangenden Ferners bis an ihr Ende, weiter in der linken Moräne zum markierten Steig und zur Hütte. Beim Anstieg zum Becher-Haus hält man sich besser an den »unteren«, mit Nr. 9 markierten Weg, der im Vergleich zur »oberen« Variante – über die Rotgratscharte – leichter ist, außerdem Zeit und Kraft spart.

Auf dem Wilden Freiger und in der Nürnberger Hütte bekommt man einen Eindruck, was sich so alles auf einem idealen und leichten Aussichtsgipfel bzw. in einer großen Hütte abspielt, um die Einsamkeit am Übergang über das Simmingjöchl zur Bremer Hütte und dem folgenden Steig zur Innsbrucker Hütte um so bewußter zu erleben. Die Besteigung des Habicht bildet danach den krönenden Abschluß dieser »Wiederentdeckung« des Stubai!

32 Über drei Karwendelketten

Von Innsbruck zur jungen Isar

Österreich
Karwendel
3–4 Tage
▲▲△△

Talorte AP Innsbruck, 574 m, bzw. Hungerburg, 868 m, Standseilbahn/Straße von Innsbruck. – EP Scharnitz, 964 m, an der Porta Claudia, Straße/Bahn nach Innsbruck sowie Garmisch-Partenkirchen und München.

Stützpunkte (1) Pfeis-H., 1922 m, ÖAV, im weiten Talkessel »In der Pfeis«, 1.45 Std. von der Bergstation Hafelekar der Nordkettenbahn, am z. T. ges. Goetheweg zur Mannlscharte, 2277 m, und zur H. – (2) Halleranger-Hs., 1768 m, DAV, nahe der Isarquelle unter Lafatscher und Speckkarspitze, 2.30 Std. von (1) über Stempeljoch, 2215 m – Wilde-Bande-Steig, z. T. ges. – Lafatscherjoch, 2085 m. – (3) Karwendel-Hs., 1765 m, DAV, hoch über dem Talschluß des Karwendeltals, 7–9 Std. von (2) über Schlauchkarsattel, 2639 m (mit Birkkar-H., offener Notunterstand), z. T. ges. Steig. – Abstieg 4 Std. nach Scharnitz durchs Karwendeltal.

Hüttengipfel (1) Rumer Spitze, 2453 m, 1.30 Std. von der Mannlscharte zur Arzler Scharte und in leichter Kletterei über den W-Grat. – Kl. Lafatscher, 2635 m. 1.30 Std. vom Lafatscherjoch. – (2/3) Birkkarspitze, 2749 m, und Mittl. Ödkarspitze, 2743 m, beide als Abstecher vom Schlauchkarsattel möglich, 0.30 Std. – 1 Std., z. T. ges.

Charakter Unschwierige Hüttenwanderung, die jedoch Trittsicherheit und beim Übergang über den Schlauchkarsattel gute Kondition erfordert! – Kompletter Wetterschutz notwendig!

Führer AVF, Karwendel, Klier/März (Rother). – Kl. Karwendelführer, Klier/März (Rother).

Karten AV 5/1 und 5/2, Karwendelgebirge, Westl. Blatt und Mittl. Blatt, jeweils 1 : 25 000. – FB 322, Karwendel – Mittenwald – Achensee – Jenbach, 1 : 50 000.

Das Karwendel ist ein eigenartiges, hochalpines Revier in den Nördlichen Kalkalpen – ein Gebirge, das Verwirrung stiften kann. Da scheinen die vier gewaltigen Hauptketten das Massiv klar zu gliedern, doch beim zweiten und dritten Blick auf die Karte entdeckt man immer mehr Verästelungen und kleine Untergruppen, was die große Ordnung im Kleinen beinahe aufhebt. Dies sollte den Bergwanderer genauso wenig abschrecken wie der trügerische Schein beim Anblick von Nordkette oder Lalidererer-

Morscher, fein strukturierter heller Kalkfels und einsame Hochkare über tiefen grünen Talfurchen prägen das Karwendel zwischen Inn- und Isartal. Wir blicken von der Rumer Spitze über den Kessel »In den Pfeis« – links unten in den Latschenfeldern die kleine Pfeis-Hütte – hinweg zu den östlichen Gipfeln der Gleirschkette.

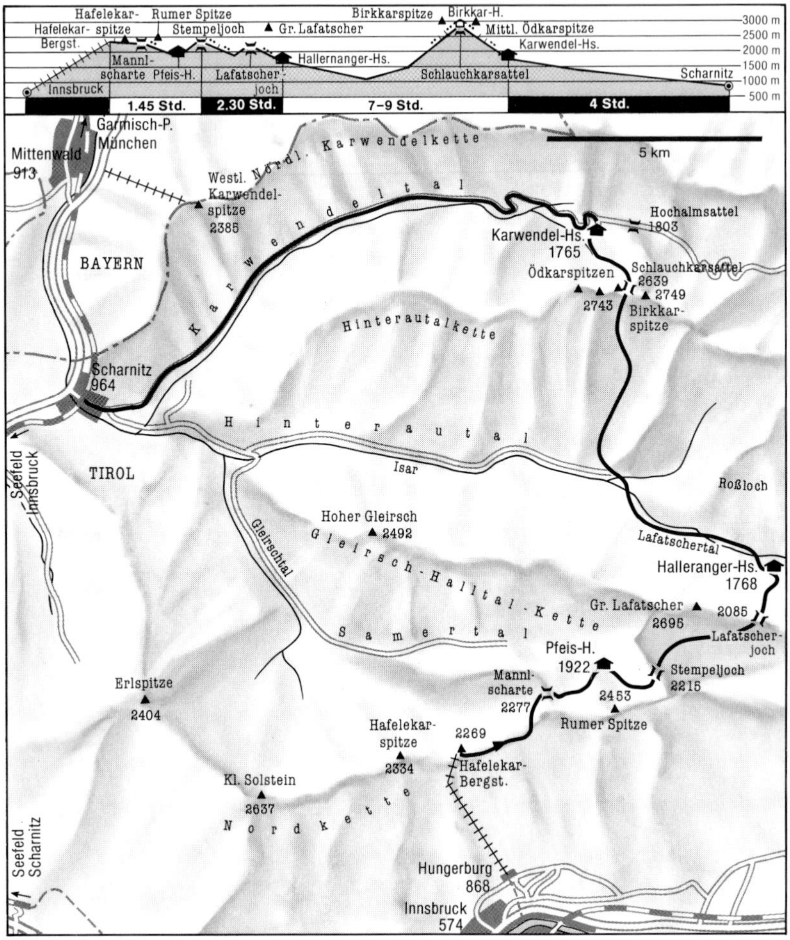

wänden: Das Karwendel ist kein Paradies für Kletterer; die Kalkmauern, die Grate und Pfeiler sind brüchig und morsch, die riesigen Schuttkare beweisen es – einige wenige Ausnahmen bestätigen nur die Regel!

Unsere große Durchquerung des westlichen Karwendelteils von der Hungerburg bzw. der Hafelkarspitze oberhalb von Innsbruck zur jungen Isar bei Scharnitz folgt zunächst dem Goetheweg, der mit einzigartigen Ausblicken auftrumpft. Auf dem Wilde-Bande-Steig erreichen wir die Isarquelle beim Halleranger-Haus. Der anschließende Übergang über den Schlauchkarsattel erfordert eine gehörige Portion Ausdauer, und endlich sind ebensoviel Zeit und Muße beim Bummel durch das Karwendeltal einzusetzen. Der Riesenaufstieg vom Inn über fast 1800 Höhenmeter bis zum Grat der Nordkette wird uns quasi geschenkt, bzw. wir erkaufen uns die Befreiung von allen Anstiegsmühen mit ein paar Schillingen an der Talstation der Nordketten-Bahn. Doch ist diese Art des »Bergsteigens« nichts als Selbstbetrug: Jeder Wanderer weiß, daß sich wahres Gipfelglück erst einstellt, wenn die Beine schwer sind und der Körper müde ist – ein Gefühl, das uns spätestens nach zwei Tagen im Schlauchkarsattel einholt.

Zunächst aber flüchten wir aus dem Seilbahnbereich am Goetheweg nach Osten, immer wenige Meter unter dem Kamm entlang. Bereits nach 45 Minuten stehen wir auf der Gleierschspitze, der ersten Aussichtskanzel am Weg. Nach Süden schaut man tief hinunter nach Innsbruck, das immer mehr Talboden verschlingt, zu den Moränenterrassen oberhalb der Stadt, zu den grünen Tuxer Voralpen, hinter denen einige Zillertaler Trümpfe aufragen. Rechts davon zieht das Wipptal zum Brenner hinauf, stehen Serles, Habicht und Kalkkögel in vorderster Reihe der Stubaier Alpen. Im Westen präsentiert sich die Nordkette im Profil, im Norden staffeln sich Karwendelketten und -täler, mit den Kontrasten zwischen den grünen Talauen und der öd wirkenden Mondlandschaft oberhalb des Latschengürtels.

Auf beiden Seiten der Mannlscharte steigt man erstmals in Schuttreißen, dann geht es flach durch die obersten Latschenbuckel hin zur Pfeis-Hütte, 1922 m. Wer erst am Nachmittag den Goetheweg entlanggebummelt ist, kann hier in angenehmer Ruhe nächtigen, die anderen machen sich nach einer Rast wieder auf den Weg zum Stempeljoch. Jenseits erfordern die ersten Meter etwas Vorsicht in heiklem Schuttgelände, dann aber geht es bald am Wilde-Bande-Steig durch die Südflanke des Großen Lafatscher zum alten Übergang am Lafatscherjoch. Schnell haben wir die Karsenke nach Norden zum »Durchschlag« durchschritten, wo der Weg in den Fels gesprengt ist. In mächtigen Schritten setzen wir die Schuttreiße hinunter, stehen bald zwischen Lärchen und Zirben vor dem Halleranger-Haus, 1768 m, und bewundern gegenüber die kühne Riesenverschneidung des Kleinen Lafatscher.

Der nächste Morgen versetzt uns nach dem Abstieg zum Jagdhaus Kasten im Hinterautal einen Schock: 1400 Höhenmeter geht es steil zum Schlauchkarsattel hinauf – eine harte Prüfung für Moral und Kondition! Von der Scharte kann man auf einem gesicherten Steig in wenigen Minuten zur Birkkarspitze steigen, mit 2749 m der höchste Karwendelgipfel. Am beeindruckendsten sind dort der Tiefblick in die Idylle um den Kleinen Ahornboden, die Wandflucht des nach Südosten ziehenden Kamms und seine steile Abdachung nach Süden.

Der Abstieg nach Norden durchs steile Schlauchkar endet »schon« nach knapp 900 Höhenmetern am großen Karwendel-Haus, 1765 m. Am restlichen Weg durchs Karwendeltal nach Scharnitz darf man bei zahlreichen Rasten den Muskelkater pflegen ...

33 Über zwei Kämme und sieben stille Schneiden

Unter Möseler, Schwarzenstein, Löffler und Wollbachspitze

Österreich
Zillertaler Alpen
4–5 Tage
▲▲▲△

Talorte AP Ghs. Breitlahner, 1257 m, Straße/Bus von Mayrhofen. – EP Mayrhofen, 633 m, im Zillertal.

Stützpunkte (1) Ghs. Grawand, 1640 m, priv., 1.30 Std. vom Breitlahner. – (2) Ghs. Alpenrose im Zemmgrund, 1875 m, priv., 0.30 Std. von (1). – (3) Berliner H., 2042 m, DAV, 0.30 Std. von (2). – (4) Greizer H., 2226 m, DAV, 5.30 Std. von (3) über Nördl. Mörchenscharte, 2870 m, in den Talschluß des Floitengrunds und Gegenanstieg zur H., kurze Stellen ges. – (5) Kasseler H., 2177 m, DAV, 5 Std. von (4) über Lapenscharte, 2700 m, und den weiten Karkessel über dem inneren Stilluppgrund ausgehend. – (6) K.-v.-Edel-H., 2237 m, DAV, 7 Std. von (6) am Siebenschneidensteig (Aschaffenburger Steig) unter dem Ahornkamm, mehrere ges. Felspassagen. – Abstieg 0.30 Std. zur Bergstation der Ahornspitze-Seilbahn/Filzenrast, 1950 m, dann Talfahrt mit Bahn nach Mayrhofen.

Hüttengipfel (4) Gigalitz, 3002 m, 3 Std. von der Greizer H., auch als Abstecher vom Übergang (4/5) mögl. – (6) Ahornspitze, 2976 m, 2 Std., Steiganlage, Trittsicherheit erforderl.!

Charakter Äußerst informative Durchquerung im Zentrum der Zillertaler Alpen ohne Gletscher-Berührung! – Großartige landschaftliche Eindrücke! – Obwohl durchgehend markiert und an mehreren ausgesetzten Stellen ges., eine nicht zu unterschätzende Unternehmung in großer Höhe! – Orientierungssinn auf der letzten Etappe bei schlechtem Wetter wichtig!

Besondere Hinweise Weitere Gipfel (z. B. Schwarzenstein, Gr. Löffler und Wollbachspitze) erfordern hochalpine Erfahrung und komplette Hochtouren-Ausrüstung! – Die Route eignet sich ideal als Fortsetzung von Tour 38 aus »Hüttenwandern, Bd. 1« (Dauer: 7–9 Tage!).

Führer AVF, Zillertaler Alpen, Klier (Rother).

Karten AV 35/2, Zillertaler Alpen/Mittl. Blatt, 1 : 25 000 (ohne entbehrliche erste Halbetappe!). – FB 152, Mayrhofen–Zillergrund–Ahrntal, 1 : 50 000.

In den Zillertaler Alpen herrschen große Verhältnisse – wirklich? ... Wer sich vor 20 Jahren auf den Weg zu einer der Hütten unter dem Zillertaler Hauptkamm aufmachte, wurde an Westalpen-Dimensionen erinnert, so lang durfte er sich durch einen der sechs Talgründe zu den durchwegs hoch gelegenen Tourenstützpunkten plagen. Aber die Verhältnisse sind nicht mehr so: Drei dieser sechs Gründe sind in Stauseen ertrunken, mit dem Auto gegen Mautgebühr für alle Gehfaulen mühelos erreichbar. Nur Zyniker und Menschen, die unberührte Natur noch nie gesehen haben, erkennen in den künstlichen Gewässern eine »Zierde der Natur«. Unbestritten ist, daß die weit hinauf befahrbaren Zugangswege den Hüttenwirten die Versorgung erleichtert, das Geschäft verbessert und den Hüttenbesuchern die Anstiegsmühen spürbar verkürzt haben. Dennoch würde sich wohl kaum ein ernsthafter Bergsteiger beklagen, könnte man alle diese Eingriffe in die Zillertaler Gründe rückgängig machen und den früheren Zustand wiederherstellen. Aber Stauseen, Talsperren und Autostraßen lassen sich ebensowenig beseitigen, wie sich durch sie Natur verschönern läßt – die Landschaft aber ist begrenzt! Viel zu schnell entschwinden solche Gedanken wieder, wenn man endlich doch inmitten einer großartigen, unberührten Landschaft steht, und auch später bleiben nur die großen Augenblicke einer Tour im Gedächtnis haften – die Tragik des mangelnden Widerstands gegen die systematische Zerstörung der wehrlosen Natur! Nach einer kurzen Berührung mit diesen Problemen am Anfang unserer hochalpinen Hüttenwan-

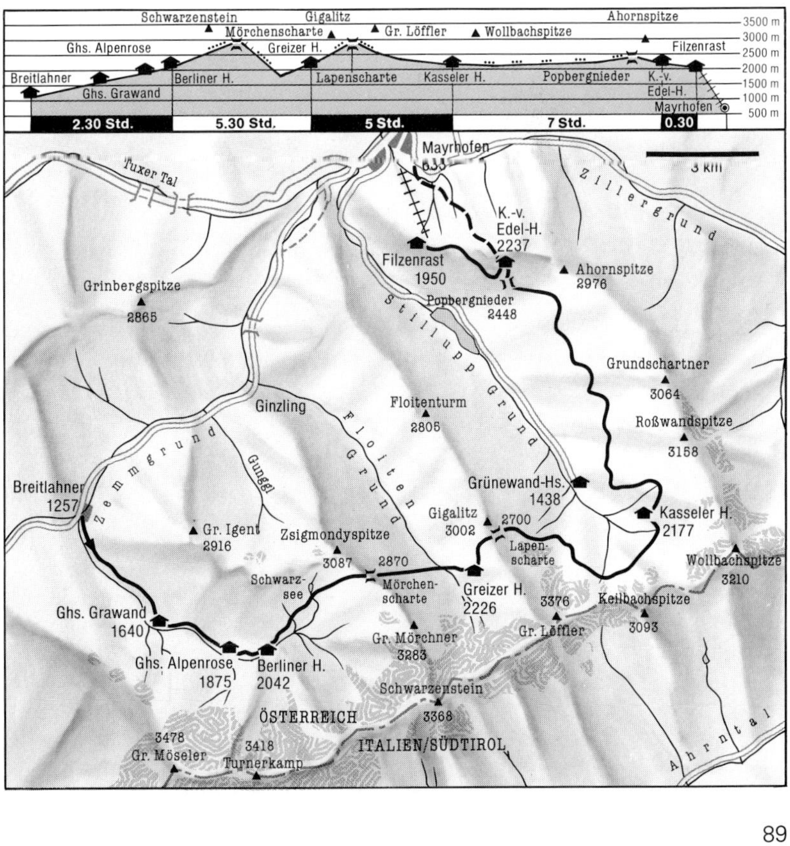

Quer über den Talschluß des Stilluppgrundes schaut man vom Lapenkar zur Hinteren Stangenspitze und Wollbachspitze (rechts). Fast in der genauen Bildmitte, am Sockel des ausgeprägten Westgrats der Hinteren Stangenspitze, steht die Kasseler Hütte.

derung unter dem Zillertaler Hauptkamm werden wir mit ihnen aufgrund der geschickten Routenführung kein zweites Mal konfrontiert.

Diese Tour wies lange Jahre eine für viele Wanderer abschreckende und unüberwindliche »Schlüsselstelle« auf: die Nördliche Mörchenscharte. Dort wurde mehr verlangt als nur Trittsicherheit und Schwindelfreiheit. Seit dieser Übergang jedoch ausgebaut und an den kritischen Stellen mit Drahtseilen gesichert ist, läßt sich die hier vorgeschlagene Route von ausdauernden, alpin erfahrenen Wanderern ohne besondere technische Anforderungen ablaufen. Die – logische – Verbindung mit Tour 38 aus »Hüttenwandern, Bd. 1« ergibt die komplette, eisfreie (!), großartige Hüttenwanderung von Hintertux bis nach Mayrhofen, ständig unter den höchsten Zillertaler Gipfeln entlang, über insgesamt fünf Seitenkämme hinweg. Erst nach und nach begreift man dabei die großzügige Hochgebirgslandschaft mit den wild zerrissenen Gletschern, den schroffen, aber eleganten, dunklen Felsgipfeln, den weiten, schutterfüllten Karen – verwandelt sich scheinbares Chaos in ein harmonisches Ganzes!

Beim ersten Hüttenanstieg vom Breitlahner – wo früher die kleine Straße von Ginzling herauf endete, sich heute die Mautstelle der Schlegeis-Alpenstraße befindet – durch den inneren Zemmgrund läßt sich der Flüssigkeitsverlust gleich bei zwei Gasthäusern ausgleichen, ehe man vor dem »Alpenvereins-Hotel« Berliner Hütte, 2042 m, steht. Während sich der erhitzte Körper abkühlt, schaue man sich in aller Ruhe die Umgebung an: Horn- und Waxeckkees, die lange Gipfelkette vom Großen Greiner über Möseler, Turnerkamp und Schwarzenstein bis zum Großen Mörchner – ein außergewöhnlicher Hütten-Standort! Aber auch die Berliner Hütte selbst ist etwas Besonderes, und wer die Umstände kennt, unter denen sie errichtet wurde, begreift den Platz und begegnet manchem überflüssig erscheinenden Prunk mit Sympathie – so präsentierte sich eben die Hauptstadt eines Kaiserreichs ...

Der Weiterweg über die Nördliche Mörchenscharte zur Greizer Hütte ist am nächsten Tag nicht zu verfehlen: Der Markierung Nr. 502 folgend, gelangen wir zunächst zum berühmten Schwarzsee, lassen kurz darauf die Abzweigung zur Melkerscharte links liegen und erreichen durch steiles Gelände den Übergang. 600 m tiefer erkennt man am Gegenhang unser Ziel, die Greizer Hütte, 2226 m. Es gibt jedoch keinen direkten Weg dorthin. So lasse man sich Zeit beim 1000-m-Abstieg in den Talschluß des Floitengrunds, denn drüben geht es zum Schluß steil in Serpentinen wieder bergauf – eine Prüfung für Kondition und Moral! Der Talkessel wirkt strenger als der um die Berliner Hütte, wo drei Gletscher ein großzügigeres Landschaftsbild ergeben. Um so eindrucksvoller beherrscht hier der Große Löffler die Szenerie.

Anderntags übersteigt man die Lapenscharte, die man relativ schnell erreicht; diesmal versperrt kein Gletscher den Weg zu der am Gegenhang liegenden Kasseler Hütte, 2177 m: Ohne Höhenverlust geht man den ungeheuren Kessel aus, der Löffler- und Stilluppkees birgt und über dem wie Eisburgen Keilbachspitze und Löffler dominieren. Bei Nebel oder Nässe

kann dieser Übergang äußerst heikel werden!
Den krönenden Abschluß unserer Tour bildet am nächsten Tag der Aschaffenburger Steig zur Karl-v.-Edel-Hütte, 2237 m, im Föllenbergkar unter der Ahornspitze. Die frühere Bezeichnung Siebenschneidensteig sagte über den Charakter dieser Etappe eigentlich alles, der heutige Name trägt lediglich zum Ruhm jener Sektion bei, die mit viel Mühe, etwas roter Farbe und insgesamt 400 m Drahtseil die kritischen Stellen dieses Höhenwegs hergerichtet hat. 7 Stunden lang rücken wir mit jedem Schritt weiter vom Hauptkamm weg, durchstreifen wir in stetem Wechsel von Auf und Ab neun wild-einsame Hochkare unter dem Ahornkamm, schauen wir zum zersägten Floitenkamm jenseits des grünen Stilluppgrunds und vom Popbergnieder zum letzten Mal zurück in den Fels- und Eiskessel zwischen Löffler und Wollbachspitze.
Beim Abstieg von der Edel-Hütte ins Tal schonen wir Kniegelenke und Bandscheiben und schweben mit der Seilbahn nach Mayrhofen ...

Rückblick von der Ahornspitze über die sieben Schneiden des Ahornkamms hinweg in die Umrahmung des Stilluppgrundes: Roßwandspitze, Hintere Stangenspitze (vgl. mit kleinem Bild!), Grüne-Wand-Spitze und Keilbachspitze. Unsere Route quert unter den Gletscherzungen und Firnfeldern horizontal den weiten Kessel zur Kasseler Hütte, danach die sieben Schneiden und die eingelagerten urweltlichen Hochkare (rechts der Bildmitte) zur Edel-Hütte.

34 Im stillsten bayerischen Vorgebirge

Von der Rotwand zum Isartal

Deutschland/Österreich
Mangfallgebirge
3–5 Tage
▲△△△

Talorte AP Geitau, 790 m, bei Bayrischzell, Straße/Bus/Bahn von Miesbach bzw. München. – EP Lenggries, 679 m, im Isarwinkel, Straße/Bus/Bahn nach Bad Tölz bzw. München.

Stützpunkte (1) Rotwand-Hs., 1765 m, DAV, südl. unterm Rotwandgipfel, 3.30 Std. von Geitau über Soinsee – Großtiefental – Kümpflscharte. – (2) Ghs. Forsths. Valepp, 895 m, priv., am Zusammenfluß von Weißer und Roter Valepp, 2.30 Std. Abstieg von (1) über Kümpfl-A. und Elendsattel, 1143 m. – (3) Ghs. Erzh.-Joh.-Klause, 814 m, priv., südöstl. unter dem Schinder, 2.15 Std. von (2) entlang der Valepp (Grenzübertritt! Ausweiskontrolle!). – (4) Guffert-H. (L.-Aschenbrenner-H.), 1475 m, DAV, südöstl. der Halserspitz, 3.30 Std. von (3) über Bayrachgraben und Neue Klause. – (5) Ghs. Bayerwald, 852 m, priv., an der Achenpaßstraße, 4 Std. von (4) über Blauberge und Schildenstein (Grenzübertritt!). – (6) Tegernseer H., 1650 m, DAV, zwischen Roß- und Buchstein, 1.45 Std. von (5) über Sonnberg-A. – (7) Lenggrieser H., 1338 m, DAV, über einem Sattel unter dem Seekarkreuz, 2 Std. von (6) am Kamm bis kurz vors Seekarkreuz, dann westl. zur H. – Abstieg 2 Std. über Grasleite, Mühlbach, Hohenburg nach Lenggries.

Hüttengipfel (1) Rotwand, 1885 m, 0.20 Std. – (4) Guffert, 2195 m, 3.30 Std.; Halserspitz, 1863 m, und Schildenstein, 1611 m, jeweils kurze Abstecher vom Übergang nach (5). – (6) Roßstein, 1697 m, und Buchstein, 1698 m, jeweils kurze, leichte Kletterei; Seekarkreuz, 1601 m, kurzer Abstecher vom Weg nach (7).

Charakter Reizende, in allen Teilen ungefährliche Bergwanderung durch verstecktes Bayerisch-Tiroler Vorgebirge, auch ideal mit Kindern, da viele »Spielplätze« (Wildbäche, Felsbrocken, etc.) am Weg und mehrere Abbruchmöglichkeiten vorhanden.

Führer Tegernseer und Schlierseer Berge, AVF, W. und G. Zimmermann (Rother).

Karten BLVA 12, Mangfallgebirge, und 18, Bad Tölz–Lenggries, jeweils 1 : 50 000.

Die ureigenen Hausberge der Münchner sind auf ein kleines Gebiet beschränkt – auf die grünen Vorberge zwischen Leitzach- und Loisachtal. Es sind durchwegs zahme Buckel, aus denen nur da oder dort einmal ein paar Kalkklippen herausragen. Alles aber ist vorhanden, damit der alte dem jungen Münchner die vielen Spielarten des Bergsteigens vermitteln kann, von der ersten, leichten Wanderung bis zur extremen schwierigen Kletterei; nur die Dimensionen sind eben anders – kleiner und überschaubarer!
In Geitau bei Bayrischzell setzt man die Beine in Bewegung: Zunächst geht es steil zum kleinen Soinsee und am Sockel der markanten Ruchenköpfe vorbei zum Rotwand-Haus, 1765 m, hinauf. Hier trinkt man eine Radlermaß auf das Wohl der Vielzuvielen und verabschiedet sich gleich wieder in Richtung Kümpfl-Alm, Elendsattel und Forsthaus Valepp. Wer nicht an einem der vielen kleinen Bäche, die vollendete Formen in den weichen Kalk gewaschen haben, seine Zeit genußvoll vertrödelt hat, geht vom gemütlichen Wirtshaus noch

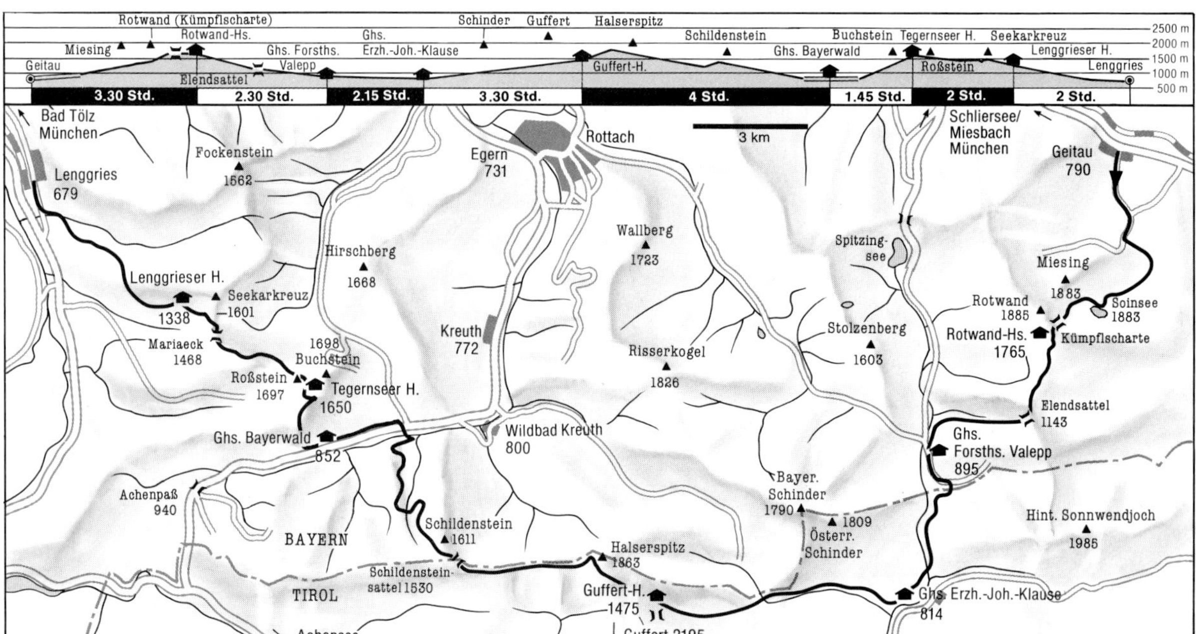

Am »Klettergerüst« der Ruchenköpfe führt unser Anstiegsweg zum Rotwandhaus vorbei. Hier haben schon Generationen Münchner Bergsteiger erste Bekanntschaft mit dem Fels gemacht.

weiter über die Grenze (Achtung: pflichtbewußte Grenzbeamte!) zur alten Erzherzog-Johann-Klause, 814 m, wo sich Gast und Förster – der Wirt! – Gute Nacht sagen. Hier ist die Welt noch in Ordnung!

Auch auf der nächsten Etappe halten wir uns vorerst noch ans Wasser, die Bergkämme stehen später auf dem Programm. Also laufen wir streng westwärts der Baier Ache entlang zur Neuen Klause, schließlich hinauf zur Guffert-Hütte, 1475 m, auf der Südabdachung der Halserspitz, 1863 m. Trittsichere Geher können von hier den mächtigen Guffert als bergsteigerischen Höhepunkt der Tour »mitnehmen«, was neben vielen Schweißtropfen einen Tag Zeit kostet.

Der nächste Abschnitt überrascht mit einer wunderschönen Höhenpromenade von der Halserspitz zum Schildenstein: Der Blick reicht vom Großglockner über die Zillertaler Firngipfel bis zur Zugspitze! An der Königs-Alm vorbei steigen wir ins Kreuther Tal ab und am gegenüberliegenden Hang gleich wieder hinauf zur Tegernseer Hütte, 1650 m, die luftig in der engen Scharte zwischen Roß- und Buchstein thront. Von den beiden Gipfeln schauen wir im Westen schon ins Isartal hinunter, das wir dann nach einem weiteren halben Bummeltag über die Lenggrieser Hütte, 1338 m, bei Lenggries erreichen.

35 Vom Zillertal zum Großvenediger

Am Alpenhauptkamm zwischen Zillertal, Ahrntal und Pinzgau

Österreich/Italien
Zillertaler/Venediger
3–5 Tage
▲▲▲△

Talorte AP Mayrhofen, 633 m, im Zillertal. – EP Neukirchen am Großvenediger, 857 m, im Oberpinzgau, Bus ins Zillertal über Gerlospaß.

Stützpunkte (1) Ghs. Bärenbad. 1449 m, Bus von Mayrhofen (Straße für priv. Pkw. bis zur Beendigung der Bauarbeiten am Zillergründl-Speicher gesperrt). – (2) Plauener H., 2362 m, DAV, 3.30 Std. von (1) durch das Zillergründl bzw. die Kraftwerksbaustelle (s. Text!). – (3) Birnlücken-H., 2440, CAI, 6.30 Std. von (2) über Heilig-Geist-Jöchl, 2657 m (Grenze!), und Lausitzer Weg. – (4) Warnsdorfer H., 2336 m, ÖAV, 2.30 Std. von (3) über Birnlücke, 2667 m (Grenze!). – (5) Kürsinger-H., 2538 m, ÖAV, 4.30 Std. von (4) über Krimmler Törl, 2789 m, und Obersulzbachkees (nur mit Seil!). – Abstieg 4–5 Std. durch das Obersulzbachtal nach Neukirchen.

Hüttengipfel (2) Richterspitze, 3054 m, 2.30 Std., Trittsicherheit erforderl.! – Rauchkofel, 3252 m, 4.30 Std., Trittsicherheit notw.! – (2/3) Dreiecker, 2892 m, 4 Std., für Geübte Überschreitung mögl. statt Übergang über Heilig-Geist-Jöchl, leichte Kletterstellen. – Schientalkopf, 2776 m, 0.30 Std. vom Heilig-Geist-Jöchl. – (3) Glockenkarkopf, 2912 m, und Pfaffenschneidkopf, 2918 m, 2–2.30 Std., Trittsicherheit erforderl. – (4) Gamsspitzl, 2888 m, 0.15 Std. vom Krimmler Törl. – (5) Keeskogel, 3291 m, 2 Std. – Großvenediger, 3674 m, 4.30 Std., langer Gletscheranstieg! Nur für erfahrene Alpinisten, sonst mit Führer! Komplette Hochtouren-Ausrüstung erforderl.!

Charakter Bei guten Verhältnissen unschwierige Hochgebirgswanderung in hochalpiner Umgebung; bei Schlechtwetter oder Neuschnee bedeutend schwieriger! – Wegen häufiger Altschneefelder Pickel und Grödel oder Steigeisen empfehlenswert; Seil für Obersulzbachkees unbedingt notwendig! – Achtung: Grenzübertritt, Ausweise mitführen!

Besonderer Hinweis Seil, Pickel und Steigeisen sind bis zur Warnsdorfer H. überflüssig: von dort kann man nach Krimml absteigen oder über Tour 40 aus »Hüttenwandern, Bd. 1« (in umgekehrter Richtung) zum Gerlospaß wandern.

Führer Zillertaler Alpen, AVF, Klier, und Venediger-Gruppe, AVF, Peterka/End (beide Rother).

Karten AV 35/3, Zillertaler Alpen, Östl. Blatt, und AV 36, Venediger-Gruppe, beide 1 : 25000. – FB 123, Defereggen- und Virgental, 1 : 50000.

Eingekeilt zwischen Zillertaler Alpen im Westen und der Venediger-Gruppe im Osten liegt einer der schönsten, aber auch verstecktesten Winkel der Ostalpen: der kleine, selbständige Klockerkarstock, ein Gebirge »en miniature« und die interessanteste Aussichtskanzel für die beiden berühmten Alpengruppen. Zwar lernen wir dabei ausgerechnet die unbekannteren Seiten der zwei großen Massive kennen, aber gerade darin liegt der besondere Reiz dieser Wanderung! Kalenderfotografen haben sich dorthin bisher kaum verirrt, obwohl sich gerade aus diesem Blickwinkel die Eleganz des Großvenediger voll entfaltet, die Dreiherrnspitze zu einer dominierenden Berggestalt wird, man die wild-vergletscherten Nordabstürze des vergessenen Roß-

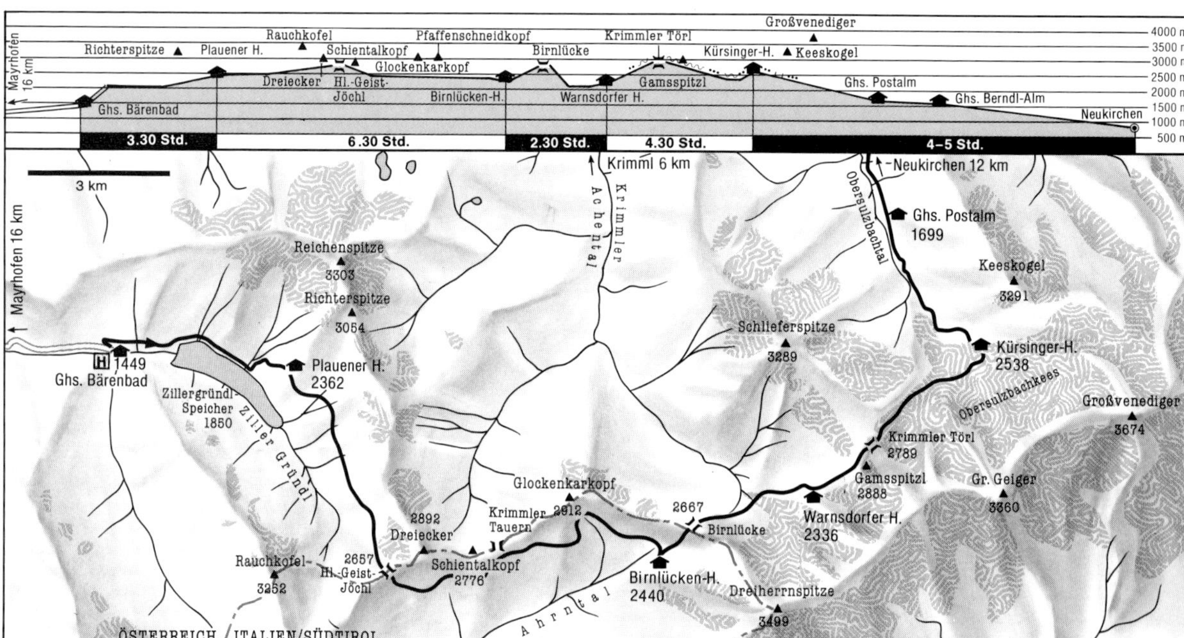

hufkamms ebenso in den Westalpen vorfinden könnte (siehe Bild!). Ein weiterer Vorzug: Wir promenieren auf gut ausgebauten Höhenwegen, auf heute italienischem Staatsgebiet und geschichtsträchtigem Grund. Gerade weil die östlichen Zillertaler Alpen – zu denen auch der Klockerkarstock gezählt wird – alpinistisch erst so spät – um 1895 – entdeckt wurden, erfolgte kaum zehn Jahre später die Erschließung durch den Alpenverein großzügig und mit den damals modernsten Mitteln: Gleich 15 km maß der Lausitzer Weg vom Hundskehljoch bis zur Birnlücke, den man noch heute als den »längsten, landschaftlich erstklassigen Südtiroler Höhenweg« rühmt – zu Recht! Auch die 1907 erbaute Neugersdorfer Hütte knapp unterhalb des Krimmler Tauern gehörte sogleich zu den modernsten Hütten ihrer Art: mit öffentlicher Telefonverbindung ab 1910 (!) und einem Trägerdienst von und nach Kasern im obersten Ahrntal sowie hinüber zur Warnsdorfer Hütte. Vermutlich würde unsere Route zu Beginn anders verlaufen, hätte die Sektion Lausitz im Jahre 1914 ihren Plan verwirklichen können, nahe dem Hundskehljoch und am Anfang »ihres« Wegs die Rauchkofel-Hütte als »allen Anforderungen entsprechende, moderne, bewirtschaftete Hütte« zu errichten. Der Erste Weltkrieg und die daraus resultierende Teilung Tirols, die Südtirol dem italienischen Staatsgebiet einverleibte, versetzte dieses Gebiet für sechs Jahrzehnte in einen tiefen Dornröschenschlaf. Erst 1974 nahm man sich des Lausitzer Wegs wieder an und setzte den inzwischen größtenteils verfallenen Pfad wieder instand.

Ausblick von der Plauener Hütte auf die imposante Südseite von Wildgerloskamm und Reichenspitze (rechts). In der Mitte, über dem Kuchelmooskees, erkennen wir den Hahnenkamm, links vorne den Kuchelmooskopf.

Der Beginn der Tour steht – zum ersten Mal? – unter dem Eindruck tiefer Resignation oder ohnmächtiger Wut: Wenig oberhalb des Gasthofs Bärenbad, der von Mayrhofen aus von einem Linienbus angefahren wird, unternehmen die Kraftwerk-Zaren mit einer mächtigen Staumauer den wahrscheinlich erfolgreichen Ver-

such, dem einst so ruhigen Zillergründl, einem der letzten unberührten Hochgebirgstäler in den Zillertaler Alpen, den Garaus zu machen. Noch auf Jahre hinaus wird der Anstieg zur Plauener Hütte, 2362 m, streckenweise durch eine gigantische Großbaustelle führen – und bei niemandem sollten die großartigen Bilder der folgenden Tage die Erinnerung an diese Zerstörung der Natur verwischen!

Am nächsten Morgen verlassen wir die Plauener Hütte streng in Richtung Südtirol, wo die Welt einstweilen noch in Ordnung ist. Wir begeben uns auf die längste Etappe dieser Höhenroute, da die ehemalige Neugersdorfer Hütte als Stützpunkt nicht mehr in Frage kommt. Sie verfällt allmählich aufgrund der nahen Grenze und der Enteignung des Alpenvereins durch den italienischen Staat und kann bestenfalls als Notunterkunft unterhalb des häufig von Unwettern heimgesuchten Krimmler Tauern dienen. Unser Weg erfordert Ausdauer, denn nach Erreichen des Grenzkamms am Heilig-Geist-Jöchl sind insgesamt drei mächtige Südgrate, die von den Bergen links über uns herabziehen, zu überschreiten: nach der Geiereck- die Schientalschneide, dann – im alpinsten Abschnitt des Lausitzer Wegs – die Pfaffenschneide. Mit ihren hahnenkammähnlichen Felszähnen erscheint sie unüberwindlich – und entläßt uns doch nach kurzem Steilaufstieg über die Teufelsstiege fast harmlos in das weite Rund des Kars unter dem Klockerkarkopf und zur Birnlücken-Hütte, 2440 m.

Verlassen wir die Birnlücken-Hütte, so bleiben wir bereits $^1/_2$ Stunde später gebannt stehen: Hinter dem Paß öffnet sich der Blick auf das urgewaltige Krimmler Kees – eine breite Front von Hängegletschern im eisigen Winkel unter der Dreiherrnspitze-Nordostwand, der extremsten Kletterei in der Venediger-Gruppe, bis hinüber zum Krimmler Törl! Auch wir müssen nach rund 600 Höhenmetern Abstieg kurz das Krimmler Kees in seinem aperen Zungenbereich überqueren, um auf der anderen Talseite wieder zur Warnsdorfer Hütte, 2336 m, aufsteigen zu können.

Am nächsten Tag gehen wir von der Warnsdorfer Hütte – bald schon am Seil! – über das Krimmler Törl und, der Spaltenverhältnisse wegen, meist auch über das Gamsspitzl, zur Kürsinger Hütte, 2538 m. Damit haben wir den Ausgangspunkt für den schönsten nordseitigen Anstieg auf den Großvenediger erreicht. Mit oder ohne diesen klassischen Alpengipfel endet unsere Wanderung zwischen Zillertaler Alpen und Venediger-Gruppe mit dem langen Abstieg durch das schöne Obersulzbachtal – scheußliche 1600 Höhenmeter immer nur bergab ...

Blick vom Rauchkofel nach Osten über Klockerkarstock und oberstes Ahrntal hinweg zu den Dreitausendern der Venediger-Gruppe. In hinterster Reihe stehen (von links nach rechts) Großvenediger, Rainerhorn und Großer Happ. Davor erkennen wir, am Krimmler Törl ansetzend, die Riesenmauer von Maurerkeesköpfen, Simonyspitzen und Dreiherrnspitze, deren langer Nordwestgrat in der Birnlücke endet. Knapp rechts der Bildmitte steht die Birnlücken-Hütte. Links baut sich der Klockerkarstock auf, im Vordergrund der Dreiekker, und am unteren Bildrand ahnt man den Einschnitt des Heilig-Geist-Jöchls.

36 Am Sockel des Hochgall

Über Lenkstein und Schneebigen Nock

Italien/Österreich
Hohe Tauern/Rieserferner-Gruppe
3–4 Tage
▲▲▲▲

Talort AP/EP Antholz-Obertal, 1418 m, im Antholzer Tal, an der Straße vom Pustertal über den Stallersattel ins Defereggental.

Stützpunkte (1) Neue Barmer H., 2610 m, DAV, 4.30 Std. ab Antholzer See (Bus/Straße von Antholz-Obertal; zu Fuß 0.30 Std.). – (2) Hochgall-H., 2274 m, CAI, 5.30 Std. von (1) über Roßhornscharte, 2916 m – Lenksteinjoch, 3082 m – A.-Hartdegen-Weg, hochalpiner Übergang mit kurzer Gletscherüberquerung, 2 ges. Felspassagen. – (3) Rieserferner-H. (H.-Forcher-Mayr-H.), 2761 m, AVS, am Gemsbichljoch 5 Std. von (2) über Schneebigen Nock, 3358 m, und Fernerköpfl, 3249 m, hochalpine Überschreitung! – Abstieg 2.45 Std. nach Antholz-Obertal.

Hüttengipfel (1) Kl. Ohrenspitze, 2938 m, 1.30 Std., leichte Kletterei; Almerhorn, 2986 m, 1.30 Std. über das Almerkees, leichte Kletterei. – (1/2) Roßhorn, 3068 m, Fennereck, 3123 m, leichte Abstecher vom Übergang. – (2) Tristennöckl, 2465 m, 0.30 Std. – (3) Gelttalspitze, 3126 m, 0.45 Std., leicht; Schwarze Wand, 3105 m, 1.30 Std., kurze Gletscherbegehung, leichte Kletterei.

Charakter Anspruchsvolle, hochalpine Durchquerung der zentralen Rieserferner-Gruppe, durchwegs in großer Höhe! – Nur kurze Gletscherpassagen (Pickel und Seil/Reepschnur!); Trittsicherheit im Felsgelände unbedingt notwendig!

Führer Rieserferner-Gruppe, AVF, Beikircher (Rother). – Alpinführer Tauferer – Ahrntal, Beikircher/Hellweger (Athesia).

Karten FB S3, Pustertal – Bruneck – Drei Zinnen, 1 : 50 000.

Ganz ähnlich der Schober-Gruppe ist auch die Rieserferner-Gruppe mit dem eisigen Hochgall ein gewichtiges Vorwerk der Hohen Tauern im Süden. Und doch: Stünden nicht ihre Gipfel – immerhin sechs mit über 3200 m Höhe – so herrisch hoch und steil über den tiefen Böden des verkehrsreichen Pustertals, des ruhigen Antholzer und Reintals und des entlegenen hintersten Defereggentals, so gehörten sie wohl noch immer zu den einsamsten der Ostalpen.
Einiges aber hat sich in den letzten Jahren geändert: Das Hüttennetz erfuhr mit der hochgelegenen Rieserferner-Hütte eine entscheidende Bereicherung, auch die unbekannteren Gebirgsgruppen erfreuen sich zunehmender Beliebtheit, und nicht mehr allein der Hochgall schlägt die Besucher der Rieserferner-Gruppe in seinen Bann – aus dem einstigen Geheimtip ist längst eine vielbesuchte Freizeitlandschaft geworden! Drei Hütten gibt es heute in der Rieserferner-Gruppe – echte Schutzhütten, die dem Bergsteiger das Gebirge völlig ausreichend erschließen. Nach wie vor bedarf es hier jedoch des erfahrenen Alpinisten. Die Übergänge von Hütte zu Hütte sprengen respektlos den Charakter einfacher Hüttenwanderungen, ungeniert führen sie hinauf zu den höchsten Gletschergipfeln.
Der Eindruck der abschreckenden Felsflanken über dem Antholzer Tal täuscht – zum Klettern sind die Wände in der Rieserferner-Gruppe meist zu steinschlaggefährlich, und neben der Antholzer Schauseite, wo die Wände fast unten im Tal fußen, gibt es auch das Reintal, in dem das Gebirge einiges von seiner schroffen Wildheit, nichts aber von seiner Schönheit verliert. Der Anblick von Schneebigem Nock und Hochgall von Rein aus – Eiswände über grünen Wäldern und Matten – gehört zu den Glanzpunkten der Ostalpen.
Wer in die Rieserferner-Gruppe geht, sollte nicht nur über hochalpine Erfahrung verfügen, sondern auch über das eigentlich Wichtigste für einen Berg-

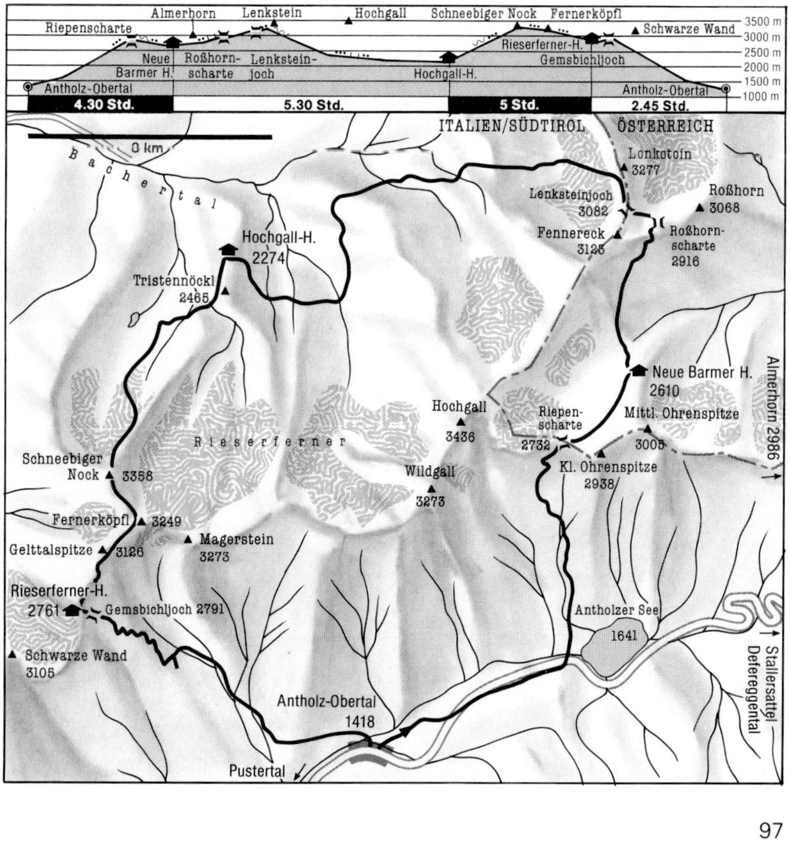

steiger: Die Selbständigkeit, sich einen Bergraum selbst zu entdecken. Die hier vorgestellte Route ist ein Paradebeispiel: Von der Neuen Barmer Hütte über die Hochgall-Hütte zur neuen Rieserferner-Hütte durchquert man zwar das Herz des Gebirges auf der einzig empfehlenswerten Route, weil ganz selbstverständlich von einem Glanzpunkt zum nächsten, doch ansonsten ergeben sich viele Varianten – von der hier vorgeschlagenen Rundtour aus dem Antholzer Tal bis hin zur distanzüberwindenden Überschreitung des gesamten Gebirges vom Defereggental nach Bruneck. Genau verrät die Karte, welche Möglichkeiten diese Tour eröffnet. Eben das ist auch ein Vorteil der räumlich recht kleinen, landschaftlich aber so großen Rieserferner-Gruppe.

Beginnen wir also, gemessen an einer klassischen Hüttenwanderung, erfrischend alternativ gleich mit dem ungewöhnlichsten Zugang zur Neuen Barmer Hütte. Steil geht es vom tiefdunkelgrünen Antholzer See hinauf, stets vom Hochgall links über uns begleitet. Auf der Riepenscharte betreten wir den winzigen Anteil Österreichs an der Rieserferner-Gruppe und schlendern mit nur wenigen Abstiegsmetern zur nahen Barmer Hütte. Der nächste Tag beschert uns einen Paukenschlag: Mit dem Lenkstein steht einer der großen Rieserfernergipfel auf unserem Programm, da er den einzig möglichen Übergang zur Hochgall-Hütte nur wenig überragt, dafür aber gleich den idealen (Fotografier-) Abstand zum Hochgall einhält. Konkret: Möglichst früh am Morgen steige man zur Roßhornscharte hinauf, erst über die plattenbedeckte Talterrasse, dann durch die erneut gesicherte Lenksteinklamm. Das unbedeutende Fennereck übersteigend, erreichen wir wenig später das Lenksteinjoch und, weil wir sowieso erst weiter oben den weiteren Weg in das oberste Bachertal finden, auch bald den nahen Gipfel des Lenksteins. Wie von einer Kanzel blicken wir in die eisige Nordwand des Hochgall!

Die Qualität der Abstiegsroute, einst als Arthur-Hartdegen-Weg berühmt, ist für die folgenden 2 Wegstunden dahin. Der Bergwinkel ist so entlegen, daß sich auch die sonst so rührigen Südtiroler seiner noch nicht angenommen haben. Schlagartig ändert sich die Situation, sobald wir in den ebenen Höhenweg einfädeln, der das Bachertal umrundet und auch als Tageswanderung von Rein aus viel begangen wird. Auf sicherer Trasse, wenn auch etwas ausgesetzt um den Riesernock herum, erreichen wir die Hochgall-Hütte. Sie wurde einst von der Sektion Kassel des DÖAV erbaut und ist noch heute auch unter dem Namen Kasseler Hütte ein Begriff und von netten Wirtsleuten rührend bewirtschaftet.

Für den folgenden Übergang haben wir die Qual der Wahl: Soll es noch etwas aufregender als zuvor am Lenkstein über den Schneebigen Nock gehen oder leichter über den dreigipfeligen Magerstein? Beide Routen, die erste über den zweithöchsten und die zweite über den dritthöchsten Rieserfernergipfel, treffen am Mittleren Fernerköpfl zusammen, jenem so unscheinbar wirkenden Gipfelchen, von dem aus sich in drei Kämmen die gesamte Rieserferner-Gruppe aufbaut. Lange können wir oben, auf warmen Blöcken sitzend, die uns umgebende Bergwelt studieren, denn eine breite Blockrampe entläßt uns gefahrlos und ohne weitere Gletscherberührung zur neuen Rieserferner-Hütte.

Ausblick von der Neuen Barmer Hütte über den Kessel des Patschertals zur Roßhornscharte, die unsere Route zum Lenkschein überschreitet. Der zweimal mit Drahtseilen gesicherte Weg erreicht den Kamm links, wenig oberhalb der eigentlichen Scharte.

Erst 1980 hat der rührige Alpenverein Südtirol am breiten Gemsbichljoch die wohlgelungene Hütte eingeweiht. Sie ersetzte die zerstörte Fürther Hütte. Eine bemerkenswerte Leistung, die beweist, daß man bergsteigergerechte Schutzhütten auch heute noch bauen kann – wenn die Rahmenbedingungen stimmen ... Mindestens 4 mühsame Anstiegsstunden aus dem Rein- oder Antholzer Tal schrekken einen großen Teil des sonst die Hütten in Gasthäuser verwandelnden Heeres von Tagesausflüglern ab. Eine bemerkenswerte Leistung vollbrachten auch die Kartographen: Das vom Namen her so anschauliche Gemsbichljoch geistert auch heute noch als »Gänsebichljoch« durch Karten und Literatur! Fest steht: Die Aussicht nach Süden in die Dolomiten lohnt einen geruhsamen Abend am Steilabfall ins Antholzer Tal. Wer nicht am folgenden Morgen noch auf einen der umstehenden Gipfel wandert, sollte sich viel Zeit auch für den Abstieg nach Antholz nehmen. Denn allzu schnell versinkt sonst die Zackenreihe der Dolomiten hinter den Ausläufern der Villgratener Berge.

Wenige Meter oberhalb der Hochgall-Hütte (ehemalige Kasseler Hütte) befindet sich ein Logenplatz gegenüber der kühnen Nordflanke des Hochgall. Weit ausladende Wächten verleihen dem Nordostgrat seine Eleganz. Der Normalweg (Schwierigkeitsgrad II) von der Kasseler Hütte verläuft über den Felsvorbau des Grauen Nöckl (genau unter dem Gipfel) und den Licht und Schatten trennenden Nordwestgrat.

37 Zwischen Rosengarten und Langkofel

Am Wiesenkamm über der Seiser Alm

Italien
Dolomiten
2–3 Tage
▲△△△

Talorte AP Vigo di Fassa, 1382 m, Straße/Bus von Bozen über den Karerpaß. – EP Sellajoch-Hs., 2180 m, an der Paßstraße knapp unterhalb des Sellajochs, Straße/Bus ins Fassatal (Canazei und Vigo).

Stützpunkte (1) Ciampedie-H., 1998 m, CAI, an der Bergstation der Ciampedie-Seilbahn. – (2) Gardeccia-H., 1949 m, priv. (daneben weitere priv. Ghs.), im ob. Vajolettal am Ende der Fahrstraße aus dem Fassatal, 0.45 Std. von (1). – (3) Vajolet-H., 2244 m, CAI, 0.50 Std. von (2). – (3) Grasleiten-H., 2129 m, CAI, über dem Talschluß des Tschamintals, 1.45 Std. von (2) über den Grasleitenpaß, 2599 m (dort das priv. Rif. Passo Principe). – (4) Tierser-Alpl-H., 2438 m, priv., am gleichnamigen Joch, 1.45 Std. von (3) über den Molignonpaß, 2598 m. – (5) Plattkofel-H., 2256 m, am Fassajoch, 2 Std. von (4) am Friedrich-August-Weg. – (6) Fr.-August-H., 2298 m, priv., westl. knapp unter dem Col Rodella, 1 Std. von (5) am Friedrich-August-Weg. – Abstieg 0.20 Std., über die Forc. di Rodella, 2318 m, zum Sellajoch-Hs.

Hüttengipfel (5) Plattkofel, 2958 m, 2 Std. – Für die beiden »leichten« Klettersteige auf den Kesselkogel und die Roterdspitze sind Trittsicherheit, Schwindelfreiheit und Klettergewandtheit sowie entsprechende Ausrüstung und Erfahrung erforderl.!

Charakter Ohne Gipfel unschwierige, häufig begangene Wanderung, deren Reize im Gegensatz zwischen bizarren Felsgestalten und lieblichem Almgelände liegt. – Hauptsaison meiden!

Führer Wanderungen und Bergfahrten/Dolomiten-West, Hager/Hauleitner (Rother). – Dolomiten-Wanderbuch, Delago (Tyrolia).

Karten FB S5, Cortina d'Ampezzo–Marmolada – St. Ulrich, 1 : 50 000. – FB 16, Westl. Dolomiten, 1 : 100 000.

Bei dieser Tour vom Rosengarten zum Langkofel-Massiv sind wesentliche alpine Tugenden zweitrangig: Beispielsweise Ausdauer, Orientierungssinn und Klettergewandtheit werden bestenfalls für Abstecher benötigt; gefragt ist vielmehr ein gutes Zeitgefühl, und zwar in doppelter Hinsicht. Da gilt es nämlich zum einen, in der richtigen Jahreszeit, und zum andern, zur günstigsten Tageszeit zu wandern. Wer sich beispielsweise Mitte August, wenn ganz Italien Ferien hat, auf den Weg macht, gehört entweder zur Reihe der ahnungslosen oder der sadistischen Bergwanderer: Der Trubel im Vajoletkessel spottet zu dieser Zeit jeder Beschreibung! Also richtet man sich vernünftigerweise nach Beginn und Ende der Hütten-Öffnungszeiten, die in der Regel von Mitte Juni bis Anfang Oktober reichen. Dabei ist allerdings im Frühjahr noch mit Firnfeldern zu rechnen!

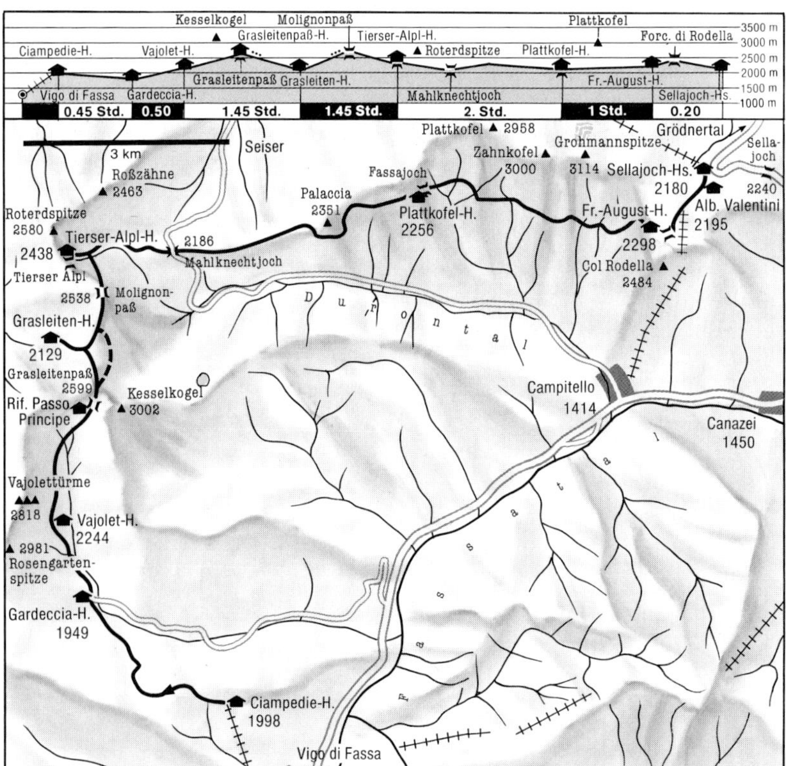

Mit etwas schlechtem Gewissen benützen wir zu Beginn die Seilbahn aus dem Fassatal zur Ciampedie-Hütte, die auf einem weit vorgeschobenen grünen Riegel zwischen Vajolet- und Vajolontal steht. Dann geht es – endlich zu Fuß! – durch lichten Zirbenwald eben dahin, bis sich der einst wunderbare Anger von Gardeccia öffnet, der sich mittlerweile an manchen Tagen in einen Riesenparkplatz verwandelt. Hier wie auch in den folgenden Stunden gilt es, zivilisatorische Erscheinungen buchstäblich zu übersehen, die Augen nach oben zu richten: zur Rosengartenspitze mit ihrer gewaltigen, von schwarzen Wasserrinnen durchzogenen Ostwand, durch die Gartlschlucht zu den kühnen, schlanken Vajolettürmen.

Von der Vajolet-Hütte, in der jahrzehntelang Tita Piaz – ein König der Bergführer – das Regiment führte, steigen wir zum Grasleitenpaß und seiner kleinen Hütte hinauf. Hier, am Fuß des Kesselkogels, des einzigen Dreitausenders der Gruppe, verlas-

sen wir das »Naherholungsgebiet Vajolet« und springen die Schuttreißen abwärts in den Grasleitenkessel. Links hinunter führt der Steig zur Grasleiten-Hütte, gegenüber im Zickzack hinauf zum Molignonpaß und zur Tierser-Alpl-Hütte, beides Unterkünfte, in denen man sich wohlfühlt!
Mit einem »sanften Abenteuer« ist der nächste Abschnitt am grünen Kamm zwischen Rosengarten-Gruppe und Langkofel-Massiv ausgefüllt – eine vollendete Harmonie der Kontraste: hier die weiten Almflächen der Seiser-Alm, dort die Felsburgen von Langkofel und Sella, jenseits des Fassatals die eisüberwallte Marmolada! Auf jeder der Hütten am Wege möchte man länger rasten, werden sie doch nicht nur mit dem notwendigen Geschäftssinn, sondern mit dem gleichen Quantum Liebe geführt – nur um das Sellajoch-Haus mache man zum Schluß einen großen Bogen!

Einen alpinen Spiel-, aber auch Rummelplatz ersten Ranges stellen Vajoletkessel und »Gartl« dar: leicht erreichbar, für Wanderer, Klettersteiganhänger und Extremkletterer gleichermaßen »nutzbar«. Wir sehen links die pralle Ostwand der Rosengartenspitze, rechts – teilweise in deren Schatten – das »Gartl« mit den fingerartigen Vajolettürmen. Auf der grünen Terrasse unten die große Vajolet- und die kleine Preuß-Hütte.

38 Von Cortina zum Monte Pelmo

Klotzige Felsbastionen über grünen Almwiesen

Italien
Dolomiten
2–3 Tage
▲△△△

Talorte AP Cortina d'Ampezzo, 1210 m, bzw. Pocol, 1535 m, Straße/Bus von Cortina. – EP San Vito di Cadore, 1000 m, Straße/Bus nach Cortina, 10 km.

Stützpunkte (1) Rif. G. Palmieri, 2042 m, CAI, am Lago di Federa, 1.45 Std. von Pocol. – (2) Rif. Città di Fiume, 1917 m, CAI, auf Almwiesen unter der Pelmo-N-Wand, 2.30 Std. von (1) über Forc. da Lago, 2277 m – Forc. Col Duro, 2293 m – Forc. Roan, 2075 m – Forc. della Puina, 2028 m (Dolomiten-Höhenweg Nr. 1). – (3) Rif. Venezia, 1946 m, CAI, unter der Pelmo-O-Wand, 3 Std. von (2) über das Plateau Le Mandre und Sella di Rutorto, 2019 m (z. T. Dolomiten-Höhenweg Nr. 1). – Abstieg 2.45 Std. über Casera di Pian de Madiér und Sérdes nach San Vito di Cadore.

Hüttengipfel Croda da Lago, 2701 m, Becco di Mezzodi, 2602 m, und M. Pelmo, 3168 m, sind Kletterberge mit Normalwegen im II.–III. Schwierigkeitsgrad!

Charakter Einfache, landschaftlich faszinierende Umwanderung des Pelmostocks.

Besonderer Hinweis Für ausdauernde, trittsichere Wanderer Verbindung mit Tour 30 aus »Hüttenwandern«, Bd. 1 mögl.!

Führer Dolomiten-Wanderbuch, Delago (Tyrolia).

Karten TCI D54, Cortina d'Ampezzo e le Dolomiti Cadorine, 1 : 50000. FB S5, Cortina d'Ampezzo–Marmolada–St. Ulrich, 1 : 50000. – FB 17, Östl. Dolomiten, 1 : 100000.

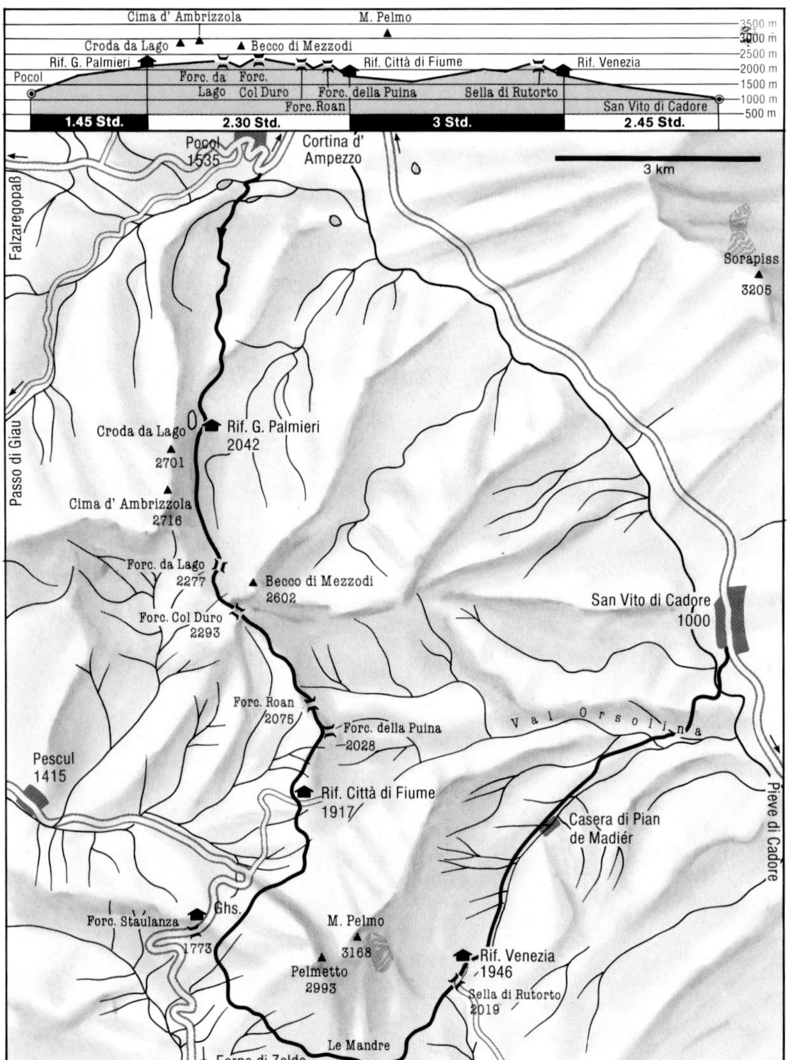

Rings um die Dolomitenstadt Cortina d'Ampezzo mit moderner Fußgängerzone, Olympiastadion, mehr als zehn Seilbahnen und Liften sowie dem Denkmal des Geodäten D. Gratet de Dolomieu (Entdecker des Dolomitgesteins) stehen klotzige Felsberge wie riesige Festungen über einer sanft grünenden Almregion: Monte Cristallo, Sorapiss, Antelao, Pelmo, Croda da Lago und die Tofanen. Die idealen Wanderreviere unter diesen charakteristischen Dolomitenbergen sind schon seit langem – Cortina war bereits vor 100 Jahren ein bedeutender Sommerkurort, was einige riesige Hotelpaläste beweisen – mit einem dichten Wegenetz erschlossen. Die Planer von Weitwanderwegen und »alte vie« haben sich diese guten Steige zunutzen gemacht, so daß es mit der einst »absoluten Stille« auch dort vorbei ist. Wer sucht, findet aber noch immer versteckte Rastplätze zuhauf.

Einer der schönsten Wanderwege von Cortina aus zieht sich reizvoll umständlich um den Monte Pelmo. Ihm folgen wir auf unserer Tour – keine besonders anstrengende Sache für die Beine, aber eine Dauerleistung für offene Augen… Man wird, was das

Die Ostansicht des Monte Pelmo: Wie Schiffsbuge ragen Süd- und Ostgipfel hervor. Rechts der Einschnitt der Forcella Rossa, links unten das Rifugio Venezia. Das Ball-Band zieht von der Schuttreiße diagonal nach links oben in den riesigen Karkessel, durch den der Anstieg weiter zum verdeckten Hauptgipfel führt. ▷

Die zerrissenen Flanken von Cima d'Ambrizzola und Croda da Lago vom Kamm wenig nördlich der Forcella da Lago gesehen. Rechts im Hintergrund die Tofana di Mezzo.

Schauen betrifft, schon von Beginn an stark beansprucht, wenn man von Cortina her – Seilbahn oder Bus nach Pocol verkürzen den Anmarsch – nach dem gemächlichen Anstieg zum romantischen kleinen Federasee kommt, an dem die Croda-da-Lago-Hütte, 2042 m, steht (die korrekte Bezeichnung lautet: Rifugio G. Palmieri alla Croda da Lago). In dem blauen Wasser spiegelt sich nicht nur der seltsam einsam aufragende Felszahn des Becco di Mezzodi; unmittelbar westlich des Sees erheben sich in abschreckender Steilheit die Zinnen der Croda da Lago und des Campanile Innerkofler.

Man könnte von der Croda-da-Lago-Hütte die herrliche Wanderung über die Passo-Giau-Hütte, Nuvolau-Hütte und Cinque-Torri-Hütte zum Sockel der Tofanen antreten, die aufregend schöne Eindrücke vermittelt, aber durch ein Paradies für »Sitzbergsteiger« führt: Da kann man an Falzarego- oder Giaupaß schon mit dem Auto weit hinauffahren, und Sesselbahnen bringen die Gehfaulen endgültig bis in die Gipfelbereiche. Wir begeben uns statt dessen in die Gesellschaft Gleichgesinnter, nämlich der Begeher des Dolomiten-Höhenwegs Nr. 1. Also queren wir unter der kühnen Cima d'Ambrizzola zur Forcella da Lago und peilen am gewellten Wiesenkamm die gewaltige Nordwand des Monte Pelmo an, der gegenüber inmitten lieblichen Almgeländes das Rifugio Città di Fiume, 1917 m, des CAI steht.

Vom Rifugio Città di Fiume setzen wir zu unserer halben Runde um den Monte Pelmo an, zu einem ständigen Auf und Ab dicht am Wandsockel entlang. Zunächst folgen wir noch der Hauptroute der »alta via Nr. 1« (Abbruch der Tour am Staulanzasattel möglich). Dann queren wir linkshaltend zum Plateau Le Mandre, wo die zwischen Pelmetto und Pelmo herabziehende Eis- und Felsrinne ausläuft, und erreichen nach einer weiteren Richtungsänderung nordostwärts den Rutortosattel und das Rifugio Venezia, 1946 m. Einmal mehr konkurrieren Nah- und Fernblick: jenseits des Boitetals läßt sich in seiner ganzen Pracht der Antelao bewundern, direkt hinter der Hütte baut sich der mächtige Pelmo auf.

Der Monte Pelmo war 1857 der erste Dolomitengipfel, der von einem Touristen erstiegen wurde. Und zwar von dem Engländer John Ball, der damals in den armen Bauernhäusern von Cortina kein Quartier fand, nach Borca wanderte und dort einen berüchtigten Wilderer kennenlernte. Der versprach, Ball auf den Gipfel des Pelmo zu führen – er sei schon oben gewesen! Am 19. September 1857 morgens um drei Uhr brach man auf, der Gamsjäger steuerte auf ein schmales Band zu, das bequem durch die Ostwand zog; als aber die erste Kriechstelle kam, zögerte der Jäger. Ball überwand die Stelle. Der Jäger kam kleinlaut nach. Im Hochkar aber blieb der Einheimische zurück, Ball erklomm allein den Gipfel und sah, daß dort noch nie ein Mensch gestanden hatte – daß der Jäger »Latein« geredet hatte...

Der Normalanstieg übers schmale lange Ball-Band durch die Ostwand, weiter durch das weite Hochtal zum kleinen Firn und zum Gipfel liegt dicht über uns, jedoch dürfen sich nur erfahrene Bergsteiger an diese mäßig schwierige (II), aber doch recht ausgesetzte Route heranwagen. Unsere Hüttenwanderung endet genauso gemütlich, wie sie angefangen hat: auf Almwiesen und in lichtem Wald nach San Vito di Cadore schlendernd. Was die Einteilung der Etappen betrifft: Wer die Tour in zwei Tagen abläuft, nächtigt im Rifugio Città di Fiume; wer sich einen dreitägigen Bummel leisten kann, bleibt auf der Croda-da-Lago-Hütte und der Venezia-Hütte über Nacht.

39 Zwischen Antelao und Marmarole

Durchs Valle d'Oten, das schönste Ampezzaner Hochtal

Italien
Dolomiten
2–4 Tage
▲△△△

Talorte AP San Vito di Cadore, 1019 m, Straße/Bus von Cortina. – EP Auronzo di Cadore, 872 m, Straße/Bus nach Cortina.

Stützpunkte (1) Rif. San Marco, 1823 m, CAI, südl. der Forc. Grande, 2.15 Std. ab San Vito di Cadore. – (2) Rif. Galassi, 2018 m, CAI, östl. der Forc. Piccola, 1 Std. von (1) über die Forc. Piccola, 2120 m. – (3) Rif. degli Alpini, 1395 m, priv., im Talschluß des Valle d'Oten, 1.15 Std. von (2). – (4) Rif. Chiggiato, 1952 m, CAI, am M. Pianezze, 3.15 Std. von (3) durchs Valle d'Oten und durch die W-Flanke des M. Pianezze. – (5) Rif. Baion, 1828 m, CAI, zwischen M. Ciastellin und Colle S. Pietro, 2 Std. von (4) auf bez. Höhenweg. – (6) Rif. Ciarido, 1969 m, CAI, in der O-Flanke des M. Ciarido, 1.45 Std. von (5) auf bez. Höhenweg. – Abstieg 2.45 Std. über Col dei Buoi und Croda la Mandria zum M. Agudo, 1575 m (Rif.), und mit Seilbahn nach Auronzo.

Hüttengipfel (1/2) Antelao, 3264 m, 4–5 Std., nur für Geübte!

Charakter Ungewöhnlich stille und eindrucksvolle Hüttenwanderung auf der S-Seite der Marmarole-Gruppe, ohne große Schwierigkeiten (Antelao jedoch nur für geübte, trittsichere und schwindelfreie Bergwanderer; eine ausgesetzte Stelle!).

Führer Dolomiten-Höhenwege 4–6, Hauleitner (Rother). – Dolomiten-Wanderbuch, Delago (Tyrolia).

Karten FB S10, Sextener Dolomiten – Ampezzo – Marmarole, 1 : 50000. – TCI D54, Cortina d'Ampezzo e le Dolomiti Cadorine, 1 : 50000.

Die in den vergangenen 15 Jahren zu beobachtende inflationäre Zunahme an – als solchen ausgewiesenen – »Höhenwegen« durch die Dolomiten wird nirgendwo so deutlich wie in dem felsigen Dreieck zwischen Sorapiss, Antelao und Marmarole-Gruppe: Gleich drei »Dolomiten-Höhenwege« treffen hier auf engem Raum aufeinander. Zweifel an einer logischen Routenführung sind – angesichts der schon »klassischen« Vorbilder Einserweg und Zweierweg – durchaus erlaubt...
Mit Ausnahme von zwei kurzen Abschnitten laufen wir auf unserer Tour abseits dieser Wege. Im Mittelpunkt steht das Valle d'Oten, das sich un-

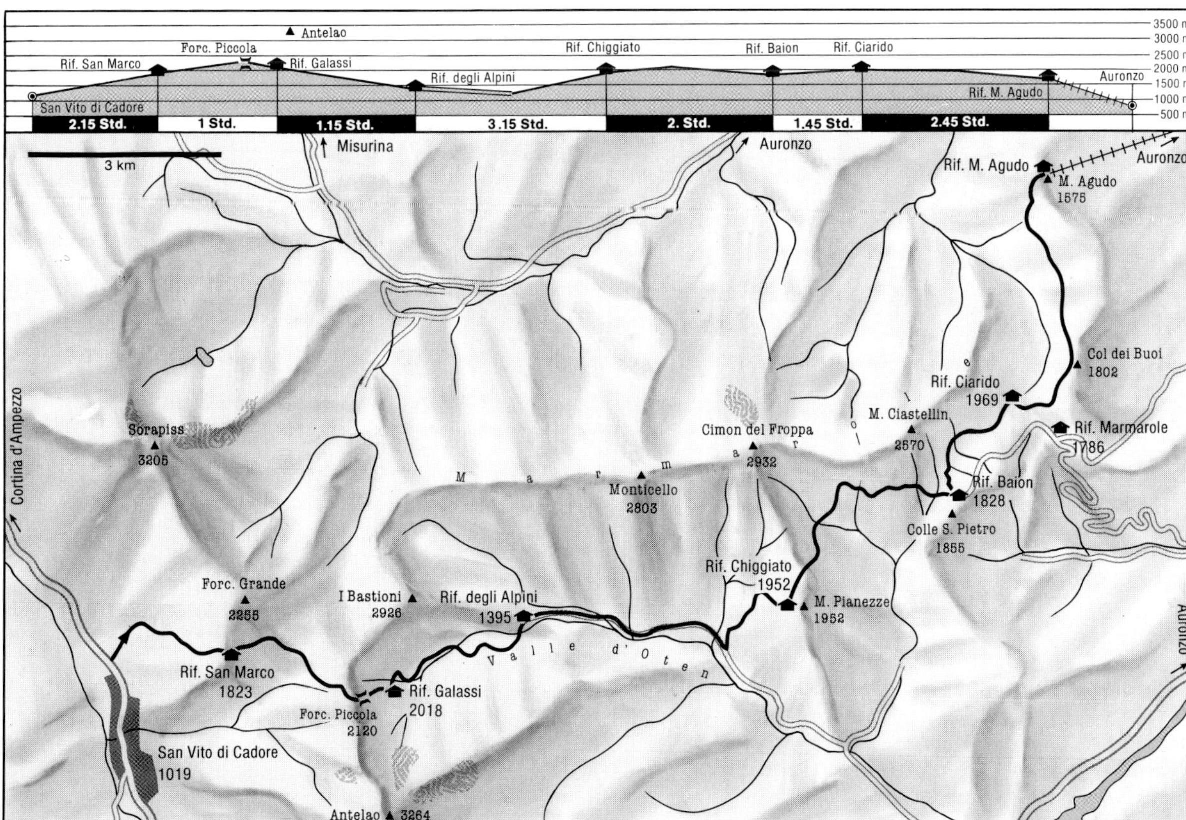

Einem Kasernengebäude ähnelt das Rifugio Galassi am Fuß des mächtigen Antelao. Wie auf dem großen Bild rechts sind auch hier die Schichtplatten und -bänder des Kalkgesteins gut zu erkennen.

Über riesige Plattenschüsse, die »Laste«, führt der Normalweg von der Forcella Piccola (im Hintergrund) auf den Antelao. Jenseits des Passes reihen sich die Gipfelketten von Marmarole- und Sorapiss-Gruppe auf: Cima Scotter (rechts), Cima Belpra und Costa Belpra (Mittelgrund), dahinter die Monti di Caccia Grande (links) und die Tre Sorelle. Im Dunst verblassen Cristallo und Cristallino. ▷

wahrscheinlich tief in diesen rauhen Gebirgszug eingegraben hat und von der Forcella Piccola zu Füßen des Antelao in einem 11 km langen Rechtsbogen bis nach Calalzo und zum Piavetal hinauszieht. Man kann hier bummelnd genießen, braucht niemals der nächsten senkrechten Leiter oder einem ausgesetzten, drahtseilgesicherten Band entgegenzittern und erlebt die Landschaft kaum weniger eindrucksvoll als auf einem der Höhenwege. Für Abstecher in höhere Regionen sind allerdings Ausdauer, Orientierungssinn und Bergerfahrung notwendig. Zum Teil spärlich angebrachte Markierungen, unterschiedliche Höhenangaben in den Wanderkarten sowie verschiedene Namen für ein und den gleichen Berg können selbst bei versierten Wanderern Unsicherheit und Verwirrung hervorrufen.

Gegenüber der Pfarrkirche von San Vito di Cadore folgen wir einem Sträßchen, das zum bewaldeten Hang des Col de chi da Os führt, und steigen auf einem Weg weiter zur kleinen, unterhalb der Baumgrenze versteckten San-Marco-Hütte, 1823 m.

Nur unweit der San-Marco-Hütte steht, freilich in einer völlig anderen Umgebung, die wesentlich größere, aber ungemütlichere Galassi-Hütte, 2018 m. Man erreicht sie über die Forcella Piccola, das Tor ins wildschöne Val d'Oten. Die Riesenwände der Cima Scotter und Cima Bastioni links oben, dahinter die Zackengrate der Pala di Meduce, rechter Hand aber der Schatten des 3264 m hohen Antelao, des zweithöchsten Dolomitengipfels – das ist die Welt um die Galassi-Hütte. Obwohl der Antelao zu den Aussichtsbergen allerersten Ranges gehört, wird er wegen seiner markanten, aber bei Schnee und Vereisung gefährlichen Plattenschüsse verhältnismäßig selten bestiegen.

Wir wandern von der Galassi-Hütte an sprühenden Wasserfällen vorbei in den Talschuß des Val d'Oten zur Alpini-Hütte, 1395 m, dann talauswärts am Bach mit seinen hundertfachen versteckten Bade-, Sonnen-, Rast- und Traumplätzen entlang. Dort, wo der Otenbach von links den Zufluß des Rio Diassa erhält, verlassen wir den Talgrund und steigen durch Wald zum Col Negro (Monte Pianezze), wo die Chiggiato-Hütte, 1952 m, steht. Es folgt erneut ein aufregender Abschnitt: durch ursprünglichen Bergwald ins wilde Hochtal Vallon del Froppa, etwas ausgesetzt um die steile Südostkante der Croda Bianca herum und in langer Querung durch aufgeheizte Latschenfelder unter dem Monte Ciastellin hindurch zur Baion-Hütte, 1828 m. Wenige Minuten nur von der Hütte entfernt befindet sich der 1855 m hohe Colle San Pietro, der mit einer weiten Aussicht überrascht.

Von der Hütte steigt man entweder durch die Stille des Val Vedessana nach Calalzo ab, oder aber man bummelt weiter über den Wiesensattel Pian de Buoi zur Ciarido-Hütte, 1969 m. In nördlicher Richtung – die Marmarole-Hütte rechts liegen lassend – geht es schließlich am grünen Kamm (Markierung 271) zur Seilbahn-Station am Monte Agudo und zum Riesen-Pizza-Essen nach Auronzo.

40 Am Karnischen Hauptkamm

Zwischen Hoher Warte und Königswand

Österreich/Italien
Karnische Alpen
3–4 Tage
▲▲△△

Talorte AP Plöckenpaßstraße, Bus-H. Valentinstal, ca. 1060 m, Straße/Bus von Mauthen. – EP Kartitsch, 1358 m, im Lesachtal, Straße/Bus nach Sillian/Lienz oder Mauthen.

Stützpunkte (1) Unt. Valentin-A., 1220 m, priv., 0.30 Std. von der Plöckenpaßstraße, Pkw-Auffahrt bis zur A. mögl. – (2) Ed.-Pichl-H., 1960 m, ÖAV, am Wolayer See, 3 Std. von (1) über Valentintörl, 2138 m. – (3) Hochweißstein-Hs., 1868 m, ÖAV, im Frohntal, 6 Std. von (2) über Giramondopaß, 1971 m, und Öfnerjoch, 2011 m; Grenzübertritt! – (4) Neue Porze-H., 1930 m, ÖAV, im Obertilliacher Tal, 6–7 Std. von (3) über Luggauer Törl, 2226 m – Zererhöhe, 2460 m – Mittelkar-Biwakschachtel, ca. 2000 m – Winklerjoch, 2241 m – Reiterkarspitz, 2421 m – Bärenbadeck, 2430 m; ab Winklerjoch abseits des Karnischen Höhenwegs z. T. weglos, jedoch unschwierig. – Überschreitung von Heretriegel, 2170 m, und Hintersattel, 2407 m, dann Abstieg nach Kartitsch, 4–5 Std.

Hüttengipfel (2) Rauchkofel, 2460 m, 1.15 Std. leicht. – Hohe Warte, 2780 m, 4 Std. über Wolayerpaß und von S, z. T. ges., nur für trittsichere, geübte Wanderer! – (3) M. Peralba (Hochweißstein), 2694 m, 3 Std. auf Kriegssteig. – Raudenspitze, 2507 m, 2 Std., Kriegssteig. – (4) Porze, 2589 m, 2.30 Std. über Porzescharte und Steigspuren in der S-Flanke. – Gr. Kinigat, 2689 m, 1.30–2 Std. vom Hintersattel über Filmoorsattel und S-Flanke; nur für trittsichere, klettergewandte Wanderer!

Charakter Großartige, einsame Hüttenübergänge, die z. T. dem Karnischen Höhenweg folgen, für ausdauernde und erfahrene Bergwanderer. – Lange Etappen beachten! Wetterschutz wichtig!

Führer Karnischer Hauptkamm, AVF, Holl (Rother).

Karten FB 18, Lienzer Dolomiten – Schober-Gruppe, 1 : 100 000. – FB 182, Lienzer Dolomiten – Lesachtal, 1 : 50 000.

Der Karnische Hauptkamm, dieser Grenzkamm zwischen Österreich und Italien, der die schnurgerade ostwärts ziehende Furche von Lesach- und Gailtal im Süden überragt und im Westen an die Sextener Dolomiten anschließt, ist vom Massenbergsteigen bisher verschont geblieben. Die Hochtäler und Kare unter den bis auf fast 2800 m Höhe aufsteigenden Kalkklippen hüten in ihrer strengen Schönheit noch eine fast unversehrte Stille, die man in den benachbarten Dolomiten meist vergebens sucht.

Wir beginnen unsere Wanderung entlang dem Karnischen Hauptkamm an der Straße zum Plöckenpaß, wo unweit des Soldatenfriedhofs ein Fahrweg zur Valentin-Alm abzweigt. Die gewaltige Kellerwand, danach die Hohe Warte sind die Höhepunkte beim Anstieg zum Valentintörl. Jenseits umfaßt der Blick dann eine der schönsten Szenerien aller Kalkalpen: den klaren Spiegel des Wolayer Sees zwischen karg übergrünten Rundkuppen, darüber die schroffe Nordwand des Seekopfs, die kühne Nordkante des Monte Canale und die düster abweisende Chianaletta. Und in diesem großartigen Kessel steht die Eduard-Pichl-Hütte, 1960 m, unser erster Stützpunkt.

Bei der folgenden langen, doch überaus dankbaren Wanderstrecke wechseln wir für einige Stunden auf die Südseite des Kamms und damit auf italienischen Boden über. Zunächst geht es von der Pichl-Hütte durch den Boden der Oberen Wolayer-Alm zum Giramondopaß, jenseits am Bordagliasee vorüber, dann durchschreiten

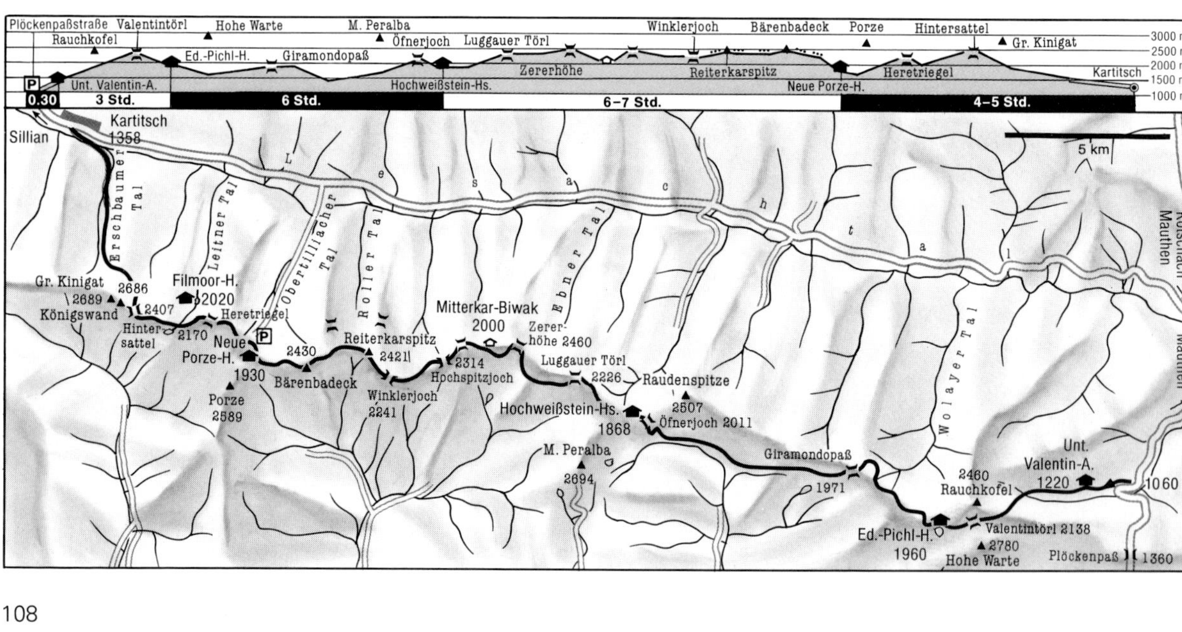

wir das oberste Fleonstal (ein Blumenparadies ersten Ranges!), erreichen am Öfnerjoch wieder österreichischen Boden und bald darauf das Hochweißstein-Haus, 1868 m. Der Hüttengipfel, der Hochweißstein bzw. Monte Peralba, ist unbedingt den 3stündigen Anstieg wert, gilt er doch wegen seiner minimal vom Kamm abgerückten Position als Aussichtswarte par excellence!
Der eigentliche, mit Nr. 403 durchgehend markierte Karnische Höhenweg bleibt im Abschnitt zwischen Hochweißstein-Haus und Neuer Porze-Hütte stets auf der Nordseite des Hauptkamms, überschreitet dabei fünf nach Norden zielende Gratrücken und stellt hohe Anforderungen an Ausdauer und Kondition. Nicht nur zeitsparender, sondern auch landschaftlich wesentlich reizvoller ist eine Variante dieses Wegs, die – meist auf Steigspuren – vom Mitterkarjoch zum Hauptkamm quert und diesem bis oberhalb der Neuen Porze-Hütte, 1930 m, folgt!
Wenn Zeitmangel oder Wetterverhältnisse es erfordern, kann man von der Neuen Porze-Hütte problemlos nach Obertilliach im Lesachtal hinauslaufen. Oder aber man füllt den letzten Tag mit den Übergängen über Heretriegel, Hintersattel und der Talwanderung nach Kartitsch aus.

Blick von Nordosten auf Wolayer Seekopf und Eduard-Pichl-Hütte (unter der links noch ein Teil des Seespiegels zu sehen ist). Im felsigen Gipfelkamm folgen Monte Canale, Chianalettagrat und Sassonero.

41 Quer durch die Lienzer Dolomiten

Der Dreitörlweg mit einsamem Finale

Österreich
Lienzer Dolomiten
2–4 Tage
▲▲△△

Talorte Oberdrauburg, 621 m, im Oberdrautal, Straße/Bahn von Lienz. – AP Unterpirkach, 650 m, Straßenzufahrt von Oberdrauburg ca. 5 km. – EP Luggauer Brücke über die Drau, 745 m, an der Straße Sillian–Lienz (Bus-H.), 5 km nach Lienz.

Stützpunkte (1) Hochstadel-Hs., 1780 m, ÖTK, in der Hochstadel-O-Flanke, 3 Std. von Unterpirkach. – (2) Karlsbader H., 2260 m, DAV, am Laserzsee, 4.30 Std. von (1) am Dreitörlweg über Baumgartentörl, 2330 m – Kühleitentörl, 2283 m – Laserztörl, 2497 m. – (3) Kerschbaumeralm-Hs., 1902 m, ÖTK, auf der gleichnamigen A., 1.45 Std. von (2) über Kerschbaumer Törl, 2285 m. – Überschreitung von Hallebachtörl, 2399 m, und Kühbodentörl, 2441 m, und Abstieg durchs Kühbodental zur Luggauer Brücke, ca. 4 Std.

Hüttengipfel (1/2) Hochstadel, 2680 m, Überschreitung für trittsichere, klettergewandte Geher lohnend, 3.30–4 Std. von (1) bis Baumgartentörl. – (2) Laserzwand, 2614 m, 1.15 Std. – (3) Spitzkofel, 2718 m, 2 Std. vom Hallebachtörl, leichte Kletterei, nur für trittsichere und klettergewandte Geher; 0.45 Std. unterhalb des Gipfels die Linder-H., 2684 m, ÖTK, nur offener Unterstand!

Charakter Unschwierige Durchquerung des kompletten Kalkstocks der Lienzer Dolomiten mit riesigen Felskesseln und weiten Almböden. – Kompletter Wetterschutz wichtig! Bei Schlechtwetter jederzeit Talabstieg möglich!

Führer Lienzer Dolomiten, AVF, Peterka/End (Rother).

Karten FB-WK 182, Lienzer Dolomiten – Lesachtal, 1 : 50 000. – FB 18, Lienzer Dolomiten – Schober-Gruppe, 1 : 100 000.

Die Lienzer Kalkberge, den Westteil der Gailtaler Alpen bildend, wurden erst vor exakt 100 Jahren in Lienzer Dolomiten umbenannt. Ein besserer Name für die »Unholden von Lienz«, wie sie die Talbewohner in Bloßlegung ihrer Furcht vor den schroffen Bergen jahrhundertelang nannten, wäre wohl zur heutigen Zeit keinem der hochbezahlten Fremdenverkehrsmanager eingefallen, die mit viel Mühe – und viel Krampf – ihre Heimat an den Mann bringen müssen. Aber: Dolomiten? Eine liebenswürdige Übertreibung – denn die originalen Dolomiten um Langkofel, Marmolada, Drei Zinnen, Pelmo, Civetta oder Vajolettürme stellen imposante Einzelpersönlichkeiten dar gegenüber dieser zerfurchten und zerschrundeten Gipfelkette zwischen Lesach- und Lienzer Tal. Immerhin bietet dieses Lienzer Gebirge eine Fülle versteckter Talfalten und herrlich einsamer Hochböden zwischen seinen am östlichen Wildsender bis 2747 m hohen Gipfeln.

Man kann dieses Gebirge von Nord nach Süd auf der Route Dolomiten-Hütte – Karlsbader Hütte – Kerschbaumeralm-Schutzhaus – Radegunder Graben – St. Lorenzen durchqueren oder aber in Ost-West-Richtung, beginnend mit dem berühmten Dreitörlweg und endend mit dem einsamen Abstieg durchs Kühbodental zur jungen Drau. Dieser Dreitörlweg bietet einen sehr reizvollen, weil mit immer neuen Bergkulissen überraschenden Übergang, der genau ins Zentrum der Gruppe, zum schuttreichen Laserzkessel mit seinem bezaubernden See führt. Aus der Felswildnis wechselt man dann zu den Almböden im obersten Kerschbaumer Tal und überschreitet zum Schluß das »Rückgrat« des zu vielen schroffen

Als breite Kalkmauer baut sich der Lienzer Seekofel hoch über Laserzsee und Karlsbader Hütte auf, unserem Ziel nach dem Dreitörlweg. Links der westliche Wildsender. ▷

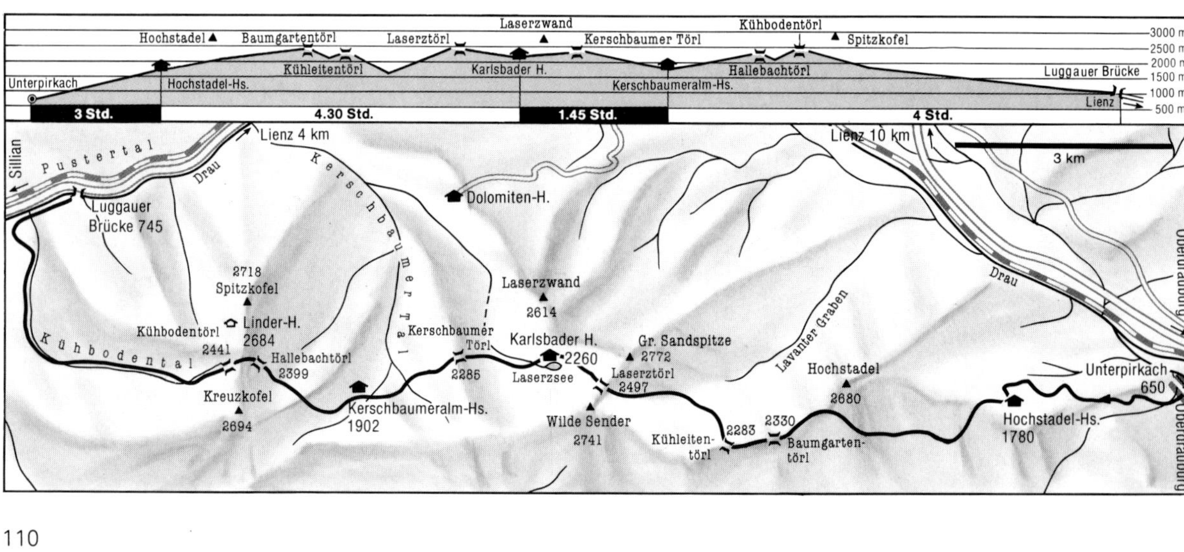

Trennlinie und Verbindungsglied zwischen Laserzkessel und Kerschbaumer-Alm ist das Kerschbaumer Törl, das im Südosten von der kleinen Pyramide des Törlspitz flankiert wird. Links im Hintergrund, von der feinen Nordostkante angeschnitten, die Gamsköpfe über Laserzschutt.

Keilen gebündelten Spitzkofel. Es gibt keinen Gletscher, statt dessen lange Schuttreißen und felsige Steige, die Trittsicherheit erfordern – und wer die Tour in zwei Tagen ablaufen will, der braucht für den ersten Riesenanstieg eine hervorragende Kondition! Wenn man jedoch im Hochstadel-Haus das erste Mal nächtigt, lassen sich die Anstiegsleistungen und auch die Rasten gleichmäßiger verteilen.

Der Blick von Unterpirkach aus zum 2000 m höheren Hochstadel ist dem einen Ansporn, dem andern nimmt er jegliche Lust am Bergsteigen – und tatsächlich ist dieser Hüttenanstieg zum Hochstadel-Haus, 1780 m, vor allem ein Test für Ausdauer und Moral! Das »Abenteuer Bergsteigen« folgt dafür um so eindrucksvoller am Dreitörlweg: Den können geübte Felsgeher schneidig und elegant mit der Überschreitung des Hochstadel beginnen, am leichten Garnitzenweg aufsteigend, dann am Südwestgrat zum Baumgartentörl traversierend. Der gemächliche Wanderer dagegen läßt den Gipfel rechts liegen und hält sich an den Originalweg hoch über dem Pirknergraben zum unscheinbaren Leitentörl, das von der Bezeichnung »Dreitörlweg« einfach ignoriert wird. Beide Steige kommen unter der Schneeklammkopflucke wieder zusammen und queren am Grat entlang zur tiefsten Einschartung, dem Baumgartentörl. Hier studieren wir noch einmal Kreuzeck-Gruppe und Karnische Alpen über dem Lesachtal, dann geht es durch den Geröllkessel des »Baumgarten« schnell hinüber zum Kühleitentörl und hinunter in den hohen Boden der Lavanter Alm. Über etwas steilere Block- und Schutthänge steigen wir dann noch einmal 400 Höhenmeter bergauf und stehen endlich im engen Laserztörl, wo sich jenseits die verlassene Öde des großen Laserzkessels mit dem kleinen, eisigblauen See auftut. Rückblickend erfaßt man erst hier die ganze Wucht, mit der die Riesenmauern von Hochstadel, Freiung und Keilspitze den Lavanter Kessel einschließen.

Nun darf man die Schuttreißen auf den Schuhsohlen abfahren (Vorsicht bei Schneefeldern!) und am See vorbei zur nahen Karlsbader Hütte, 2260 m, laufen. Um die sympathisch bewirtschaftete Hütte steht ein Kranz wilder Berge: Neben der Laserzwand – die nach Norden 600 m senkrecht abbricht, von Süden aber auf einem guten Steig unschwierig zu erreichen ist – die zerrissene Teplitzer Spitze als feiner Kletterberg, die beiden Wildsender, die Große Sandspitze.

Die Kulissen ändern sich erneut am Weiterweg übers Kerschbaumer Törl – nur 25 m höher als die Karlsbader Hütte! –, wenn auf der gegenüberliegenden Seite des Kerschbaumeralm-Kessels die steil geschichteten Kalkrippen des Spitzkofel-Massivs auftauchen. Sehr alpin geht unsere Durchquerung dort zu Ende: Vom alten Kerschbaumeralm-Schutzhaus, 1902 m, haben wir 500 Höhenmeter zum Hallebachtörl aufzusteigen und gelangen nach einem kurzen Zwischenabstieg zum Kühbodentörl. Den verlockenden Abstecher zum Spitzkofel dürfen sich nur klettergewandte Geher leisten, außerdem ist der zeitliche Mehraufwand von gut 3 Stunden zu beachten!

Die kann man aber auch ohne Gipfel glücklich beim langen Abstieg durchs einsame Kühbodental mit seinen duftenden Latschengürteln und lichten Lärchenböden vertrödeln. Die vielen Höhenmeter, die man sich im Osten hinaufgeplagt hatte, gilt es jetzt hinunterzubremsen. Wer fragt, wo denn da ein Gewinn zu sehen sei, darf die Tour in der Gegenrichtung noch einmal ablaufen – mit aufnahmefähigen fünf Sinnen allerdings und einem offenen Herzen!

42 Der Venediger-Höhenweg

Vom Innergschlöß zum Umbaltal

Österreich
Hohe Tauern / Venediger-Gruppe
5–6 Tage
▲▲▲△

Talorte AP Matreier Tauern-Hs., 1509 m, unter dem S-Portal des Felbertauerntunnels, Bus von Matrei. – EP Prägraten/Streden, 1403 m, im Virgental, Bus nach Matrei (evtl. erst ab Hinterbichl, 0.30 Std. von Streden).

Stützpunkte (1) Badener H., 2608 m, ÖAV, am Froßnitzkees, 5.30–7 Std. vom Matreier Tauern-Hs. über Innergschlöß, 1691 m – Löbbentörl, 2770 m (R.-Zöllner-Weg). – (2) Bonn-Matreier H., 2750 m, DAV/ÖAV, 4 Std. von (1) über Galtenscharte, 2882 m. – (3) Eissee-H., 2500 m, priv., im obersten Timmeltal, 3.30 Std. von (2) in langer Hangquerung. – (4) Defregger-Hs., 2962 m, ÖTK, auf dem Mullwitzaderl, 2.30 Std. von (3) über Wallhorntörl, 3045 m, Gletscherbegehung (Spalten!). – (5) Johannis-H., 2121 m, DAV, im Dorfer Tal, 1.30 Std. Abstieg von (4). – (6) Essener-Rostocker H., 2208 m, DAV, im Maurer Tal, 3.30 Std. von (5) übers Türmljoch, 2790 m. – (7) Clara-H., 2038 m, DAV, im Umbaltal, 5.30 Std. von (6) über Reggentörl, 3056 m, hochalpiner Gletscherübergang, nur mit Seil und Pickel! – Abstieg 1.30 Std. nach Streden.

Hüttengipfel (1) Inn. Knorrkogel, 2884 m, 0.15 Std. vom Löbbentörl. – Wildenkogel, 3022 m, 3 Std., leichte Kletterei (I). – Kristallwand, 3329 m, 2.15 Std., kurze Gletscherüberschreitung, zahlreiche Drahtseile, für Geübte unschwierig. – (2) Rauhkopf, 3070 m, 1 Std., bis Vorgipfel leicht. – Sailkopf, 3209 m, 1.30 Std., kurze, leichte Blockkletterei. – Hoher Eichham, 3371 m, 4 Std., kurze, leichte Blockkletterei (II). – (3) Weißspitze, 3300 m, 2.30 Std. (gletscherfrei!). – (4) Großvenediger, 3674 m, Rainerhorn, 3560 m, Schwarze Wand, 3511 m, und Hoher Zaun, 3467 m, 2.30–3.30 Std., unschwierige, aber z. T. spaltenreiche Gletscheranstiege. – (6) Gr. Geiger, 3360 m, 4 Std., Gletschertour. – Östl. Simonyspitze, 3488 m, 4 Std., mäßig steiler Firnaufstieg, gletscherfrei. – Rostocker Eck, 2749 m, 3.30 Std. als reizvoller Rundweg. – (7) Dreiherrnspitze, 3499 m, und Rötspitze, 3495 m, jeweils 4.30 Std., Gletschertour mit kurzer Blockkletterei.

Charakter Eine der lohnendsten Höhenwanderungen der Ostalpen! – Ohne besondere technische Schwierigkeiten, wenn Trittsicherheit und Erfahrung auf Gletschern vorhanden! – Bei mangelnder alpiner Erfahrung »zahmere« Variante wählen und von (6) ins Virgental absteigen!

Besondere Hinweise Gletscherfreie Variante von (3) nach (5) über Sajat-H. und Friedl-Kratzer-Weg, 4.30 Std. – Gletscherfreie, jedoch nur für trittsichere und klettergewandte Wanderer geeignete Alternative zum Reggentörl (schlecht mark., kein angelegter Weg!): 4.30 Std. von (6) über Quirlwand, ca. 2900 m – Quirlsattel, 2917 m und Schinakel, 2874 m (siehe AV-Karte!).

Führer Venediger-Gruppe, AVF, Peterka/End (Rother). – Wegen der zahlreichen neuen Hütten und Wege nur neueste Auflage von Nutzen!

Karten AV 36, Venediger-Gruppe, 1 : 25 000 (Ausgabe 1982, hervorragend). – FB 123, Defereggen- und Virgental, 1 : 50 000.

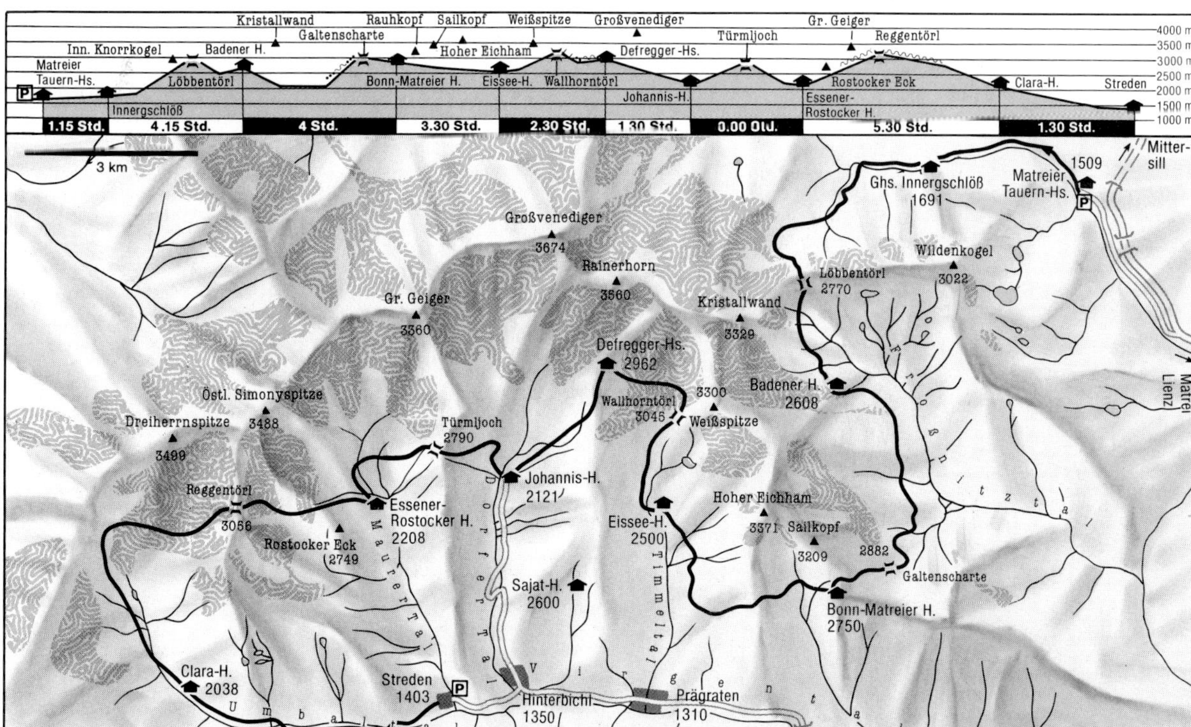

Großvenediger – dieser klangvolle Name müßte heute für ein Sommerskigebiet herhalten, wenn einige kühne »Luftschloßarchitekten«, wie sie einmal recht treffend ein Salzburger Journalist bezeichnet hatte, ihre Pläne in die Tat umgesetzt hätten. Als aber 1982 selbst dem sonst so erschließungsfreudigen Landeshauptmann in Innsbruck ein sechstes Gletscherskigebiet in Tirol nicht mehr geheuer war, verschwand das Projekt in den Schubladen, wo es hoffentlich für immer liegen bleibt! So könnte Ruhe einkehren rings um den Venediger, da mittlerweile auch die energiegeladenen Herren von den Wasserkraftwerken mehr mit ihren technischen Problemen ringen als mit den Naturschützern. Noch freilich steht die endgültige Entscheidung aus, ob die sechs großen Täler an der Venediger-Ost- und Südseite, die auch der Höhenweg berührt, ihrer Wasser beraubt werden. Erst die Zukunft wird zeigen, ob die Abkehr von umweltzerstörenden politischen Entscheidungen – von einer »Wende« hin zu umweltbewußter Politik ist noch keine Rede! – für Osttirol noch rechtzeitig genug kam.

Der Bergsteiger muß vorerst hoffen – und profitiert schon heute von den vielen Diskussionen um die Südabdachung des Großvenediger. Die Unterstützung der Nationalparkpläne in den Hohen Tauern hat auch den Österreichischen Alpenverein nicht ruhen lassen: Nirgendwo sonst sind in den Alpen in den letzten Jahren so zahlreiche Wege gebaut, Hütten saniert und Privathütten unterstützt worden. Das Resultat – übrigens entgegen der sonst verbindlichen Absage an weitere Hütten und Wege – ist die vernünftige und notwendige »Kanalisierung« der Wandererströme in einem künftigen Nationalpark. An dieser Stelle aufkommende Befürchtungen, daß dort ein alpines »Disneyland« entstünde, sind jedoch nicht gerechtfertigt: Es werden keine Rolltreppen installiert, und wenn selbst der Venediger-Höhenweg durch einige Wegebaumaßnahmen heute ohne Gletscherberührung zu absolvieren

ist, so muß man doch stets auf schlechte Verhältnisse am Weg gefaßt sein, der mehr eine alpine Höhenroute als ein »Weg« ist.

Das »Herz der Hohen Tauern«, als das man das Innergschlöß früher bezeichnete, hat in den letzten Jahren

Ein ideales Revier für endloses Rasten findet sich im Moränengelände, das der Rudolf-Zöllner-Weg beim Aufstieg vom Innergschlöß berührt. Über dem trotz Rückgangs noch riesigen Eisstrom des Schlatenkeeses stehen von links nach rechts Hoher Zaun, Schwarze Wand sowie Groß- und Kleinvenediger.

viel von seiner Einsamkeit und seinem Reiz verloren. Doch spätestens oberhalb der aperen Zunge des Schlatenkeeses, durch dessen bloßgelegtes und glattgeschmirgeltes Becken der »Gletscherschaupfad Innergschlöß« nach rechts in Richtung Prager Hüttenweg quert, sind wir allein. Zügig steigen wir auf dem Rudolf-Zöllner-Weg die Moräne entlang hinauf ins Löbbentörl, wo die Kristallwand mit ihrem bedrohlich wirkenden Hängegletscher einen dramatischen Akzent setzt. Bei der Querung ins oberste Froßnitztal und zur Badener Hütte, 2608 m, bleibt uns der großzügige Landschaftscharakter noch erhalten. Nur im Süden ragt kühn die Hohe Achsel auf und zeigt uns als Vorposten der felsigen Eichham-Gruppe, daß es mit der harmonischen Weite schon bald ein Ende hat. Die Galtenscharte erfordert reichlich Trittsicherheit und bei Vereisung gute Nerven – oder den Mut zur Umkehr!
Durch den schmalen Einschnitt sind wir in die Flanken über dem Virgental gelangt, stehen bald darauf vor der Bonn-Matreier Hütte, 2750 m, und schauen fasziniert nach Süden: Gleich drei Bergkämme bauen sich dort hinter- und übereinander auf – der niedrige östliche Lasörlingkamm, die Villgratener Berge und im fernen Dunst die Dolomiten.
Der Weiterweg führt über eine leichte Etappe. Zwar sind drei Ausläufer der Wunspitze und davor der so prägnante »Eselsrücken« zu überschreiten,

Das Bild verdeutlicht, warum das Rostocker Eck als bester Aussichtspunkt im Nahbereich der Essener-Rostocker Hütte gilt: Im Norden umschließen die Gipfel über dem Maurerkees wie Theaterränge den Talschluß. Der Kamm von links nach rechts: Maurerkeeskögel, Maurer Törl, Kleiner Maurerkeeskogel, Geigerkopf, Großer Geiger und Großer Happ.

Die sonnenverbrannte Johannis-Hütte im grünen Wiesengrund vor der Kulisse von Großvenediger, Rainerhorn und Rainerkees. Die Idylle täuscht jedoch: Wenige Meter neben der Hütte endet eine Straße, mit der sich einige Geschäftemacher den Zugang zu einem Gletscherskigebiet auf dieser Venediger-Südseite erkaufen wollten.

aber insgesamt geht es doch mehr abwärts als bergauf zu der erst 1980 erbauten privaten Eissee-Hütte, 2500 m, im obersten Timmeltal. Hier hat man nun die Qual der Wahl: Wer partout der Route des Venediger-Höhenwegs folgen will und somit keinen Gletscher betritt und kein Seil benötigt, wechselt über die fast 3000 m hohe Zopetscharte ins Dorfer Tal und zur uralten Johannis-Hütte, 2121 m, hinüber oder erlaubt sich gar noch den Umweg über die interessante Sajat-Hütte. Bergwanderer mit Gletschererfahrung zieht es möglicherweise mehr in Richtung Wallhorntörl und Mullwitzkees, das zum sanierten Defregger-Haus auf dem Mullwitzaderl, 2962 m, hinüber gequert wird (Vorsicht, Spalten!). Vom Defregger-Haus treten die Völkerwanderungen zum Weg auf den Großvenediger an, für die meisten trotzdem ein großes Erlebnis – weil sie Massen gewöhnt sind!

Das idyllische Bild der sonnenverbrannten Johannis-Hütte auf grünem Wiesengrund im Talschluß des Dorfer Tals, mit der Gletscherkulisse im Hintergrund, täuscht – wenig südlich endet eine Straße, die der Hütte jegliches Bergsteiger-Flair für immer genommen hat.

Von der Johannis-Hütte leitet uns eine nur kurze Wanderung zur Essener-Rostocker Hütte, 2208 m, wobei wir spätestens am breiten Türmljoch wieder ins ruhige Hochgebirge zurückfinden. Ob am Großen Geiger, an der Östlichen Simonyspitze, den tiefeinsamen Malhamspitzen oder – getreu der Maxime »eisfrei« – am Rundweg um und über das Rostocker Eck: Jeder Bergfreund sieht auf den Hüttengipfeln über diesem Tal seine Erwartungen erfüllt.

Eine Etappe steht noch aus: der Übergang zur Clara-Hütte, 2038 m. Bei guten Verhältnissen ist der Gletscherübergang über das Reggentörl leicht, ohne Seil und Pickel allerdings niemals zu verantworten! Bleibt der »eisfreie« Übergang über Quirlwand, Hochkar und Hohe Gruben: Kaum markiert und überhaupt nicht ausgebaut, vor allem aber mit einem tückischen Aufstieg und einem sehr steilen Abstieg verlangt er noch mehr Erfahrung als das vergletscherte Reggentörl.

Eine Gewissensfrage: Soll man für den Venediger-Höhenweg diese echte Urlandschaft erschließen, dem Wanderer öffnen? Eine Entscheidung ist solange nicht zu erwarten, wie Nationalpark, »sanfter Tourismus« und gute Zusammenarbeit mit den Virgentaler Grundbesitzern auf sich warten lassen – womit uns die Auseinandersetzungen unten im Virgental wieder erreicht hätten …

43 Die große Schober-Runde

Einsame Kare, stille Seen und 53 Dreitausender

Österreich
Hohe Tauern / Schober-Gruppe
4–6 Tage
▲▲▲△

Talort AP/EP Kals am Großglockner, 1325 m.

Stützpunkte (1) Neues Luckner-Hs., 1984 m, priv., im Ködnitztal, Mautstraße/Bus von Kals (2 Std. zu Fuß). – (2) Glorer-H., 2651 m, DAV, im Bergertörl, 2 Std. von (1). – (3) Elberfelder H., 2346 m, DAV, im hint. Gößnitztal, 4 Std. von (2) am Wiener Höhenweg über Peischlachtörl, 2490 m, und Kesselkeessattel, 2926 m. – (4) A.-Noßberger-H., 2488 m, ÖAV, am Gr. Gradensee, 3 Std. von (3) über Klammerscharte, 2930 m, kurze Gletscherbegehung, kurze Strecke ges. – (5) Wangenitzsee-H., 2508 m, ÖAV, über dem Wangenitzsee, 3 Std. von (4) über Hohe Gradenscharte, 2803 m, und Kreuzseeschartl, 2760 m, kurzer Abschnitt ges. – (6) Lienzer H., 1977 m, ÖAV, im hint. Debanttal, 1.30 Std. von (5) über Unt. Seescharte, 2532 m, und Zinkeweg. – (7) Ghs. Lesachalm, 1860 m, priv., und Bubenreuther-H., 1828 m, DAV (Selbstversorger-H.), beide im Lesachtal, 4 Std. von (6) über Kalser Törl, 2806 m. – Abstieg 2 Std. durchs Lesachtal und über Oberlesach nach Kals, breite Forstwege.

Hüttengipfel (2/3) Böses Weibl, 3121 m, 0.40 Std. vom Kesselkeessattel, unschwierig. – (3) Roter Knopf, 3281 m, 3 Std. über SO-Grat, weglos, unschwierig. – (3/4) Kl. Hornkopf, 3188 m, 1 Std. von der Klammerscharte über den WSW-Rücken, leichte Kletterei (I+). – (5) Petzeck, 3283 m, 2.30 Std. über die S-Schulter, leicht am bez. Weg. – (6) Hochschober, 3240 m, 5 Std. über Gartl – Schobertörl, 2905 m – Kleinschober, 3125 m (I+), meist verwächtete Firngrat. – Glödis, 3206 m, 4–5 Std. über SO-Grat, z. T. ges., leichte Kletterei.

Charakter Strenge Hochtour durch die etwas im Schatten des Großglockner liegende Schober-Gruppe, daher nicht der dort vorherrschende Massenandrang. – Trittsicherheit, auch in steilem Schutt und auf hartem Firn erforderl.; Pickel und Steigeisen empfehlenswert.

Besondere Hinweise Die Route führt über den jeweils leichtesten von mehreren mögl. Übergängen; schwieriger ist lediglich die Hohe Gradenscharte, die jedoch über die Niedere Gradenscharte leicht umgangen werden kann.

Führer Schober-Gruppe, AVF, Mair (Rother).

Karten AV 41, Schober-Gruppe, 1:25000. – FB 181, Kals – Heiligenblut – Matrei, 1:50000.

Die vielen Großglockner-Anwärter, die zwischen Glocknerleitl und -scharte immer mit einem Bergsteiger-Stau rechnen müssen, ertragen die Verzögerungen mit Gleichmut, da sie sich bei dieser Gelegenheit in aller Ruhe umschauen können. Nur wenige ahnen allerdings, daß sich unmittelbar vor ihnen im Süden eine Berggruppe ausbreitet, in der es die Einsamkeit, die viele im Gebirge suchen, auch heute noch gibt: die Schober-Gruppe. Im Schatten des Großglockner stehen hier mehr als 50 Dreitausender – steile Felshörner aus dunklem Gneis und Schiefer, von denen die meisten nordseitig kleine Firnreste tragen. Die Zugehörigkeit zu den Hohen Tauern beweist vor allem der Hochschober selbst, mit vier ebenmäßig ausstrahlenden Graten über respektablen Gletscherflanken. Die einstigen Gletscher haben riesige Schottermulden hier zurückgelassen, weshalb Spötter geringschätzig von der »Schotter-Gruppe« sprechen. Sie übersehen dabei allerdings die anderen, reizvollen Relikte der Eisbewegungen vergangener Jahrtausende: die wunderbaren Seen und zahllosen Lacken unter den gewaltigen Hochkaren!
Vom Riesenparkplatz beim Neuen

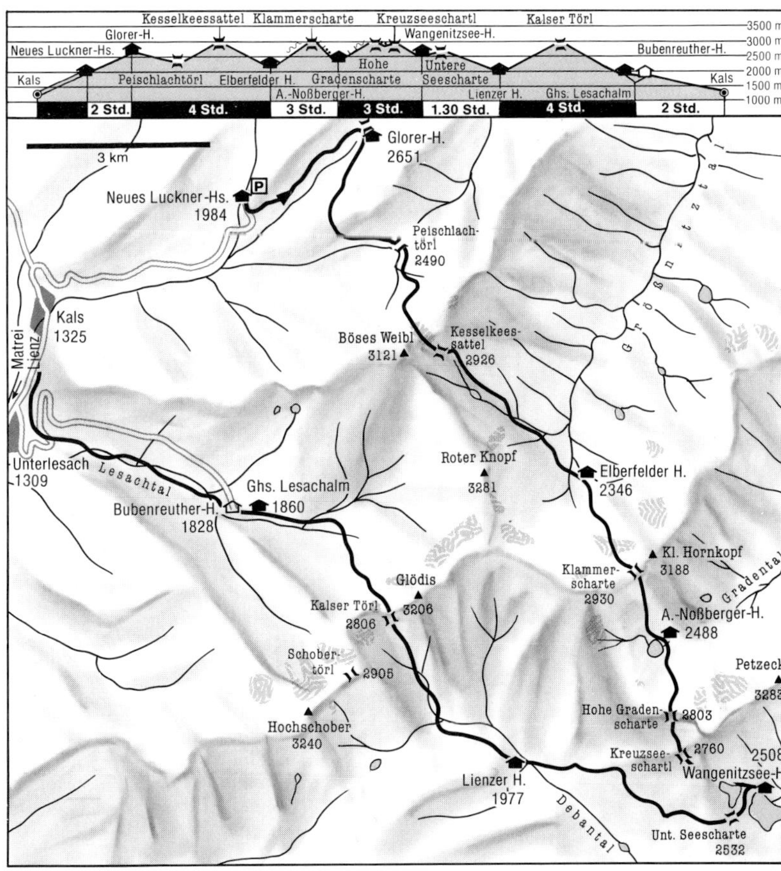

Luckner-Haus steigen wir in Richtung Glorer-Hütte, 2651 m, und treffen nur noch Gleichgesinnte. Noch bewegen wir uns hier am Rand der Glockner-Gruppe, aber am Weiterweg von der Glorer-Hütte nach Süden betreten wir beim Peischlachtörl, 2490 m, die eigentliche Schober-Gruppe. Vom Joch geht es am Wiener Höhenweg über einen harmlosen Gletscherrest zum Kesselkeessattel, 2926 m, hinauf. Wer einen Abstecher zum Bösen Weibl, 3121 m, unternimmt, kann dort oben den ersten Dreitausender dieser Tour feiern. Mit oder ohne Gipfel in der Tasche steigen wir zufrieden ins Gößnitztal hinunter zur neu ausgebauten Elberfelder Hütte, 2346 m.

Die nächste Wegstrecke zur Noßberger-Hütte führt über die Reste des einst größten Schobergletschers, das heute ungefährliche Gößnitzkees, zur tiefeingeschnittenen Klammerscharte, mit 2930 m die höchste Scharte unserer Tour. Jenseits können wir unten im Hochtalkessel zwischen einigen Seen die Adolf-Noßberger-Hütte, 2488 m, erkennen, bei der wir wieder mit dem Wiener Höhenweg zusammentreffen.

Beim Wechsel in den nächsten Seenkessel leisten wir uns – gute Verhältnisse vorausgesetzt! – das Vergnügen, einmal nicht den leichtesten aller möglichen Übergänge zu benutzen. Der Holländerweg zur Hohen Gradenscharte, 2803 m, verlangt nämlich trotz Sicherungen alpine Erfahrung oder einen verantwortungsvollen und hilfreichen Begleiter, der einen das richtige Verhalten in etwas anspruchsvollerem Gelände lehrt. Wer sich vor dem steileren Gelände jedoch scheut, weicht über die Niedere Gratenscharte aus, erreicht nach einer Querung unter den Weißwandspitzen hindurch den direkten Weg sowie über das Kreuzseeschartl, 2760 m, hinweg den Wangenitzsee und die gleichnamige Hütte, 2508 m.

Nach einem lohnenden Ausflug – allerdings mit Pickel! – zum Petzeck, dem mit 3283 m höchsten und dennoch leichtesten Dreitausender der Gruppe, ist die Anstiegsleistung zur Unteren Seescharte, 2532 m, auf lächerliche 50 Höhenmeter zusammengeschmolzen. Während der anschließenden langen Hangquerung zur Lienzer Hütte, 1977 m, hinunter laufen wir schnurgerade auf den Hochschober und das wuchtige Felshorn des Glödis zu (siehe Bild links!).

Blick vom Keeskopf über die flachen Böden unter der Gößnitzscharte zu Hochschober (links), Debantgrat und Glödis (rechts). Der Gegensatz zwischen aperer Südseite und vergletscherter Nordflanke der Gruppe wird am Hochschober angedeutet. Rechts im Hintergrund der Großvenediger.

Um wieder ins Kalser Tal zu gelangen, steigen wir aus dem reizenden Debanttal noch einmal gut 800 m hinauf zum Kalser Törl, wo wir verblüfft erkennen, um wieviel eisiger die Nordflanken der Schoberkette sind. Der Großglockner beherrscht noch einmal den Ausblick, dann geht's über Firn und am Moränensteig zu den beiden Hütten des Lesachtals (voll bewirtschaftet ist hier nur die Lesach-Alm!). Nach weiteren 2 Gehstunden auf bequemen Wegen steht man dann wieder im Bergsteigerdorf Kals.

Der Wangenitzsee, die gleichnamige Hütte und sein Begrenzungskamm im Norden. Der Ausschnitt zeigt von links nach rechts: Östlicher Perschitzkopf, Perschitzscharte, Kruckelkopf, Petzeckscharte und – 800 m über dem Seespiegel – das Petzeck.

44 Der große Tauern-Höhenweg

Von Kaprun bis zur Thüringer Hütte

Österreich
Hohe Tauern
4–7 Tage
▲▲▲▲

Talorte AP Kaprun, 786 m, Straße/Bus von Zell am See, bzw. Kesselfall-Alpen-Hs., 1043 m, priv., im Kapruner Tal unterhalb der Limbergsperre, Straße/Bus von Kaprun. – EP Neukirchen a. Großvenediger, 857 m, Straße/Bus nach Mittersill/Zell am See.

Stützpunkte (1) A.-Schärf-Hs., 2040 m, TVN, am Moserboden-Stausee, Schrägaufzug und Bus von Kaprun bzw. Kesselfall-Alpen-Hs. – (2) Rudolfs-H., 2315 m, ÖAV, am Weißsee, 4.30 Std. von (1) über Kapruner Törl, 2639 m. – (3) St. Pöltener H., 2481 m, ÖAV, am Felbertauern, 10–12 Std. von (2) am St. Pöltener O-Weg über Granatscharte, 2974 m – K.-Fürst-H. (offener Notunterstand), 2510 m – Amertaler Scharte, 2699 m – Donabaumscharte, 2760 m – Grüner See, 2246 m (knapp darunter die geschlossene Grünsee-H.) – Meßlingscharte, 2563 m – Alter Tauern, 2498 m, Gletscher- und Firnstrecken, mehrere z. T. ges. Felspassagen (s. Besonderer Hinweis). – (4) Neue Fürther H., 2201 m, DAV, am Kratzenbergsee, 4.30–5.30 Std. von (3) am St. Pöltener W-Weg und übers Sandebentörl, 2753 m. – (5) Neue Thüringer H., 2240 m, DAV, über dem Schluß des Habachtals, 3.30 Std. von (4) über Larmkogelscharte, 2934 m. – Abstieg 3–4 Std. durch das Habachtal nach Neukirchen.

Hüttengipfel (2/3) Granatspitze, 3086 m, 0.45 Std. von der Granatscharte in leichter Kletterei über den O-Grat. – Sonnblick, 3088 m, 0.30 Std. von der Granatscharte. – (4) Tauernkogel, 2989 m, 1.30 Std., zentraler Aussichtspunkt. – (5/6) Larmkogel, 3022 m, 0.30 Std. von der Larmkogelscharte.

Charakter Großartige hochalpine Übergänge entlang dem Tauern-Hauptkamm; mehrere meist gespurte Gletscher- und Firnstrecken, einige ges. Felsabschnitte! – Nur für trittsichere und konditionsstarke Geher! – Noch immer ruhig, weil anspruchsvoll! – Nur bei sicherem Wetter unternehmen!

Besonderer Hinweis Der St. Pöltener O-Weg sollte nach Möglichkeit in einem Tag bewältigt werden (mindestens 10 Std.!), da die beiden am Weg liegenden Hütten nicht bewirtschaftet sind!

Führer Glockner- und Granatspitz-Gruppe, AVF, und Venediger-Gruppe, AVF, beide von W. End (Rother). – Kl. Führer Glockner-, Granatspitz- und Venediger-Gruppe, Peterka/End (Rother). – Tauern-Höhenweg-Führer, Herrmann (Gerlach & Wiedling, Wien).

Karten AV 36, Venediger-Gruppe, 39, Granatspitz-Gruppe, 40, Glockner-Gruppe, jeweils 1:50 000. – FB 121, Großvenediger – Oberpinzgau, und 122, Großglockner – Kaprun – Zell am See, jeweils 1:50 000. – FB 12, Glockner- und Venediger-Gruppe, 1:100 000.

Zur Vorfreude der Planung, die große alpine Unternehmungen erfordern, gehört es, sich einen Überblick über das jeweilige Tourengebiet zu verschaffen. Dies muß zunächst anhand einer guten Karte am Wohnzimmertisch geschehen, von Fall zu Fall aber kann man die Berge vor Tourenantritt selbst in Augenschein nehmen – aus der Distanz! Erst dann sollte man sich der Details annehmen, die große Landschaft im kleinen erforschen, versteckte Winkel entdecken, Dimensionen zurechtrücken …

Das Gebiet, das wir auf unserer bedeutenden Hüttenwanderung zwischen Großglockner und Großvenediger durchstreifen, läßt sich von einem der berühmtesten Aussichtsberge der Alpen unter die (Fernglas-) Lupe nehmen: von der knapp 2000 m ho-

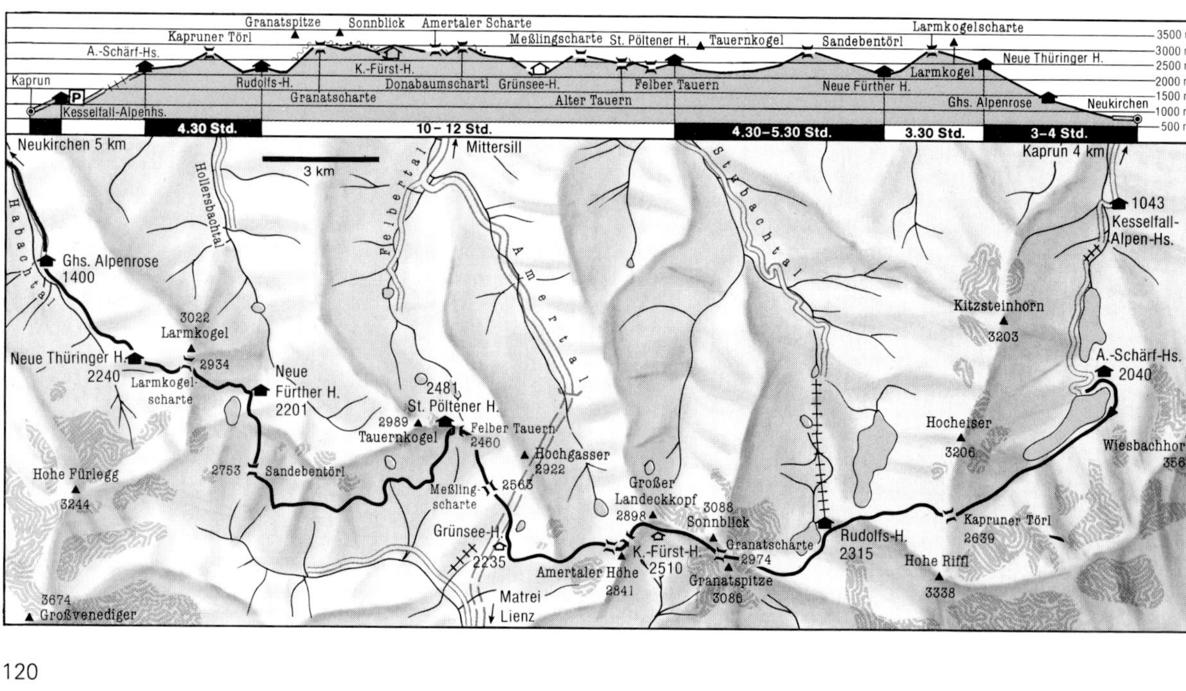

hen Schmittenhöhe (Seilbahn!) oberhalb von Zell am See! Wer die Zeit und die Aussicht auf eine stabile Hochdrucklage hat, sollte sich diesen Ausblick gönnen. Und wen die planierte Skilandschaft und das Massenpublikum stören, der bummle gegenüber von Wiesbachhorn, Kitzsteinhorn, Hocheiser und den langen, zum Hauptkamm hinaufziehenden Tälern auf der Route des Pinzgauer Spaziergangs dahin – bei vorzeitigem Abstieg über den Rohrerberg nach Steindorf-Niedernsill kostet dieses Vergnügen lediglich einen halben Tag.

Unser Höhenweg entlang dem Hauptkamm der Hohen Tauern führt einige Male dicht an die 3000-m-Grenze, verlangt die Begehung einiger kleiner Gletscher und fordert auf der langen Etappe zwischen Rudolfs- und St. Pöltener Hütte die enorme Gehleistung von 8 bis 12 Stunden! Dies ist also kein Spaziergang von Hütte zu Hütte, sondern eine auch bei sicherem Wetter strenge, hochalpine Unternehmung für ausdauernde, alpin erfahrene, trittsichere und komplett ausgerüstete Bergwanderer. Die technischen Schwierigkeiten halten sich in Grenzen, alle Kletterstellen (etwa am Landeckgrat und an der Amertaler Wand) sind gesichert, aber oftmals recht ausgesetzt. Auf den Firnstrecken gibt es selbstverständlich keine Markierung, wenngleich man im Sommer meist auf gute Trassen trifft.

Wir starten in Kaprun bzw. beim Kesselfall-Alpen-Haus und gehen oder fahren zu Limberg- und Mooserbodensperre: gigantische Schrägaufzüge, Straßen, Seilbahnen, Großkraftwerke und Riesenparkplätze. Aber schließlich befinden wir uns ja während der folgenden Tour auf dem Terrain des seit vielen Jahren in Planung befindlichen »Nationalparks Hohe Tauern«, in dem es »um den Schutz der letzten, großen, alpinen Naturlandschaft in Österreich vor der Großtechnik« geht (zitiert nach der Nationalpark-Kommission). Immerhin sind die letzten Wunden an den Kapruner Seen fast verheilt...

Rasch lassen wir die Besucherplattformen am Mooserbodensee zurück, wo die Berge meist mit kalten Blicken durch Ferngläser und Fotoapparate fixiert werden, laufen eben am Ostufer des Sees entlang in den hintersten Winkel und endlich bergauf durch die »Wintergasse« zum ersten Über-

Blick vom Rotkopf, einem Absatz im Ostgrat der Granatspitze, in die großartige Umrahmung des Ödenwinkels. Vom elegant verwächteten Urgesteinsgrat zwischen Kalser Tauern (im Vordergrund) und Oberer Ödenwinkelscharte (links) brechen Johannisberg (links) und Eiskögele jäh zum Ödenwinkelkees ab. Im Hintergrund, aber nicht zu übersehen, der Großglockner.

gang, dem Kapruner Törl: Wir durchwandern eine ernste, fast erdrückende Eislandschaft, öde Winkel großer Strenge! Der Abstieg zur Rudolfs-Hütte, 2315 m, ist bei Neuschnee etwas heikel, der Anblick des »Alpin-Zentrums« für manchen Hüttenwanderer ein Riesenschock! Niemand sollte dieses Bauwerk vorschnell verurteilen, sondern sich vielmehr seine Hauptfunktion in Erinnerung rufen: Es ist zentraler Ausbildungs-Stützpunkt des Österreichischen Alpenvereins, wo im Hörsaal Theorie gelehrt wird, die dann vor der Tür gleich in die Praxis umgesetzt werden kann! Außerdem: von der Luxus-Ausstattung hat auch der »Normalbergsteiger« so manchen Vorteil!

Die zweite, große Etappe ist eine Tour der Gegensätze: von der herben, arktisch vereisten Glockner-Gruppe zum stillen, verträumten Grün der Granatspitzberge, vom Hotelbetrieb der Rudolfs-Hütte zu den unbewirtschafteten Unterkünften am St. Pöltener Ostweg, die allerdings nur in Notfällen als Zuflucht dienen. Man marschiere also bei Tagesanbruch ab, denn es steht einer der längsten Hüttenverbindungswege der Ostalpen bevor! In dem eingangs empfohlenen »Tauern-Höhenweg-Führer« ist der berühmte Höhensteig des St. Pöltener Ostwegs mit seinen kurzen Gletscherstrecken und den zahlreichen Kletterstellen (Drahtseil) am Rabenstein, Landeckkamm und zur Donabaumscharte hinauf präzis beschrieben: Man studiere ihn genau! Der überlange, mehrmals den Hauptkamm überschneidende »Weg« ist bei aller Anstrengung, ja Härte, von unbeschreiblicher Großartigkeit.

Am idyllischen Kessel des Grünsees steht unvermittelt der Großvenediger mit seinen gewaltigen Eisdecken zum Greifen nahe gegenüber! Dieser großartige Blick begleitet uns auf dem letzten Abschnitt dieses Tages über die Meßlingscharte zur St. Pöltener Hütte, 2481 m, am Felber Tauern, »allwo Mittersill mit dem tyrollischen Gericht anstoßet«. Bei einem Wettersturz kann man von hier schnell und problemlos ins Tal fliehen.

Auch am St. Pöltener Westweg, dem man am nächsten Tag bis zur Abzweigung unter dem Sandebentörl folgt, hat man die weiten Firnflächen von Schlaten- und Viltragenkees ständig vor Augen. Übers Sandebentörl wechselt man in die einsame Nordflanke des Hauptkamms über, steigt am uralten Plattenweg hinab zur Neuen Fürther Hütte, 2201 m, am Kratzenbergsee.

Beim Weiterweg über die Larmkogelscharte sollte jeder die letzte lange Rast auf den nahen Gipfel des Larmkogels selbst verlegen, um noch einmal die grandiose Eislandschaft um den Großvenediger zu bewundern. Beim westlichen Abstieg zur originell neuerrichteten Thüringer Hütte, 2240 m, versinkt ein Kamm hinter dem andern, beginnt man allmählich, die starken Eindrücke der vergangenen Tage zu verarbeiten.

Unser langer Schlußabstieg führt durch die Urlandschaft des Habachtals, des Tals der Steinesammler mit seinen berühmten Smaragdfundstellen. Noch heute suchen die Pinzgauer allein, alpenfern wohnende Sommergäste in Kolonnen hoch droben im grünen Schutt der Felsspalten und stochern in großer Spannung nach dem erhofften Glück.

Geht einer ab der Fürther Hütte in einem Tag über die Larmkogelscharte hinab zur Thüringer Hütte und gleich weiter hinaus in den Pinzgau, dann muß er mit 9 Stunden und weichen Knien rechnen. – Zum Schluß ein angenehmer Trost: Die Karten zeigen, daß beide Hauptstrecken im wesentlichen durch die Südflanken führen, sozusagen »in der Sonne«.

Der Blick vom Larmkogel, dem zu Recht vielgerühmten Aussichtsgipfel zwischen Hollersbach- und Habachtal, zum Großvenediger. Das mächtige Schlatenkees durchbrechen die Felsriffe von (von links nach rechts) Kristallwand, Hohem Zaun, Schwarzer Wand, Rainerhorn, Klein- und Großvenediger; die beiden höchsten Gipfel über dem Habachkees sind Plattiger Habach und Hohe Fürlegg (rechts).

45 Übers karstige Tennengebirge

Weiße Kalkmauern und dunkle Schlünde

Österreich
Tennengebirge
2–3 Tage
▲▲△△

Talorte AP Werfenweg, 901 m, Auffahrt von der Tauernautobahn/Ausfahrt Werfen. – EP Abtenau, 714 m, im Lammertal (am günstigsten mit Taxi zurück nach Werfenweg).

Stützpunkte (1) Werfener H., 1969 m, ÖTK, am Sockel des Hochthron-S-Grats, 2.30 Std. von Werfenweg über Elmau-A., 1513 m. – (2) Edelweisser-H., 2349 m, Edelweißklub Salzbg., unter dem Gipfel des Mittl. Streitmandls, 2 Std. von (1) durch das Hochtal zwischen Fieberhörnern und Hochthron (Leiter!). – (3) Laufener H., 1721 m, DAV, zeitweilig beaufsichtigte Selbstversorger-H. bei der Tenn-A., 6–8 Std. von (2) über Wenger Scharte, 2077 m, und Bleikogel, 2412 m. – Abstieg 2.30 Std. nach Abtenau.

Hüttengipfel (2) Raucheck, 2431 m, 1.30 Std. – (3) Edelweißkogel, 2030 m, Fritzerkogel, 2360 m, und Hochbrett, 2311 m, zwischen 1 Std. und 2.30 Std. – Weitere Gipfel des Plateaus werden beim Übergang (2/3) überschritten.

Charakter Faszinierende Wanderung durch eine hochalpine Karstlandschaft, nur für ausdauernde und trittsichere Wanderer! – Schlechte Orientierungsmöglichkeiten bei Wettersturz!

Besondere Hinweise Die Edelweisser-H. ist nicht allgemein zugänglich, bietet jedoch einen gut eingerichteten, nicht verschlossenen Winterraum. – Die Laufener H. wird während der Sommersaison von einem Hüttenwart beaufsichtigt, der jedoch kein Essen ausgibt; Verpflegung muß mitgebracht werden. – Wichtig: ausreichende Flüssigkeitsmengen mitnehmen, da auf dem Hochplateau kein Wasser vorhanden ist!

Führer Tennengebirge, AVF, Kollarz (Rother).

Karten Österr. Karten, 94, Hallein, 95, St. Wolfgang, 125, Bischofshofen, jeweils 1:50000. – FB 39, Umgebung von Salzburg, 1:100000.

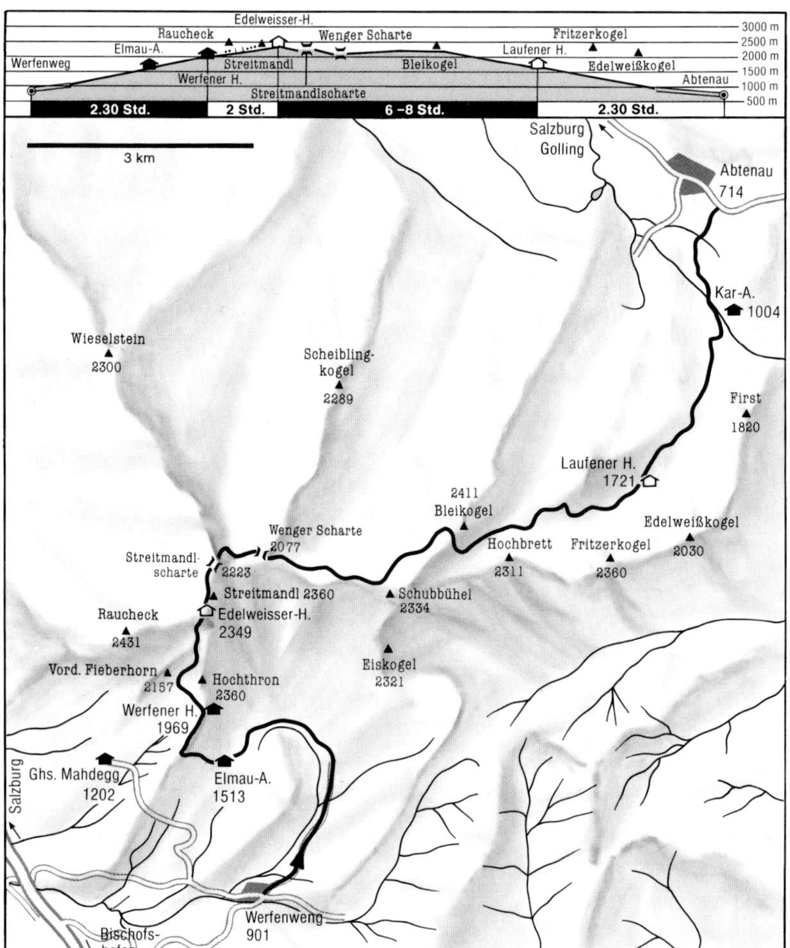

Das Tennengebirge, eine relativ kleine Gebirgsgruppe der Nördlichen Kalkalpen, flankiert im Westen vom Steinernen Meer und im Osten von den Dachsteinbergen, ist mit tiefeingeschnittenen Tälern klar umgrenzt. 2431 m hoch erhebt sich das Raucheck – nicht viel, doch wer von Golling auf 481 m Höhe zu wandern beginnt, hat Höhenunterschiede zu überwinden, die sich mit manchen westalpinen Touren messen können. Es ist nicht jedermanns Sache, sich zwei volle Tage lang tiefer Einsamkeit auszusetzen, in hitzeflirrenden Steinkaren aufzusteigen und über karstige, wasserlose Hochflächen zu pilgern – in ständigem Bergauf und Bergab, stets auf der Suche nach Wegspuren und Markierungen. Doch wer die weite Stille sucht und eine Landschaft, die unverändert blieb, seit die Gletschermassen der letzten Eiszeit dahinschmolzen, wird hier nicht enttäuscht werden.

Von Werfenweg, 901 m, dem Ausgangspunkt, geht es auf einer Touristenpromenade fast eben in die Wegerau. Dann windet sich der Pfad westlich hinauf zur prachtvollen Schaukanzel der bewirtschafteten Ellmau-Alm und zur Werfener Hütte, 1969 m, direkt unter den plattigen Wänden des Hochthrons! Der Weg wendet sich wieder westwärts, fast eben, unter den Mauern dahin, die

keine Durchschlupfmöglichkeit erkennen lassen. Dann leiten urplötzlich die Markierungen nach oben, und dort führt eine Leiter über die steile, ausbauchende Felsbastion. Die Sicht weitet sich allmählich zum Hochkönig und zu den Tauern, die karstige Hochebene wird erreicht, und wenig unter dem Gipfel des Mittleren Streitmandls duckt sich die kleine Edelweisser-Hütte, 2349 m. Sie ist nur mit dem Schlüssel des Klubs zugänglich, aber im Hochsommer an den Wochenenden bewartet. Vor allem aber besitzt sie einen hervorragend eingerichteten, offenen Winterraum mit sechs Lagern und Decken.

Die folgende Etappe zur Laufener Hütte samt Besteigung des Bleikogels füllt den Tag randvoll. Wir erleben dabei in anhaltendem Auf und Ab den Charakter des Tennengebirges: Formenreiche Karren, Steilstufen, Gräben und Dolinen, kleine Gipfel mit überraschender Sicht und immer wieder ganz unerwartete Höhenunterschiede in diesem »Plateaugebirge«. Vom Bleikogel dehnt sich die Sicht ins Endlose: Dachstein, Schladminger, Tauern – Niedere und Hohe – und all die Gruppen der östlichen Kalkalpen stehen da wie bestellt!

Im Abstieg zur Laufener Hütte wird die Landschaft noch kleinstrukturierter, zerrissener, unübersichtlicher – schlimm, wenn hier Nebel einfällt oder ein Unwetter beginnt! Die Wegspuren sind oft spärlich, nur die roten Punkte können da weiterhelfen – sind sie verloren, kann es ernst werden, ein Biwak die einzige Möglichkeit sein. Doch bei ordentlichem Wetter ist dieser Abstieg zur Laufener Hütte, 1721 m, ein bezauberndes Finale einer großen Überschreitung. Knappe 3 Stunden sind noch für den Abstieg bis nach Abtenau zu veranschlagen. Erst ganz unten im Talboden findet sich dann Wasser...

Fieberhorn und Werfener Hochthron (rechts) bilden die Südwestbastion des Tennengebirges. Knapp außerhalb des rechten Bildrandes steht am Fuß des Hochthron-Südgrats die Werfener Hütte. Deutlich erkennbar quert unser Weg am Wandsockel zum schattigen Felstal, das den Aufstieg zum Plateau des Massivs ermöglicht.

46 Übers Tote Gebirge

Karrenfelder, Dolinen, Tropfsteinhöhlen

Österreich
Totes Gebirge
3–4 Tage
▲▲△△

Talorte AP Hinterstoder, 585 m, Straße von Kremsmünster/Kirchdorf an der Krems, Bahnstation der Pyhrnbahn Linz–Graz. – EP Steinkogel, 443 m, bei Ebensee, Bus-H. an der Straße Bad Ischl–Gmunden.

Stützpunkte (1) Priel-Schutzhs., 1420 m, ÖAV, auf der Ob. Polster-A., 3 Std. vom Parkplatz bei Johannishof (Gepäckbeförderung mit Materialbahn). – (2) Pühringer H., 1638 m, ÖAV, oberhalb des Elmsees, 4.30 Std. von (1) durch Klinserschlucht und Weitgrube zum Temelbergsattel, 2080 m, und Rotkögelsattel, 2040 m. – (3) A.-Appel-Hs., 1638 m, ÖTV, am Gr. Woising, 3.45 Std. von (2) über Elmgrube und Ablaßbühel. – (4) Rinnerkogel-Hs., 1473 m, priv., nördl. des Wildensees, 1.30 Std. von (3) über Wildensee-A. und Wildensee. – (5) Ebenseer Hochkogel-H., 1558 m, TVN, 3.30 Std. von (4) über Rinnersattel, ca. 1875 m – Hintergras – Feuertal. – Abstieg 3 Std. nach Steinkogel.

Hüttengipfel (1) Gr. Priel, 2515 m, 3 Std. über Brotfallscharte, z. T. ges.; auch als Überschreitung (1/2) möglich mit Abstieg über Fleischbanksattel. – Spitzmauer, 2442 m, 1.15 Std. von der Weitgrube. – (2) Schermberg, 2391 m. – Elm, 2129 m. – 4 Std. – Rotgschirr, 2257 m, 3 Std. – (3) Gr. Woising, 2061 m, 2.30 Std. – (4/5) Wildenkogel (Schönberg), 2093 m, als Variante Überschreitung mögl., nur für Trittsichere, Mehraufwand ca. 2 Std.

Charakter Unschwierige Traversierung eines romantischen Bergwander-Reviers mit gut markiertem Wegenetz. – Vorsicht bei Schlechtwetter – bei Nebel und Neuschnee äußerst schwierige Orientierung!

Führer Totes Gebirge, AVF, Krenmayr (Rother). – Wandern in Oberösterreich 1, H. Pilz (Tyrolia).

Karten FB 8, Östl. Salzkammergut, 1:100000. – AV 15/1 und 15/2, Totes Gebirge West und Mitte, jeweils 1:50000.

Das Tote Gebirge zwischen junger Traun und Steyr im östlichen Salzkammergut ist als hohe Karstlandschaft mit Plateaucharakter dem benachbarten Dachsteinstock verwandt – es fehlen nur Eis und große Höhe. Wie um Krippenstein, Speikberge und Hocheck breitet sich über mauergleich in die Täler abfallenden Rampen eine scheinbar tote Landschaft aus: Karrenfelder, Dolinen, Latschengürtel, nackte Felsbuckel, Schluchten, Rinnen und lange Gräben mit einzelnen Seeaugen – aber Gamsrudel und einige seltene Alpenblumen zeugen für das Leben.

Wir überwandern den größten Teil dieses Toten Gebirges vom inneren Stodertal über fünf Hütten bis hinüber zum Traunsee. Die technischen Anforderungen bereiten ausdauernden und trittsicheren Wanderern auf dieser Tour keine Probleme. Um so größere Schwierigkeiten kann es jedoch bei der Orientierung geben: ein Wettersturz in dieser Mondlandschaft kann katastrophale Folgen haben!

In Hinterstoder beginnt diese lange Durststrecke. Rund 2½ Stunden steigt man unter den Wänden von Spitzmauer und Großem Priel zum Priel-Schutzhaus, 1420 m, an

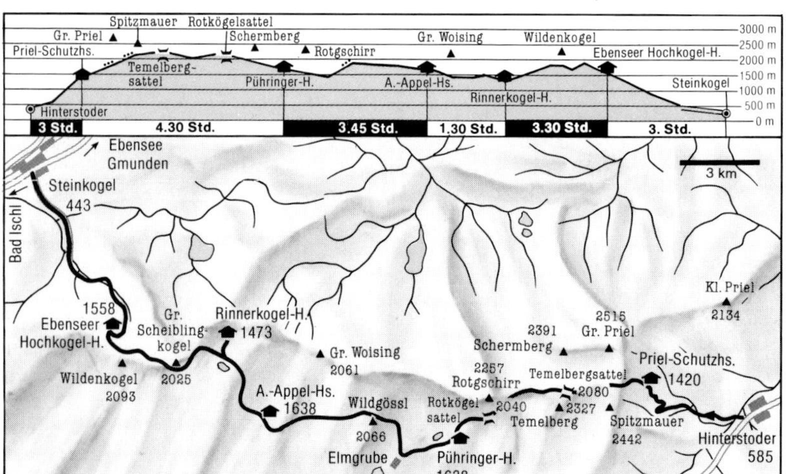

und nächtigt dort. Anderntags müssen wir uns schon kurz nach Verlassen der Hütte entscheiden: Wählen wir den rechten etwas längeren Weg zur Brotfallscharte, so läßt sich der Große Priel über seine Südwestabdachung ersteigen. Gewinnen wir durch die Klinserschlucht die Klinserscharte, so steht die Spitzmauer, das Wahrzeichen von Hinterstoder, nahe an der Route.

Von beiden Gipfeln läßt sich in aller Ruhe der Dachstein studieren, seine weiten Karrenfelder und blinkenden Gletscher. Man genießt einen Frieden, der dicht unter uns, im berühmten, vielbesungenen Salzkammergut zwischen St. Wolfgang, Bad Ischl, Bad Goisern und Bad Aussee nur mit viel Phantasie noch zu finden ist.

Die direkte Verbindung von Priel-Schutzhaus und Pühringer Hütte, mit Nr. 201 markiert, verwandelt sich ab der Klinserscharte in die eigentliche Plateauwanderung: Der Weg durchschreitet in östlicher Richtung die Weitgrube zum Temelbergsattel hin, nimmt bald darauf den von Welser Hütte und Großem Priel kommenden Steig auf, quert durch die Steinwüste des »Aufg'hackert« zu den Riesen-Kalktreppen am Rotkögelsattel, und schließlich geht es an den Wänden des Geiernestes entlang zur Pühringer-Hütte, 1638 m. Wer bis dahin alle

Mit eindrucksvollen Wänden baut sich die Spitzmauer über dem Stodertal auf, um nach Westen um so zahmer zum Plateau des Toten Gebirges abzusinken. Unser erster Übergang vom Priel-Schutzhaus zur Pühringer Hütte führt unmittelbar rechts an der Spitzmauer vorbei auf die Hochfläche.

Gipfel ausgelassen hat, dem sei der Hausberg der Pühringer-Hütte, der 2129 m hohe Elm, ans Herz gelegt.

Einsamkeit begleitet uns auf dem Weiterweg zum Albert-Appel-Haus. Wir steigen durch schüttere Lärchen in die Elmgrube hinunter, biegen hier scharf rechts ab und wandern am Felsriegel von Salzofen und Scheiblingkogel entlang zu dessen Nordende, dem Wildgössl. Danach schwenken wir wieder nach Westen um, passieren den »Redenden Stein« und lassen uns nach 4 Stunden Gehens auf der Sonnenterrasse vor dem Albert-Appel-Haus, 1638 m, nieder.

Zwischen 4 und 5 Stunden wandert man dann noch über das Plateau zur Ebenseer Hochkogel-Hütte, 1558 m, an der Nordwestecke des Massivs. Man kann dabei das Rinnerkogel-Haus auslassen und kurz nach Passieren des Wildensees links hinauf zum Rinnersattel steigen, am Scheiblingkogel vorbei zur Wegteilung am »Hintergras«, und durchs Feuertal zur Hütte gelangen: ein Weg durch ein Gewirr von Kuppen und wild zerrissenen Steinfeldern.

Am steilen Steig durch die Aiblgrube verliert man dann schnell an Höhe, taucht bald in einsame Hirschreviere ein und schlendert weit, weit nach Steinkogel hinaus... Autobesitzern, die ihren fahrbaren Untersatz in Hinterstoder geparkt haben, stellt sich bei dieser Überschreitung am Schluß das größte Problem: Wie komme ich zu meinem Wagen zurück? Ihnen sei als Alternative zur Traversierung folgende Rundtour empfohlen: Almsee – Pühringer-Hütte – Albert-Appel-Haus – Rinnerkogel-Hütte – Offensee – Hochpfad – Almsee.

47 Durch die Radstädter Tauern

Vom Tauernpaß nach Wagrain

Österreich
Radstädter Tauern
3–5 Tage
▲▲△△

Talorte AP Obertauern, 1664 m, bzw. Radstädter Tauernpaß, 1739 m, Straße/Bus von Radstadt. – EP Wagrain, 838 m, Straße/Bus nach Radstadt.

Stützpunkte (1) Südwiener H., 1802 m, ÖAV, auf der Ob. Pleißling-A., 3 Std. von Obertauern über Wildsee, 1925 m (1.30–2 Std. am Hirschwandsteig). – (2) F.-Fischer-H., 2020 m, ÖAV, am Zaunersee, 5.30 Std. von (1) über Windsfeld, 2117 m, und Taferlschartl, 2236 m. – (3) Tappenkarsee-H., 1820 m, ÖAV, 2 Std. von (3) über Weißgrubenscharte, 2257 m. – Überschreitung des Draugstein-Gründegg-Kamms bis zum Sonntagskogel und Abstieg nach Wagrain, 7–8 Std. (direkter Abstieg zur Schwabalm im Kleinarltal, 1.15 Std.).

Hüttengipfel (1) Zehnerkarspitze, 2381 m, und Gr. Pleißlingkeil, 2501 m, reizvolle Überschreitungsmöglichkeit anstelle des normalen Hüttenanstiegs! Auffahrt mit Seilbahn! – (2) Mosermandl, 2680 m, 2.30–3 Std. für trittsichere Wanderer, z. T. ges. – Stierkarkopf, 2385 m, 1 Std., leicht. – Weißgrubenkopf, 2369 m, 0.30 Std. von der Weißgrubenscharte. – (3) Mehrere Gipfel des Draugstein-Gründegg-Kamms werden überschritten.

Charakter Ausdauer erfordernde Wanderung durch die ursprünglich gebliebenen Radstädter Tauern. – Keine technischen Schwierigkeiten, aber nichts für Spaziergänger; die Gehzeiten sind Mindestzeiten bei guten Verhältnissen!

Führer Niedere Tauern, AVF, Holl (Rother). – Tauernhöhenweg-Führer, Hermann (Gerlach).

Karten FB 19, Goldberg – Ankogel, Radstädter Tauern, 1 : 100 000. – Österr. Karte, Bl. 156, Muhr, 155, Bad Hofgastein, und 125, Bischofshofen, jeweils 1 : 50 000.

Gletscherfrei, mit leicht fallender Tendenz, führt dieser wohl am wenigsten bekannte Teil des großen Tauern-Höhenwegs zwischen Venediger und Klafferkessel über drei Hütten vom Radstädter Tauernpaß nach Wagrain im Pongau. Fernblicke übers Ennstal auf die Dachstein-Südwände, auf den letzten Dreitausender des Hafner, zur Übergossenen Alm am Hochkönig und in die glänzenden Firnflächen der Hohen Tauern lenken kaum von der bezaubernden Nähe ab: den weiten Karböden unter den Urgesteinsgraten und Kalkwänden, den alten Zirben überm harzig duftenden Latschengürtel, den mächtigen Geröllströmen und Blockfeldern über reich blühenden Almböden, den stets unvermutet auftauchenden hellen Seeaugen.

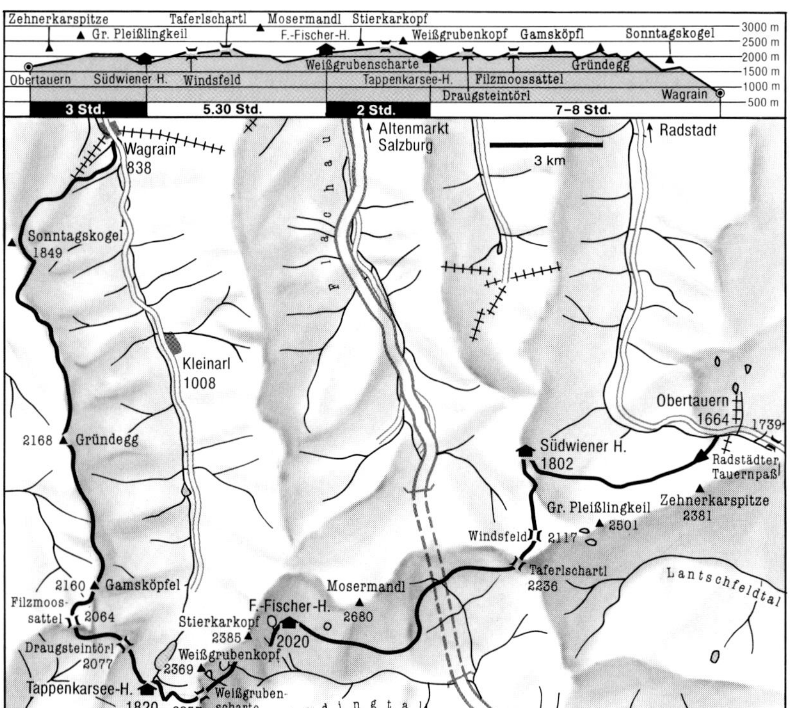

Der Höhenweg, der gut markiert ist, verläuft zwischen Taferl- und Weißgrubenscharte auf der Südseite des Hauptkamms und schwenkt zum Schluß weit nach Norden zurück bis zu den grünen Skihängen von Wagrain. Wenn auch nirgendwo Riesenanstiege zu bewältigen sind, so darf die Route keinesfalls unterschätzt werden: Vor allem auf der zweiten Etappe ist die Kondition gefordert!

Man hat am Radstädter Tauernpaß, am alten römischen Handelsweg nach Norden, gleich zu Beginn die Qual der Wahl: Drei verschiedene Wege – jeder mit eigenen Reizen verlockend – führen zur Südwiener Hütte, 1802 m, auf der Oberen Pleißling-Alm. Wer tagsüber anreist und vor der Dämmerung die Hütte erreichen will, wird am interessanten und – trotz einer mit Drahtseilen gesicherten Passage – bequemen Hirschwandsteig aufsteigen. Nur wenig länger ist der Weg, der »eine Etage höher« hinaufführt und am idyllischen kleinen Wildsee vorbeileitet. Die dritte – und vor allem geübten Bergwanderern zu empfehlende – Route überschreitet von der Bergstation der Zehnerkar-Seilbahn die Gipfel von Zehnerkarspitze, Glöcknerin und Großem Pleißlingskeil, über längere Strecken der aussichtsreichen Grathöhe folgend.

Es schließt sich ein großer Wandertag durch einsamste Hochregionen an: Es beginnt mit dem abwechslungsreichen Aufstieg zum Sattel des

Windsfelds und zur 100 m höheren Taferlscharte, wo man die Südflanke des Hauptkamms betritt. Weißeck und Mosermandl beherrschen jetzt das Blickfeld, bis man unterm Karriedel vom Moserkar ins Gruberkar wechselt und hochgestimmt den kleinen Seen um die Franz-Fischer-Hütte, 2020 m, zustrebt. An dieser urgemütlichen Hütte, die einen Anmarsch von immerhin 6–7 Stunden erfordert, legt der weise Bergfreund mindestens einen Rasttag ein – Ausreden zum Bleiben bieten sich zur Genüge! Man kann über die Windischscharte das Mosermandl besteigen (eine Steilrinne ist gesichert), vom Stierkarkopf zum Mosermandl hinüberschauen oder vorübergehend seinen Rastplatz am Ufer einer der zahlreichen kleinen Lacken zu seinem Königreich erklären. Auch am Weiterweg zur Tappenkarsee-Hütte, 1820 m, passiert man noch vor der Weißgrubenscharte einige Seeaugen, und da die Etappe nicht lang ist, kann man seine Talente für Rasten erneut ausbilden.
Bei schlechtem Wetter steigt man vom Tappenkarsee schnell ins Tal zur Schwab-Alm ab und gelangt mit Taxi oder Kleinbus nach Kleinarl und Wagrain. Wenn allerdings Wetter und Kondition mitspielen, überschreitet man Draugsteintörl und Filzmoossattel und bummelt glücklich und zufrieden am grünen Kamm zwischen Großarl- und Kleinarltal zu den Ideal-Skihängen von Wagrain.

Der in mittlerer Höhenlage verlaufende Weg (von den drei möglichen Routen) zur Südwiener Hütte führt am kleinen Wildsee unter den schroffen Teufelshörnern vorbei. Der anspruchsvollste Steig überschreitet die dahinterliegende Gipfelkette, an der Zehnerkarspitze (links) beginnend.

48 Vom Reißeck zur Hochalmspitze

Gewaltmarsch zur östlichsten Gletscherregion der Hohen Tauern

Österreich
Hohe Tauern
3–4 Tage
▲▲▲△

Talorte AP Kolbnitz, 615 m, im Mölltal an der Tauern-Bahn, Talstation der Reißeck-Bahn. – EP Mallnitz, 1190 m, auf der S-Seite der Tauern-(Bahn-)Schleuse.

Stützpunkte (1) Reißeck-H., 2287 m, ÖAV, unmittelbar unter der Staumauer des Gr. Mühldorfer Sees, von Kolbnitz mit Reißeck- und Höhen-Bahn, dann 10 Min. zu Fuß. – (2) Moos-H., 2320 m, ÖAV, Selbstversorger-H. in der Nähe des Hochalmsees, 2 Std. von (1) am Reißeck-Höhenweg übers Riekentörl, 2525 m. – (3) A.-v.-Schmid-Hs., 2281 m, ÖAV, am Dösener See, 6 Std. von (2) am Höhenweg über Zwenberger Törl, 2646 m – Kaponigtörl (Kaponig-Biwak, offene Unterstands-H. ohne Lager!), 2690 m – Seeschartl, 2658 m, ab (1) also mindestens 8 Std.! – (4) Gießener H., 2215 m, DAV, am Gößbichl südl. der Hochalmspitze, 3 Std. von (3) über Mallnitzer Scharte, 2676 m, kurze Strecke ges., evtl. unangenehmes Schneefeld! – (5) Celler H., 2240 m, DAV, offene Selbstversorger-H. über dem Lassacher Winkel, 4 Std. von (4) über (Lassacher) Winkelscharte, 2862 m, äußerst anspruchsvoller Übergang, besondere Vorsicht bei aperem Eisfeld! – Abstieg 2.45 Std. zur Schwußner-H., 1400 m, priv., im Seebachtal, Straße (evtl. Kleinbus/Taxi) nach Mallnitz (zu Fuß 1 Std. zur Talstation der Ankogel-Bahn, Linienbus nach Mallnitz).

Hüttengipfel (1) Hochkedl, 2580 m, 1 Std. über Seescharte, unschwierig. – Hohe Leier, 2772 m, 3 Std., Klettersteig! – (Gr.) Reißeck, 2959 m, 2.30 Std. über Riekentörl auf bez. Steig, lohnend! – (3) Säuleck, 3085 m, 2.30 Std., leicht, lohnend! – (4) Schneewinkelspitze, 2978 m, 0.45 Std. ab Winkelscharte, 2.30 Std. von der H., leichte Kletterei (I). – Hochalmspitze, 3360 m, auf dem Rudolstädter Weg, z. T. ges., Gletscherbegehung, nur für erfahrene, klettergewandte Bergsteiger.

Charakter Hochalpine Steige und Übergänge für konditionsstarke, trittsichere und erfahrene Bergwanderer, die im Umgang mit Seil und Pickel erfahren sind! – Verhältnismäßig wenig besuchte, strenge Hochgebirgsregion!

Führer Kl. Führer Kreuzeck-, Reißeck- und Sadnig-Gruppe, Gritsch (Rother). – Ankogel- und Goldberg-Gruppe, Buchenauer (Rother).

Karte FB 19, Goldberg-Ankogel, 1 : 100 000.

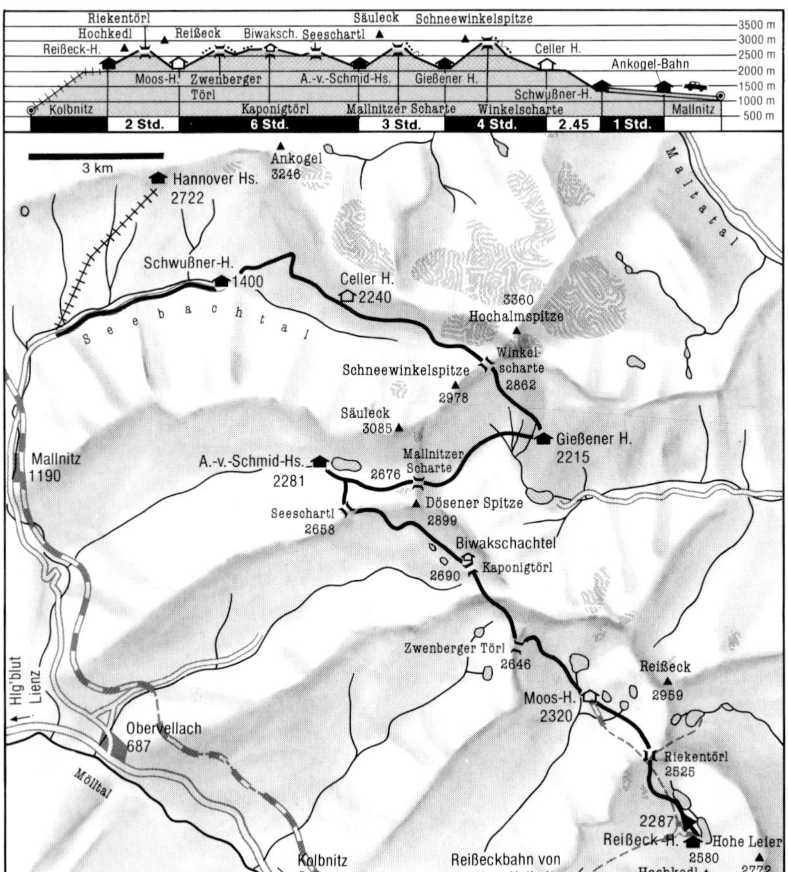

Der letzten großen Gletscherregion der Ostalpen, um Ankogel und Hochalmspitze, ist südlich die Reißeck-Gruppe angegliedert. Das ist eine mit 20 Gipfeln zur »repräsentativen« 3000-m-Grenze aufstrebende dunkle Urgesteinskette, von denen jedoch keiner die letzten Meter bezwingt. Unter solchermaßen unrühmlichen und deshalb auch weniger bekannten Gipfeln liegen mindestens drei Dutzend kleine, verträumte Bergseen und acht aussterbende Firnkessel, aber nur *eine* bewirtschaftete Hütte am südlichen Auslauf: die Reißeck-Hütte, wenige Meter unter der gewaltigen Staumauer des Großen Mühldorfer Sees. Während der zwölfjährigen Bauzeit der Kraftwerksanlagen lag das Reißeck-Gebiet so gut wie ausgestorben da. Dann aber war es mit der absoluten Einsamkeit vorbei: Ein Schrägaufzug und eine Stol-

Ein Prachtgemälde der eleganten Hochalmspitze, der »Tauernkönigin«. Wir erkennen links als Nebengipfel den Großelendkopf, dessen nach Westen ziehender Felsgrat Großelend- und Winkelkees und damit Großelend- und Seebachtal trennt. Rechts über dem Lassacher Winkel und seinem grauen Firnrest die Winkelscharte. Der diesseitige Abstieg stellt die Schlüsselstelle unserer Tour dar. ▷

Die bizarren Felsgebilde der Steinernen Mannln am Südostgrat der Hochalmspitze. An der Scharte erreicht der Normalweg von der Gießener Hütte, über die jenseitige Flanke ansteigend, den Grat.

lenbahn bis zum Großen Mühldorfer See sorgen dafür, daß auch die Gehfaulen Höhenluft schnuppern und die weite Aussicht genießen können. Von »unberührter Natur« kann allerdings angesichts der mächtigen Betonsperren keine Rede sein.
Die tatsächlich unberührte Natur sieht nur, wer sich von der Reißeck-Hütte auf den Reißeck-Höhenweg begibt, wobei die Voraussetzung für dieses Unternehmen eine gute Kondition ist: Diese Route überrascht mit einer der längsten Etappen des Buches, denn während 8–10 Stunden Gehzeit trifft man auf keine bewirtschaftete Hütte und keine Alm! Außerdem verlangt der Steig eine gewisse Trittsicherheit. Wegen seiner überdurchschnittlichen Länge sollte er nur bei ganz sicherem Wetter, wegen der Höhe und (der oft harten) Firnreste nicht im Frühsommer begangen werden (ab August kommt man auf dem dann aperen Weg zügig voran).
In jedem Fall empfiehlt es sich, in der Reißeck-Hütte, 2287 m, zu übernachten, weil nur dann der für diesen Weg notwendige frühe Aufbruch gewährleistet ist. Wer bereits am Nachmittag auf der Hütte eintrifft, dem Ausflügler-Betrieb jedoch entgehen will, kann eine Spritztour zum Hochkedl unternehmen und sich einen ersten Überblick über die nähere Umgebung verschaffen.
Ziel ist am folgenden Tag nach der Überschreitung von fünf Scharten das Arthur-von-Schmid-Haus am Dösener See. Höchster Punkt dieser Riesenetappe ist das Zwenberger Törl mit 2646 m Höhe. Die »neuralgischen Punkte« befinden sich nach Einschätzung von Liselotte Buchenauer, der Buchautorin und intimen Kennerin der Hohen Tauern, bei den steilen Firnfeldern und -rinnen, die man zum Kaponigtörl quert, und beim letzten Abstieg vom Seeschartl hinunter zum Dösener See. Die beiden Stützpunkte am Weg haben nur beschränkten Wert: So ist die kleine Moos-Hütte, 2320 m, die man bereits nach etwa 2 Stunden erreicht, nur mit AV-Schlüssel zugänglich; und die Biwakschachtel am Kaponigtörl, 2690 m, erfüllt lediglich die Funktion eines Notunterstands (was bei einem Wettersturz von erheblicher Bedeutung ist!). Die längste und schönste Rast des Tages wird man wohl im sogenannten »Winkel«, an den Pfaffenberger Seen unter den Pfaffenberger Nökken, veranstalten. Da hat man den größten Teil der Tour hinter sich und kann sich in der von der Nachmittagssonne aufgewärmten Karmulde wie ein König fühlen! Wenn man dann noch das Seeschartl überschritten hat und mit wankenden Knien zum Arthur-von-Schmid-Haus, 2281 m, gelangt, hat man einen der einsamsten Höhenwege der gesamten Tauern begangen.
Wenn wir uns am Dösener See ausreichend von den Strapazen des langen Marsches erholt haben, steigen wir über die felsige Dösener Scharte zur Gießener Hütte, 2215 m, über der die »Eiskönigin« der Hohen Tauern, die formenschöne Hochalmspitze, thront. Die Schönheit dieses von berückenden Gletscherströmen umgebenen Berges wird uns freilich am folgenden Übergang zur – unbewirtschafteten – Celler Hütte, 2240 m, noch nachdrücklicher ins Bewußtsein gebracht, wenn wir dicht unter Tripp- und Winkelkees stehen. War am Reißeck-Höhenweg vor allem Kondition gefragt, so erfordert der Abstieg von der Lassacher Winkelscharte zum Celler Weg komplette hochalpine Ausrüstung – Seil, Pickel, Steigeisen – und Erfahrung! Man erkundige sich beim Wirt der Gießener Hütte nach dem Zustand dieser äußerst anspruchsvollen Überschreitung!
Der Celler Weg, hoch überm Seebachtal dahinführend, bringt uns schließlich in den Talgrund zur Schwußner-Hütte, 1400 m, und nach Mallnitz vor den Tunnel der Tauernschleuse.

49 Höhenwege über dem Trentatal

Felsenwelt zwischen Jalovec, Prisojnik und Triglav

Jugoslawien
Julische Alpen
4–5 Tage
▲▲▲△

Talorte AP Koča pri izviru Soče, 876 m, PZS, am Eingang in die Hint. Trenta, kl. Stichstraße von der Vršičpaßstraße, Anfahrt von Kranjska Gora über den Vršičpaß. – EP Koča Zlatorog, 622 m, ebenfalls an der S-Rampe der Vršičpaßstraße, ca. 5 km unterhalb des AP.

Stützpunkte (1) Zavetišče pod Spičkom, 2050 m, PZS, 3 Std. von Koča pri izviru Soče. – (2) Tičarjev dom, 1620 m. PZS, am Vršičpaß, 3 Std. von (1) durch die S-Flanken der Velika Dnina. – (3) Poštarska koča, 1690 m, PZS, 0.15 Std. von (2). – (4) Pogačnikov dom, 2052 m, PZS, 6 Std. von (3) über Mlinaricaquelle und Planjasattel, 2349 m. – (5) Tržaška koča (Dolič-H.), 2152 m, PZS, 5.30 Std. von (4) über Bovški Gamsovec, 2392 m, Luknjapaß, 1758 m, und unter der W-Flanke des Triglav querend zur H. – (6) Zasavska koča na Prehodavcih, 2071 m, PZS, 3 Std. von (5) über den Hribaricesattel, 2358 m. – Abstieg 3 Std. über Čez dol, 1632 m, und durch die Zadnjica zur Koča Zlatorog.

Hüttengipfel (1) Jalovec, 2643 m, 2.30 Std., Trittsicherheit erforderl., im oberen Teil ausgesetzt, z. T. Sicherungen. – (2/3) Prisojnik, 2547 m, über die W-Seite, leicht. – (4) Stenar, 2501 m. – Razor, 2601 m, 1 Std. als Abstecher vom Planjasattel. – Planja, 2453 m, 0.30 Std. vom Planjasattel, leicht. – Bovški Gamsovec, 2392 m, z. T. Sicherungen, wird überschritten. – (5) Triglav, 2864 m, 2 Std., z. T. Sicherungen, Trittsicherheit erforderl. – Kanjavec, 2568 m, kann beim Übergang von (5) nach (6) überschritten werden, 0.30 Std. vom Hribaricesattel, leicht.

Charakter Wanderung unter und auf eindrucksvollen Kalkfelsgraten hoch über der Trenta; für Trittsichere und Schwindelfreie ohne Probleme, alle ausgesetzten Stellen sind mit guten Sicherungen versehen.

Führer Auswahlführer Julische Alpen, Schöner (Rother). – Die Slowenische Bergtransversale (PZS/Ljubljana).

Karten Julische Alpen, Westl. und Östl. Teil, PZS, jeweils 1 : 50 000 (empfehlenswert! In BRD erhältlich oder direkt beim PZS-Slowen. Bergsteiger-Verband). – FB 14, Julische Alpen, 1 : 100 000.

Wer die von den Karnischen Alpen, den Karawanken und den Idria-Voralpen auf drei Seiten eingefaßten, nach Südwesten zum Friaul und zur venetischen Ebene auslaufenden Julischen Alpen zum ersten Mal besucht, wird rasch begreifen, warum große europäische Bergsteiger wie Julius Kugy, Sir David Humphrey und Tom Longstaff – 1907 Erstbesteiger des Trisul im Himalaya und Präsident des Alpine Club – dieses Gebirge verehrt und seine wilde Schönheit gepriesen haben. Auf engstem Raum mischt sich dort das Strenge und Herbe mit dem Schönen und Lieblichen; wer im Karwendel, im Dachstein oder in den Allgäuer Alpen den Reizen großer Kalkgebirge verfallen ist, der wird auch im Trentatal und seiner Umrahmung glücklich werden.

Die Tatsache, daß hier mit dem 2864 m hohen Triglav der höchste Berg des Vielvölkerstaates Jugoslawien steht – und das »Nationalheiligtum« der Slowenen! –, hat die Julischen Alpen zum Bergsteiger-Zentrum des Landes werden lassen. Wir treffen deshalb auf ein gut ausgebautes Wegenetz sowie zahlreiche Hütten, die den Gast durch ihre stets liebenswürdige Atmosphäre angenehm überraschen: Es sind noch wirkliche, den einfachen Bedürfnissen entsprechende, mit Liebe geführte Bergsteiger-Unterkünfte und keine großen Wirtshäuser!

Unser Weg quert hoch über dem Trentatal durch die West- und Südflanken von Prisojnik, Razor und Tri-

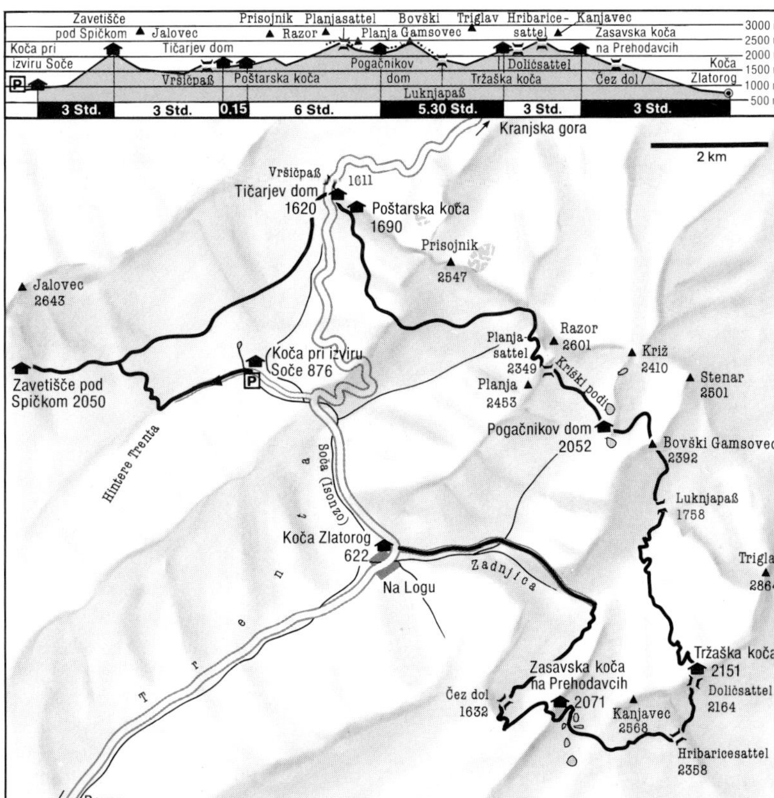

glav, bietet als Ouvertüre einen Abstecher in Richtung Jalovec und als Finale den eng von Felswänden umschlossenen Kessel der Zadnjica. Alle Wege sind gut markiert und an ausgesetzten Stellen mit Drahtseilen gesichert, dennoch sind Ausdauer, Trittsicherheit und alpine Erfahrung notwendig.

Die Tour beginnt am Eingang in die Hintere Trenta und folgt zunächst kurz dem Talgrund, bis der Weg nach rechts abbiegt und in der Riesenflanke unter dem Jalovec allmählich an Höhe gewinnt. Die Anstiegsmühe endet erst nach 1200 Höhenmetern auf einer schmalen Terrasse unterhalb des Spitzchens (Spičkom) vor der blitzsauberen, nach dem kecken Felsturm benannten Hütte, 2050 m. Wer es als erfahrener Bergsteiger auf den Jalovec, die kühnste Berggestalt der gesamten Gruppe, abgesehen hat, nächtigt hier. Wer sich aber mit den später folgenden – leichteren! – Gipfeln zufrieden gibt, der wandert in etwa 3 Stunden am aussichtsreichen Höhenweg zum Vršičpaß und seinen beiden stattlichen Hütten – Tičar-Haus, 1620 m, und Post-Hütte, 1690 m –, wo die rastlosen Zeitgenossen in diese Tour »einsteigen«.

Der nächste Tag verlangt Ausdauer,

Das mächtige Felsenfenster des Jalovec: Nur im Vergleich mit den Bergsteigern in der Bildmitte läßt sich die Größe dieses Lochs ermessen.

ist man doch gut 6 Stunden unterwegs und erreicht am Planjasattel eine Höhe von 2349 m!

Wir folgen zunächst dem felsigen Sockel des Prisojnik durch dessen West- und Südflanke zu den weiten Geröllhängen unter dem mächtigen Felsklotz des Razor und steigen in den Planjasattel. Von hier sieht man dann das Etappenziel, das Pogačnik-Haus, 2052 m, am Rand der welligen Hochfläche der Kriški Podi liegen.

Der dritte Abschnitt unserer Wanderung bildet in mancherlei Hinsicht den Höhepunkt, wandeln wir doch hoch

über dem Trentatal im Herzen der Julischen Alpen. Vom Pogačnik-Haus geht es hinauf zum Sovatnasattel am Fuß des Stenar, scharf rechts abbiegend kühn durch die Westabstürze des Bovški Gamsovec zum Grat knapp unterhalb des Gipfels, dann – stellenweise gesichert – zum Luknjapaß, dem torartigen Einschnitt zwischen Bovški Gamsovec und Triglav.
Wie zuvor schon am Prisojnik und Razor praktiziert, lassen wir den Gipfel des Triglav links liegen und queren auf einem guten, bequemen Weg, der einst vom italienischen Militär angelegt wurde, zur Dolič-Hütte, 2152 m, am gleichnamigen Sattel.
Von der Dolič-Hütte kann man bei schlechtem Wetter oder Zeitmangel direkt ins Tal absteigen oder auf folgendem empfehlenswerten Umweg dorthin gelangen: hinter dem Kanjavec den obersten Teil des Sieben-Seen-Tales durchstreifend, vorbei an den beiden Triglav-Seen zur Prehodavcih-Hütte, 2071 m, dann endgültig bergab zum Sattel Čez dol und durch Schutt- und Schrofenhänge in den Talgrund der Zadnjica. Auf dem Fahrweg wandern wir schließlich hinaus zum kleinen Dorf Zlatorog an der Vršičpaßstraße, wo es sich im Wirtshaus wunderbar auf eine Mitfahrgelegenheit zum abgestellten Wagen warten läßt...

Blick vom Vršiĉpaß zum breiten Klotz des Prisojnik; im Vordergrund Tičar-Haus und Post-Hütte. Das berühmte Felsenfenster des Prisojnik ist hier nur im Schatten des Nordwestgrats auszumachen. Links im Hintergrund Skrlatica.

50 Über Zirbitzkogel und Saualpe

Der große Höhenweg über Seetaler Alpen und Saualpe

Österreich
Seetaler Alpen/Saualpe
3–4 Tage
▲▲△△

Talorte AP Judenburg, 734 m, im Murtal. – EP Wolfsberg, 450 m, im Lavanttal, Straße/Bus über Obdacher Sattel nach Zeltweg/Judenburg.

Stützpunkte (1) Ghs. Schmelz, 1515 m, priv., 3.30 Std. von Judenburg, aber Bus/Pkw bis zum Haus. – (2) Winterleiten-H., 1800 m, TVN, am Kl. Winterleitensee, 1 Std. von (1). – (3) Zirbitzkogel-Hs., 2376 m, ÖTK, auf dem Zirbitzkogel, 2.15 Std. von (2) übers Scharfe Eck, 2367 m. – (4) Klippitztörl-Hs., 1644 m, TVN, im Klippitztörl, 5.30–6.30 Std. Kammwanderung von (3) über Fuchskogel, 2214 m – Pressneralpe, 1876 m – Hohenwart, 1818 m. – (5) Wolfsberger H., 1825 m, ÖAV, unter der Gr. Saualpe, 5 Std. Kammwanderung über Geierkogel, 1917 m – Forstalpe, 2034 m – Gr. Saualpe, 2079 m. – (6) Hofkogel-H., 1347 m, priv., 1 Std. von (5). – Abstieg 2.30 Std. über Lading nach Wolfsberg (oder ab Hütte mit Pkw/Taxi).

Hüttengipfel Fast sämtliche Gipfel werden im Zug der Kammwanderung überschritten.

Charakter Einfache Höhenwanderung von großer Schönheit! – Gesamte Strecke gut mark. – Bei Schlechtwettereinbruch stets Talabstieg mögl.; verschiedene Hütten in Nähe der Route!

Führer Eisenwurzer Weitwanderweg 08/Waldviertel – Gesäuse – Karawanken, Wurst/Rachoy/Steffan (Styria).

Karten FB 21, Seetaler Alpen/Murtal, und 23, Kärntner Seen – Saualpe, jeweils 1:100 000.

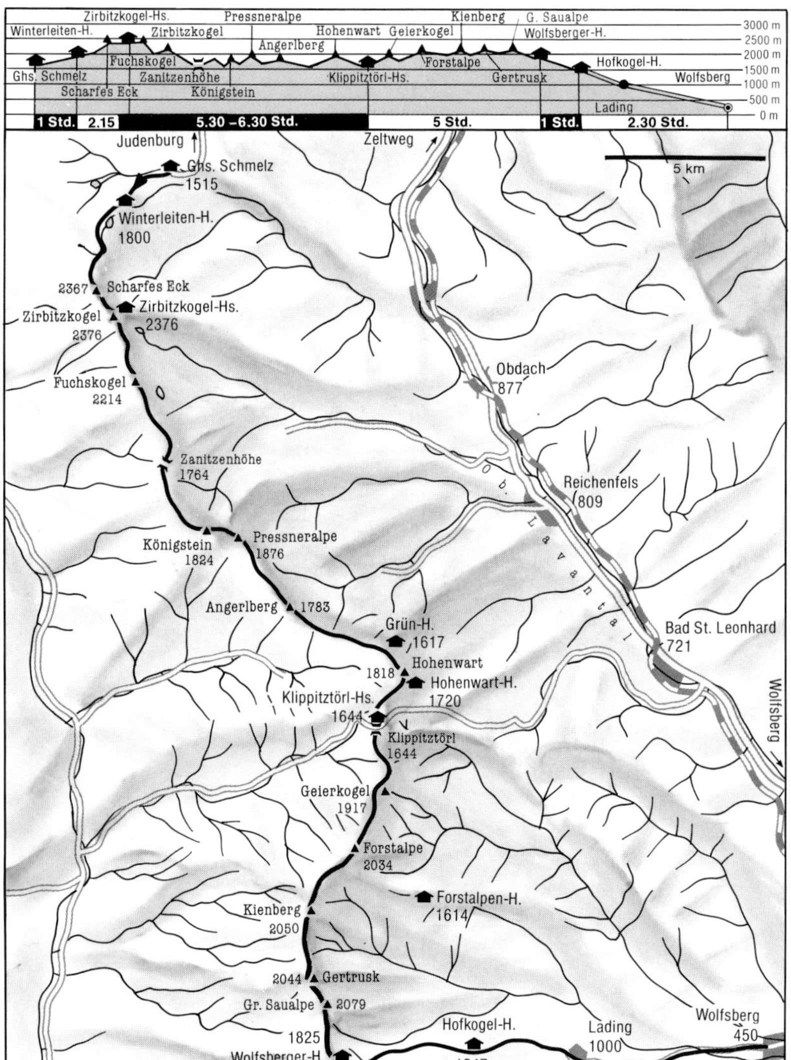

Zwischen dem steirischen Judenburg an der Mur und dem kärntnerischen Klagenfurt dicht am Drautal liegen, einen mächtigen Mittelgebirgskamm in strenger Nord-Süd-Richtung bildend, die Seetaler Alpen und die Große Saualpe. Beide sind im Winter vielbegehrte Ziele der Skiläufer; beide sind im Sommer sozusagen »außer Dienst gestellt«, also still, einsam, so wie es sich der Bergwanderer wünscht. Höchste Höhe: 2397 m am Zirbitzkogel! Größter Reiz: Man bummelt unausgesetzt auf dem Kammrücken von Gipfel zu Gipfel, von Joch zu Joch! Julische Alpen, Karawanken, die Kärntner Seen und Niedere Tauern müssen diesmal für die Fernschau ausreichen.

Man wandert oder fährt von Judenburg zur »Schmelz« und steigt dort steil weiter über die Winterleiten-Hütte und den Großen Winterleitensee (der in Wahrheit lächerlich klein ist) zum Scharfen Eck und zum Zirbitzkogel-Haus, 2376 m.

Anderntags geht es zur ersten, sechs Stunden Gehzeit erfordernden Etappe des schönen Kammweges: Der Fuchskogel als erster Gipfel hält mit 2214 m noch die gute Höhe über 2000 m, aber alle weiteren Gipfel wie Zanitzenhöhe, Königstein, Angerlberg und Hohenwart begnügen sich mit geringeren Ansprüchen um die 1700 und 1800 m. Man ist froh, wenn man endlich vor der Türe des Klippitztörl-Hauses, 1644 m, steht und sich zur längst fällig gewordenen »Jaus'n« niedersetzen kann.

Erholt mache man sich am dritten Tage auf den Weg über Geierkogel, Forstalpe, Kienberg, Große Saualpe, 2079 m, zur Wolfsberger Hütte, 1825 m, unterm Speikkogel und verspüre abermals den leichten Muskelschmerz, den Löwenhunger und Riesendurst, sammle alle diese Schmerzen, um sie abends, vor der Hütte sitzend, in genießerischer Umständlichkeit zu beheben.

Der Abstieg nach Wolfsberg ist nicht zu unterschätzen, er nimmt mindestens 2.30 Stunden in Anspruch.

Blick von St. Wolfgang nach Südwesten zum Gipfelkamm der Seetaler Alpen mit Zirbitzkogel (links) und Scharfem Eck. Unser Anstieg vom Gasthaus Schmelz führt von rechts zum Scharfen Eck und am aussichtsreichen Grat zum Schutzhaus auf dem Zirbitzkogel.

51 Vom Plannerkessel zur Tanzstatt

Große Längsüberschreitung der Wölzer Tauern

Österreich
Niedere Tauern / Wölzer Tauern
2–3 Tage
▲▲△△

Talorte AP Donnersbach, 680 m, Straße/Bus von Stainach/Irdning im Ennstal. – EP Oberwölz Stadt, 828 m, Straße über Sölker Paß ins Ennstal.

Stützpunkte (1) Planner-H., 1575 m, ÖAV, im Plannerkessel, 3.30 Std. von Donnersbach oder mit Bus/Pkw auf Mautstraße zur H. (daneben weitere Unterkünfte!). – (2) Schöttl-Jagd-Hs., 1456 m, priv., südl. des Pölsecksattels, 6 Std. Kammwanderung von (1) über Gr. Rotbühel, 2018 m – Breiteckkoppe, 2142 m – Hohenwart, 2363 m und Pölsecksattel, 2011 m. – (3) Klosterneuburger H., 1902 m, ÖAV, auf der Tanzstatt knapp unter dem Schönberg, 6 Std. Kammwanderung von (2) über Pölsecksattel – Großhansl, 2315 m – Hühnerkogel, 2242 m – Schießeck, 2275 m, und Hohen Zinken, 2222 m. – Mit Bus/Taxi/Pkw durchs Lachtal nach Oberwölz.

Hüttengipfel Sämtliche Gipfel des Kamms werden überschritten.

Charakter Einsame Kammwanderung für ausdauernde Wanderer; nichts für untrainierte Spaziergänger! – Man befindet sich fast ständig über der 2000-m-Grenze!

Führer Niedere Tauern, AVF, Holl (Rother).

Karten FB 20, Schladminger Tauern, und 21, Seetaler Alpen/Murtal, jeweils 1 : 100 000. – Österr. Karten Bl. 129, Donnersbach, 130, Trieben, 159, Murau, und 160, Neumarkt, jeweils 1 : 50 000.

Am Anfang und am Ende dieser großzügigen, nur sehr ausdauernden und geübten Bergwanderern zugedachten Überschreitung des mächtigen Kamms der Wölzer Tauern liegen zwei beliebte Skiparadiese: im Norden der Plannerkessel überm Tal der Enns, im Süden die Tanzstatt unweit vom Tal der Mur. Hier wie dort gibt es zahlreiche Hüttenstützpunkte, nur unterwegs auf unserem Riesenhöhenweg mit seinen zwei Etappen von mindestens 6 ½ Stunden Gehzeit gibt es keine Hütten! So bleibt es oft fraglich, ob man in dem einsam gelegenen Schöttl-Jagdhaus, 1000 m unterm Gipfel des Hohenwart, nächtigen kann (evtl. in der nahen Alm).

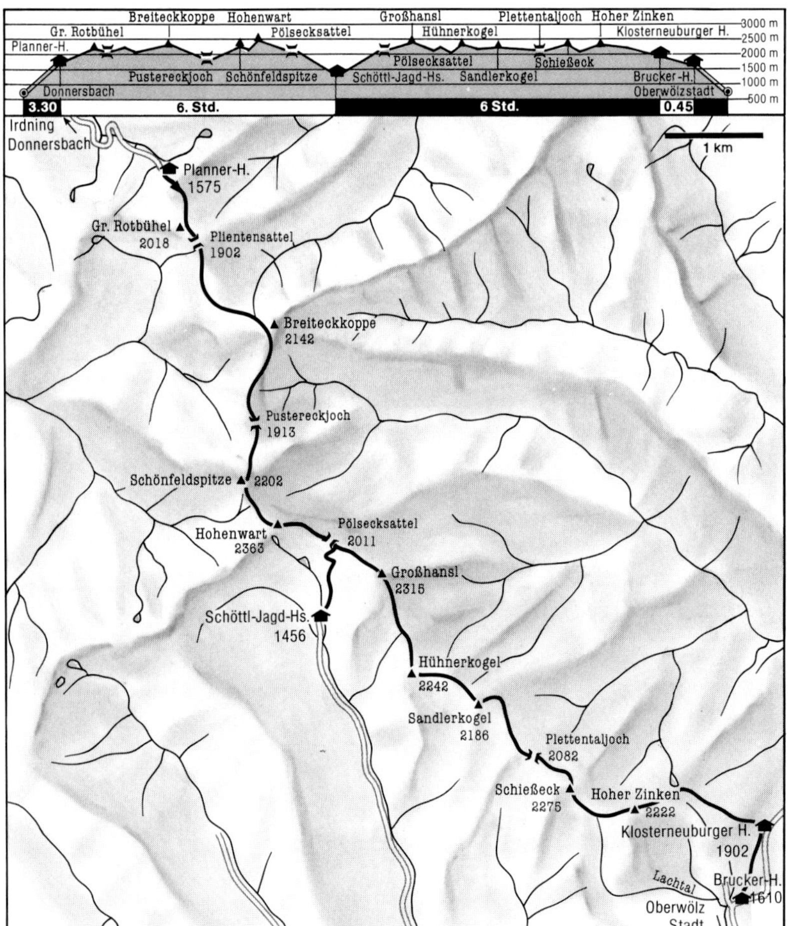

Vom Plannerkessel mit seinen Dutzend Hütten geht es zunächst zum Großen Rotbühel hinauf und in den Plientensattel, wo der eigentliche Hohenwartkamm beginnt. Bei immer umfassender, großartiger Aussicht läuft man zum Hohenwart, 2363 m, (mindestens 5 Stunden ab Planner-Hütten!), von dessen Gipfel man südöstlich zum Pölsecksattel, 2011 m, steigt und von hier über Bemler- und Luchsen-Alm zum Schöttl-Jagdhaus. Anderntags geht es wieder hinauf zum Pölsecksattel und von Gipfel zu Gipfel am Kamm dahin bis zum Schießeck, 2275 m, und zum Zinken, 2222 m. Hier steigt man in südöstlicher Richtung über weite, freie Hänge zur Tanzstatt ab, auf der die Klosterneuburger Hütte, 1902 m, steht. Etwas tiefer liegen Brucker Hütte und Lachtal-Haus, und zu Fuß oder mit einem Fahrzeug kommt man nach Oberwölz zur großen Murtalstraße hinaus, zum Ziel unseres Gewaltmarsches.

Blick von der Klosterneuburger Hütte in Richtung Murtal. Rechts am Horizont sehen wir die Rücken der Seetaler Alpen. ▷

52 Quer über die Rax

Auf dem Hausberg der Wiener Naturfreunde

Österreich
Rax-Schneeberg-Gruppe
1–2 Tage
▲△△△

Talorte AP Hirschwang, 506 m, Straße/Bus von Payerbach–Reichenau. – EP Prein an der Rax, 680 m, Straße/Bus nach Reichenau.

Stützpunkte (1) Otto-Schutzhs., 1644 m, ÖAV, unterm Jakobskogel, 4 Std. auf dem Törlweg von Hirschwang oder Edlach, oder 0.45 Std. von der Rax-Seilbahn-Bergstation. – (2) Höllentaler Holzknecht-H. (Neue See-H.), 1648 m, ÖTK, beim Schröckenfuxkreuz, 1.15 Std. von (1) über Preiner Wand, 1783 m. – (3) Habsburg-Hs., 1785 m, ÖAV, am Grieskogel, 1.30 Std. von (2) über Trinksteinsattel, 1850 m. – (4) K.-Ludwig-Hs., 1804 m, ÖTK, östl. der Heukuppe, 1 Std. von (3). – (5) Waxriegel-Hs., 1361 m, TVN, auf der Siebenbrunnwiese, 1 Std. von (4) auf dem Schlangenweg. – Abstieg 0.45 Std. zum Preiner Gscheid (Straße/Bus-H.), 1070 m, weiter nach Prein 1 Std.

Hüttengipfel Die Route überschreitet mehrere Gipfel; außerdem interessant: (4) Heukuppe, 2007 m, 0.45 Std. – Wildes Gamseck, 1857 m, 1.30 Std.

Charakter Unschwierige, aussichtsreiche Überquerung der Rax-Hochfläche. – Wenn Seilbahn-Auffahrt, dann nur noch geringe Anstiege!

Besonderer Hinweis Am Trinksteinsattel steht die Raxgmoa-H., ein offener Unterstand neben der Bergrettungs-H.

Führer Spezialführer Raxalpe, Benesch/Pruscha/Holl (TVN).

Karte FB 022, Semmering – Rax – Schneeberg, 1:50000.

Wenn die Wiener zum Wochenende die alte Kaiserstadt an der Donau verlassen, dann fahren sie entweder in den Wiener Wald oder auf die Rax. Hier erreichen sie mit einer einst heftig umstrittenen Bergbahn die imposante Hochfläche, schauen auf die Semmering-Berge, auf Hochschneeberg, Ötscher, Schneealpe und zur Buckligen Welt.
Was die Bergbahn an »Menschenmaterial« heranschafft, verteilt sich im Nu auf ungezählte Wanderwege und Berghütten und verwandelt sich dort zu liebenswerten Individualisten.
Höchster Punkt der Rax ist die Heukuppe, mit 2007 m einziger Zweitausender. Das ganze Riesenplateau, oft genug von bösen Wetterstürmen heimgesucht, fällt an seinen Rändern in felsigen Steilmauern ab, die den Wienern unter dem Namen Preinerwand, Raxmäuer, Kahlmäuer, Klobenwand und Loswand als idealer Klettergarten dienen. Obendrein ist dieses Hochplateau von zahlreichen tiefen Furchen aufgerissen, dem Großen Kesselgraben, dem Großen Höllental, dem Staudengraben und Wolfstal. Diese oft felsig eingefaßten Talfurchen haben den Zweck, die Überwanderung der Rax-Hochfläche nicht eintönig werden zu lassen. So bleibt man, auch am äußersten Ostende des Alpenkamms, durchaus »alpin«.

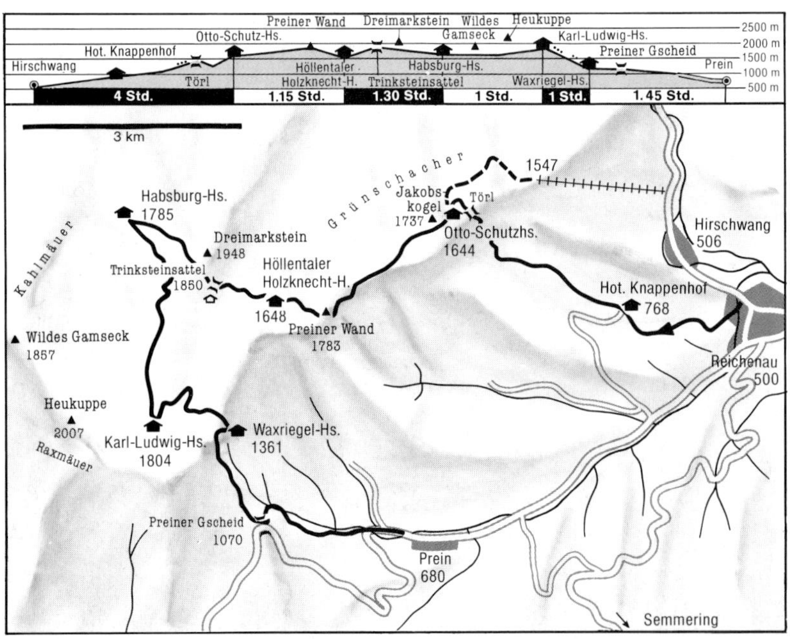

Wir fahren mit der Bahn zum Plateaurand hinauf oder steigen auf dem klassischen Törlweg zum »Treffpunkt« am Otto-Schutzhaus, 1644 m. Über den Südabstürzen entlang geht es über den Jakobskogel zum kahlen Gipfel der Preiner Wand, dann hinunter in die Latschenfelder zu Schröckenfuxkreuz und Höllentaler Holzknecht-Hütte, 1648 m. Gleich ersteigen wir den Trinksteinsattel und wandern auf und ab unterm Dreimarkstein dahin zum Habsburg-Haus, 1785 m. Großartig ist von hier die Flucht der Kahlmäuer anzuschauen, aus der sich das Wilde Gamseck mit seinem scharfen Grat herauslöst.
Ein breiter Fahrweg bringt uns – erneut die Hochfläche querend – zum Karl-Ludwig-Haus, 1804 m. Wer nicht den höchsten Berg der Rax, die Heukuppe, »mitnimmt«, um von dort in dunstige, östliche Unendlichkeit zu blicken, der folgt gleich dem Schlangenweg, dem ältesten und bequemsten Raxanstieg, an dem es zwar keine Schlangen mehr gibt, der aber aufs angenehmste in die Taltiefe zum Preiner Gscheid in 1070 m Höhe führt.
Unsere Wanderung endet auf Waldwegen unter den Felsmauern der Rax, in Prein an der Rax, wo Heinrich Pfannl begraben liegt – einer der größten Wiener Bergsteiger!

Blick von der Höllentaler Holzknecht-Hütte zum Abbruch des Raxplateaus bei der Preiner Wand. Über der Bildmitte die markante Preiner-Wand-Platte. ▷

Wichtige Hinweise

Zum Inhalt

Dieses Buch enthält 52 Höhenwege und Übergänge in den Alpen. Von diesen beginnen (und enden in den meisten Fällen) 22 in Österreich, 13 in Italien, 10 in der Schweiz, 5 in Frankreich und jeweils einer in Deutschland und Jugoslawien. 17 Touren in den Westalpen stehen 35 in den Ostalpen gegenüber. Bei 21 Wanderungen sind meist kurze, in einigen Fällen auch längere Gletscherstrecken zu passieren. 16 Touren führen in steileres Felsgelände, erfordern neben absoluter Trittsicherheit gelegentlich leichte Kletterei, jedoch sind die meisten dieser Abschnitte mit Drahtseilen, Eisenstiften oder Leitern gesichert. Fast sämtliche Wege sind markiert, ein Verdienst der verschiedenen alpinen Bergsteigervereinigungen, die auch für die Instandhaltung der Wege und Steiganlagen sorgen. Nicht markiert sind die Gletscherstrecken; hier erleichtern jedoch häufig Steinmänner oder eine ausgetretene Trasse die Orientierung.

Die Schwierigkeit auf einen Blick

Einen Anhaltspunkt für die Schwierigkeit der einzelnen Übergänge liefern die dreieckigen Symbole, die auf der ersten Seite jeder Tour oben rechts zu finden sind. Sie deuten an, wie anspruchsvoll die jeweilige Tour ist, und bestimmen die dafür notwendige Grundausrüstung. Dementsprechend kann man folgendermaßen unterteilen:

▲△△△ Leichte, firnfreie Überschreitungen bis knapp über die 2000-m-Grenze; etwas Trittsicherheit erforderlich; auch für Familientouren geeignet. – Ausrüstung bestehend aus Leichtbergschuhen mit Profilgummisohle (auch »Trekkingschuhe«), jedoch keine Halbschuhe, Turnschuhe etc.!, Hemd/Bluse aus schweißaufsaugendem Stoff, Kniebund- oder lange Hose aus festem Stoff (keine Jeans!), leichter Wollpullover, leichter, winddichter Anorak mit Kapuze. – Kleine Brotzeit mit Getränk.

▲▲△△ Gletscherfreie Überschreitungen und Höhenwege unterhalb 3000 m; Trittsicherheit erforderlich; teilweise kurze, gut gesicherte Felspassagen. – Ausrüstung wie oben, allerdings nicht mehr mit »Trekking-Schuhen« zu gehen, zusätzlich fester Anorak, Wollmütze und Handschuhe, Unterwäsche zum Wechseln, Sonnenbrille, Lippenschutz. – Notproviant.

▲▲▲△ Höhenwege und Überschreitungen im hochalpinen Bereich, in der Mehrzahl ohne Gletscherberührung; teilweise klettersteigähnliche Abschnitte; absolute Trittsicherheit und alpine Erfahrung notwendig. – Ausrüstung wie oben, jedoch nur mit steigeisenfesten Bergstiefeln (keine Leichtbergschuhe), zusätzlich wärmerer Wollpullover, Ersatzstrümpfe aus Wolle, Biwaksack, bei allen Touren mit Firn- bzw. Gletscherstrecken Eispickel und Seil, bei allen Touren mit gesicherten Felspassagen Brustgurt mit kurzem Sicherungsseil und Karabiner. – Notproviant.

▲▲▲▲ Anspruchsvolle Übergänge mit Hochtouren-Charakter, mit kurzen oder längeren Gletscher-Begehungen; nur für hochalpin erfahrene Bergsteiger bei guten Verhältnissen. – Ausrüstung wie oben, zusätzlich Seil, Reepschnurschlingen, Steigeisen, Kompaß. – Notproviant.

Wer als Führender mit Wandergruppen unterwegs ist, sollte auch auf Routen der leichtesten Kategorie eine 20–30 m lange Reepschnur mitführen, um schwächere Begleiter an steileren, ausgesetzten Stellen oder auf hartgefrorenen Schneeresten sichern zu können.

Unkenntnis und bodenloser Leichtsinn fordern jedes Jahr Hunderte von Todesopfern. Auch auf einfachen Hüttenwegen und Übergängen kann man durch einen Fehltritt, durch Nebel, Neuschnee, Sturm oder überraschende Kälte in Lebensgefahr geraten. Bergsteigen verlangt daher neben einem gesunden, widerstandsfähigen Körper auch einen gesunden und hellwachen Geist. Das ist wichtiger als alle Begeisterung. Umsicht, Geistesgegenwart und zuweilen eine gewisse Kaltblütigkeit sind im Hochgebirge unerläßlich!

Theorie und Praxis

Richtiges Verhalten im Gebirge läßt sich erlernen: in der klassischen Schule einer Alpenvereinssektion, bei Alpinschulen oder unter Anleitung eines erfahrenen Freundes. Erfahrung aber gewinnt man erst beim Bergsteigen selbst, auf jeder Tour ein bißchen mehr.

Vorbereitung

Bevor sich die Beine in Bewegung setzen, muß man sich eine Tour mit dem Kopf erarbeiten. Man muß Führer und Karte studieren, man sollte über das Gebiet, in dem man Touren macht, Bescheid wissen. Die alpine Literatur ist reich, die spezielle Führerliteratur hat einen hohen Standard erreicht. Was sich nicht beim Buchhändler findet, kann man – als Mitglied – meist bei einer Alpenvereinsbücherei entleihen.

Ausrüstung, Proviant

Auch wenn sich ein ortsfestes Azorenhoch über die Alpen erstreckt, muß man bei Mehrtagestouren stets auch die Kleidung und Ausrüstung für schlechtes Wetter mitführen. Beim Proviant achte man darauf, daß er vorwiegend aus leichtverdaulichen Lebensmitteln besteht. Zum Ausgleichen des Flüssigkeitshaushalts im Körper sind sogenannte Elektrolyt-Getränke optimal. Spezielle Ausrüstungsgegenstände für Gletscher- und Klettersteig-Passagen wurden bereits erwähnt. Hervorgehoben sei noch einmal die Bedeutung eines Biwaksacks!

Begleiter

Der unerfahrene Wanderer darf im Hochgebirge nie alleine gehen! Wer keinen Partner hat, vertraue sich einem Bergführer an. Wer mit schwächeren Gefährten wandert oder mit Kindern, wähle die Tour entsprechend vorsichtig aus und orientiere das Tempo an deren Leistungsvermögen. Im übrigen versteht es sich von selbst, daß eine Gruppe oder Seilschaft niemals ein einzelnes Mitglied zurückläßt.

Objektive Gefahren

Objektive Gefahren nennt man, was durch die Natur der Berge bedingt ist: Steinschlag, Lawinen, Kälte, Nässe, Nebel, Gewitter, Wettersturz, Sturm, Sonneneinstrahlung und Gletscherspalten.

Gegen Steinschlag hilft nur Vorsicht! Besondere Aufmerksamkeit erfordern Querungen von Rinnen oder Schluchten.

Neuschneelawinen kommen auch im Hochsommer vor. Hier hilft nur Erfahrung und doppelte Vorsicht.

Die Kälte ist der gefährlichste – und am häufigsten unterschätzte – Feind des Bergwanderers, vor allem in Verbindung mit Wind und Nässe. Dagegen kann man jedoch vorsorgen, indem man ausreichend warme Kleidung im Rucksack mitträgt. Besondere Gefahr entsteht, wenn zur Erschöpfung Unterkühlung kommt. Wer ohne Biwaksack eine Nacht im Freien überstehen muß, darf nicht einschlafen oder stillsitzen: Sich bewegen, bis der Morgen kommt, ist die einzige Rettung!

Bei Nebel muß man Mut zur Umkehr, eine der höchsten Tugenden des Bergsteigers, beweisen. Im Nebel, vor allem in Karstgebieten oder in großen Höhen und auf Eis, findet sich nur der erfahrene Bergsteiger zurecht, der den Kompaß richtig handhabt und die Karte zu lesen versteht.

Gewittern läßt sich meist schwer ausweichen, Blitze kommen oft genug aus dem sprichwörtlich heiteren Himmel. Erhöhte Blitzgefahr besteht auf Graten und Gipfeln, in der Nähe von Seilsicherungen, Gipfelkreuzen und Leitungen, wasserführenden Rinnen und Kaminen. Metallene Ausrüstungsgegenstände legt man in einiger Distanz ab.

Eine der wichtigsten Aufgaben des Bergsteigers ist die Beobachtung des Wetters. Oft kann man eine Tour nicht abbrechen – dann sitzt man im Wettersturz wie in einer Mausefalle! Genauso wie man die amtlichen Wetterberichte verfolgt, sollte man sich bei Einheimischen, Führern oder Hüttenwirten erkundigen, die genau wissen, in welchem Winkel sich das Wetter zusammenbraut.

Vor der extremen Sonneneinstrahlung im Hochgebirge hilft nur rechtzeitiger Schutz, indem man sich noch vor der Tour mit entsprechenden Salben einreibt, außerdem nicht mit nackten Armen oder bloßem Oberkörper geht.

Eine Welt voller Gefahren stellt für den unerfahrenen Bergwanderer jeder Gletscher dar: Gletscher darf man niemals allein und unangeseilt betreten! Spaltenbergung ist ein komplizierter Vorgang, den man nur in der Praxis, am besten in einem Eis-Grundkurs, erlernen kann.

Subjektive Gefahren

Die subjektiven Gefahren sind nicht in der Bergnatur, sondern stets im Menschen begründet. Es sind: mangelnde körperliche Leistungsfähigkeit, ungenügendes Training, Leichtsinn durch Unkenntnis der Gefahr, Nichtbeachtung alpiner Erfahrungsgrundsätze und mangelnde Beherrschung der alpinen Technik. Besonders der zuletzt genannte Punkt führt in einer Zeit der immer perfekteren Ausrüstung zu vielen tragischen Bergunfällen. Dagegen helfen nur Besonnenheit und Gewissenhaftigkeit. Wer sich in der Schule des Bergsteigens vom Leichten zum Schwierigen vorarbeitet, wird die alpinen Gefahren am ehesten meistern können.

Erholungsraum Alpen

Bergsteiger suchen in den Alpen »Erholung«. Sie wollen sich anders als im Alltag plagen, wollen »das Hirn auslüften«. Nichts bietet sich dazu besser an als die »unberührte«, von den Errungenschaften der Zivilisation verschonte Natur: Die Alpen werden zum riesigen Freizeit-Paradies – »Playground of Europe« (Tummelplatz Europas) nannte schon Leslie Stephen (1832–1904), einer der britischen Erschließer die Alpen. Im Zeitalter der Wegwerfgesellschaft droht sich der Spielplatz allerdings in eine Müllhalde zu verwandeln. Niemand darf dies zulassen! Nur Einsicht in die allgemeine Umweltproblematik und mutmaßlich auch kameradschaftliche Strenge kann die Bergfreunde – und die Menschen, die hier leben! – vor den Auswirkungen dieses Verhaltens retten. Der Gedanke, keine Spuren in der Natur zu hinterlassen, muß wieder in den Vordergrund rücken.

Erläuterung der Abkürzungen

AP	Ausgangspunkt (Talort)
EP	Endpunkt (Talort)
ges.	mit Drahtseilen, Eisenstiften bzw. -klammern oder Leitern gesicherter Steig in felsigem Gelände
AGP	Alpine Gesellschaft Preintaler
AVS	Alpenverein Südtirol
CAF	Club Alpin Français
CAI	Club Alpino Italiano
DAV	Deutscher Alpenverein (AV)
ÖAK	Österreichischer Alpenklub
ÖAV	Österreichischer Alpenverein
ÖTK	Österreichischer Touristenklub
PZS	Planinska zveza Slovenije (Slowenischer Bergsteigerverband)
SAC	Schweizer Alpen-Club
TVN	Touristenverein »Die Naturfreunde«
AV	Alpenvereinskarte, 1 : 25 000
BLVA	Karte des Bayerischen Landesvermessungsamts, 1 : 50 000
FB	Freytag-Berndt-Karte, 1 : 100 000 und 1 : 50 000
SLK	Schweizer Landeskarte, 1 : 50 000 und 1 : 25 000
TCI	Karte des Touring Club Italiano, 1 : 50 000 und 1 : 20 000

Erläuterung der Grafik-Symbole

- Hütte
- Selbstversorger-Hütte
- Biwakschachtel
- Parkplatz
- Seilbahn, Lift
- Paß, Sattel, Joch, Scharte
- Gipfel
- Straße
- Eisenbahnlinie
- Gletscher (Karte)
- Gletscher (Höhenprofil)
- Geröll, Schrofen, Fels
- Weg mit Sicherungen

Alpin-Lehrplan

Herausgegeben vom Deutschen Alpenverein in Zusammenarbeit mit dem Oesterreichischen Alpenverein

Der Alpin-Lehrplan ist unter den modernsten didaktischen Erkenntnissen erarbeitet und dient der Ausbildung von Bergführern und Bergsteigern.
In optimaler Kombination von Text, Fotos und Grafiken vermittelt er in dreizehn Einzelbänden alles, was über Technik, Methodik, Training, Theorie und Ausrüstung des Bergsteigens in Fels und Eis, in den Alpen und den Bergen der Welt bekannt ist und in der Praxis gelehrt wird.

Günter Sturm / Fritz Zintl

Band 1: Bergwandern

Gehen in alpinem und weglosem Gelände, Begehen von Firnfeldern und Klettersteigen.

2. Auflage, 70 Seiten, 84 Fotos, 42 Zeichnungen

Günter Sturm / Fritz Zintl

Band 2: Felsklettern

Kletter- und Sicherungstechnik, Ausrüstung und Bekleidung, Selbsthilfe und Kameradenhilfe, alpine Taktik.

2. Auflage, 176 Seiten, 331 Fotos, 118 Zeichnungen

Alfred Siegert

Band 4: Skibergsteigen

Theoretische und praktische Kenntnisse, Sicherheit, Ausrüstung, Bekleidung, alpine Taktik.

119 Seiten, 140 Fotos, 55 Zeichnungen

Hans Fuchs / Arnold Hasenkopf

Band 5: Bergwandern – Bergsteigen mit Kindern

Alle Aspekte des Bergwanderns und Bergsteigens mit Kindern unter Berücksichtigung modernster didaktischer Erkenntnisse.

180 Seiten, 175 Fotos, 35 Zeichnungen

Volker Albrecht / Matthias Jaeneke / Gerd Sommerhoff / Walter Kellermann

Band 9: Wetter – Lawinen

Wetter- und Lawinenkunde für Bergwanderer, Bergsteiger, Skifahrer und Skitouristen.

191 Seiten, 130 Fotos, 107 Zeichnungen

Hans Fuchs / Arnold Hasenkopf

Band 10: Orientierung/ Alpine Gefahren

Umgang mit Karte und Kompaß, Anwendung des Höhenmessers, richtiges Verhalten in Gefahrensituationen und bei Unfällen.

159 Seiten, 85 Fotos, 115 Zeichnungen

Wulf Riess / Thomas Schauer

Band 12: Pflanzen- und Tierwelt/ Lebensräume – Naturschutz

Alpenpflanzen und -tiere, Gesetzmäßigkeiten und Zusammenhänge der Lebensräume, Naturschutzmaßnahmen, gefährdete Arten.

173 Seiten, 48 Farbfotos, 80 s/w-Fotos, 46 Zeichnungen

In Vorbereitung:

Band 3: Eisgehen / Eisklettern
Band 6: Ausrüstung, Sicherung, Sicherheit
Band 7: Bergmedizin, Ernährung, Training
Band 8: Erste Hilfe, Bergrettung
Band 11: Geographie, Geologie
Band 13: Lehren und Lernen im Bergsteigen

BLV Verlagsgesellschaft München

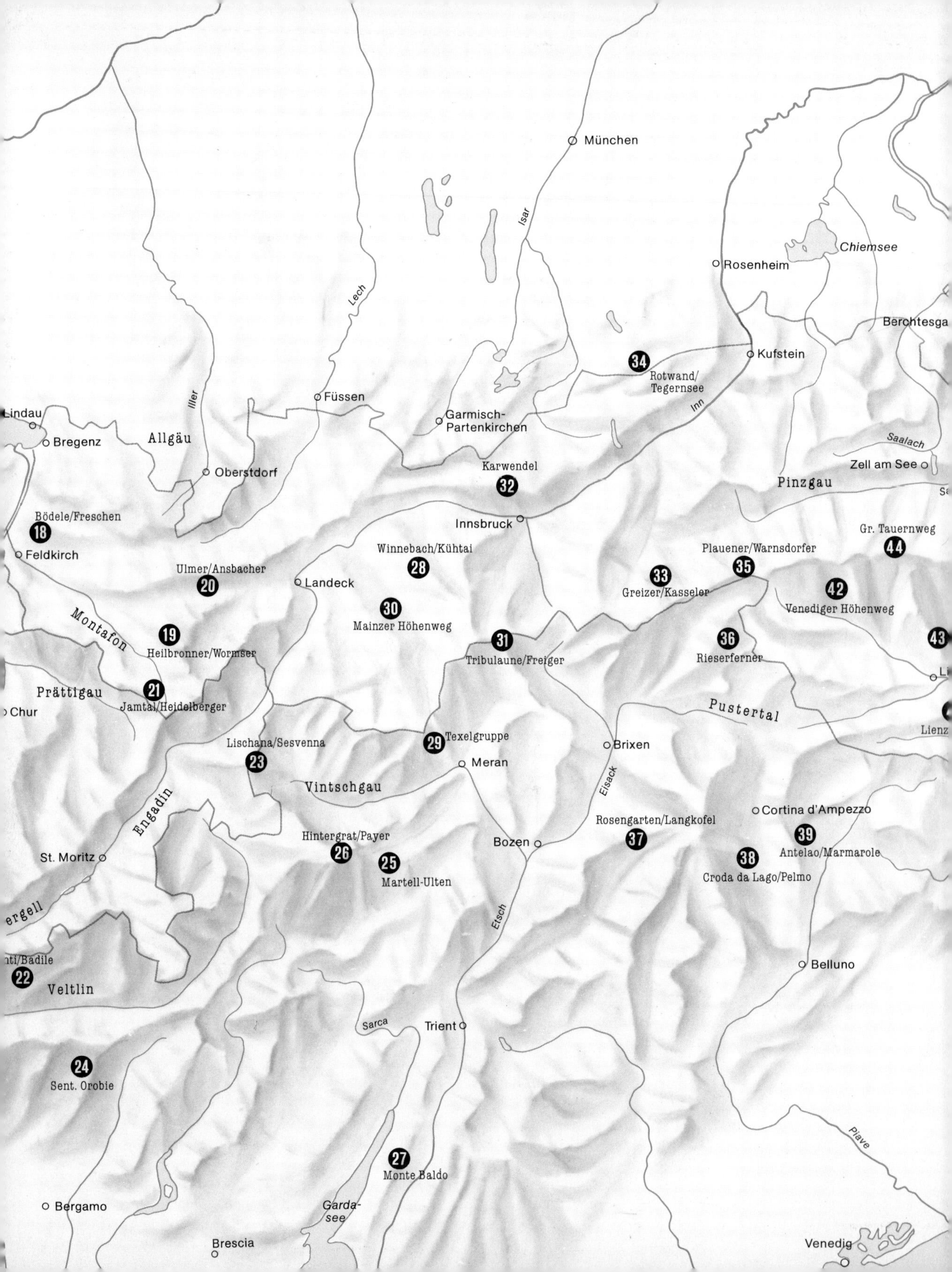
München
Isar
Lech
Chiemsee
Rosenheim
Berchtesga
Kufstein
34
Rotwand/
Tegernsee
Inn
Iller
Füssen
Lindau
Garmisch-
Partenkirchen
Bregenz
Allgäu
Saalach
Oberstdorf
Zell am See
Karwendel
32
Pinzgau
Bödele/Freschen
18
Innsbruck
Gr. Tauernweg
44
Feldkirch
Winnebach/Kühtai
28
Plauener/Warnsdorfer
35
Ulmer/Ansbacher
20
Landeck
33
Greizer/Kasseler
42
Venediger Höhenweg
30
Mainzer Höhenweg
Montafon
19
Heilbronner/Wormser
31
Tribulaune/Freiger
36
Rieserferner
43
Prättigau
21
Jamtal/Heidelberger
Chur
Pustertal
Lienz
Lischana/Sesvenna
23
29
Texelgruppe
Brixen
Meran
Vintschgau
Eisack
Engadin
Rosengarten/Langkofel
37
Cortina d'Ampezzo
39
Antelao/Marmarole
Hintergrat/Payer
26
Bozen
St. Moritz
25
Martell-Ulten
38
Croda da Lago/Pelmo
Etsch
22
Veltlin
Belluno
Sarca
Trient
24
Sent. Orobie
Piave
27
Monte Baldo
Bergamo
Garda-
see
Brescia
Venedig